Sistemas económicos latinoamericanos I

Compilación para centros de estudios sobre
América Latina y El Caribe.

I0429509

Dager Aguilar Avilés.
Estados Unidos. 2016

Autor: Dager Aguilar Avilés
Edición y corrección: Dager Aguilar Avilés
Diseño interior y de cubierta: Dager Aguilar Avilés
Editorial Honoris-América (proy.)
Diagramación: Dager Aguilar Avilés

Sobre la presente edición:
©Dager Aguilar Avilés, 2016
©Editorial Honoris-América (proy.)
Sistemas económicos latinoamericanos I
Estados Unidos, 2016
ISBN-13: 978-1523253586
ISBN-10: 1523253584

La publicación de este libro y su divulgación ha sido financiada por el proyecto Erasmus Mundus Action 2 de la Unión Europea.

Del Autor:

Dager Aguilar Avilés: Ciudadano cubano residente en la ciudad de Varsovia, Polonia. Jurista, analista político latinoamericanista, académico y escritor. Profesor de la Facultad de Derecho de La Universidad de La Habana, Cuba(2007-2012), Fiscal del Departamento de atención a los derechos ciudadanos de la Fiscalía Provincial de la Habana. (2011-2012), Investigador Asociado del Departamento de Sociología, Filosofía y Psicología Aplicada de la Universidad de Padova, Italia (2013), Investigador Asociado del Grupo de Investigación de Gobierno, Administración y Políticas Públicas de Madrid, España(2012-actualidad), Becario del Centro de Estudios Latinoamericanos de la Universidad de Varsovia, Polonia (2014-2016). Miembro de la Red de Docentes de América Latina. Coordinador de la publicación seriada *Anuario Político Latinoamericano*, (Estados Unidos). Coordinador de la publicación seriada trimestral *Actualidad Académica,* (Estados Unidos). Ha dirigido varios investigaciones de tesis de diploma y maestría. Ha publicado varios libros en Europa y Estados Unidos, así como numerosos artículos y ensayos en contribuciones y revistas especializadas en ciencias sociales y jurídicas en Europa, América Latina y Estados Unidos. Ha presentado ponencias en numerosos eventos científicos y recibido varios reconocimientos a lo largo de su carrera estudiantil y profesional.

Introducción.

El Compendio que usted tiene en sus manos es una compilación de artículos e informaciones referentes a la estructura y dinámica de los sistemas económicos latinoamericanos. El objetivo de la misma es organizar en un mismo texto la dispersa información existente sobre el comportamiento económico latinoamericano en las últimas décadas. Para ello se pretende seguir una metodología que facilite el proceso pedagógico en los Centros de Estudios sobre América Latina y el Caribe y, a su vez, el proceso de comprensión de los formandos por medio del autoestudio. La obra *Sistemas económicos latinoamericanos* está dividida en tres partes: el primer libro aborda los sistemas económicos de México y los países del Caribe. El segundo libro aborda los sistemas económicos de los países que comprenden Centroamérica y el tercer libro aborda los países suramericanos. Todas las fuentes tomadas son básicamente artículos publicados de manera gratuita en diferentes enciclopedias, revistas y portales oficiales de los distintos gobiernos latinoamericanos. Especial referencia debemos hacer a base de datos como Wikipedia y enciclopedias como ecured y gestiopolis. En cada artículo tomado de estas fuentes se hace referencia a su origen y se coteja la información brindada con otras fuentes citadas en cada pie de página. De esta manera el lector puede encontrar varias referencias alternativas sobre los diferentes tópicos tratados en esta obra. También se emplean fuentes periodísticas debidamente citadas por un detallado sistema referencial para que tanto el docente como el estudiante puedan ampliar las informaciones aquí brindadas y comprobar su fuente. Con esto queremos significar que cada información aquí brindada ha sido corroborada independientemente de su fuente básica.

Ahora bien, en cada capítulo se abordan aquellos temas más importantes o trascendentales en los respectivos sistemas económicos. Ello obedece, lógicamente, a la diversidad de los sistemas económicos en América Latina y el Caribe. De igual manera se brindan estadísticas actualizadas hasta el 2016 en todos los rubros económicos posibles.

La combinación de temas históricos, políticos y jurídicos en la obra permiten una mayor ilustración de nuestra realidad económica regional. Por último queremos señalar que esta obra, aunque ha sido concebida inicialmente para estudiantes de Centros de Estudios sobre América Latina y el Caribe, puede ser útil para todos aquellos interesados en conocer más sobre las realidades de los pueblos latinoamericanos y así comprender un poco mejor de dónde vinimos, dónde estamos y hacia dónde vamos. También puede ser útil como fuente bibliográfica o de referencia. De igual manera pudiera servir como guía de investigaciones más profundas. Si contribuimos con ese cometido y despertamos en usted el interés por estos tópicos entonces nuestros objetivos estarán cumplidos

Dager Aguilar Avilés
Varsovia, 20 de enero de 2016. (14:56hrs)

Libro I: México y el Caribe

Indice

Capítulo Introductorio: Panorama General de la economía latinoamericana.

Sumario

1. América Latina: Características generales[1]

América Latina o Latinoamérica (*América Latina* en portugués o *Amérique latine* en francés) es un concepto étnico-geográfico aparecido en Francia en el siglo XIX para identificar una región del continente americano similar a Hispanoamérica y casi idéntica a Iberoamérica, que además de los países de habla española y portuguesa como lenguas oficiales o mayoritarias, también incluye los territorios o países de habla francesa.

La delimitación precisa de la región es muy variable. En todos los casos agrupa a Argentina, Bolivia, Brasil, Chile, Colombia, Costa Rica, Cuba, Ecuador, El Salvador, Guatemala, Haití, Honduras, México, Nicaragua, Panamá, Paraguay, Perú, República Dominicana, Uruguay y Venezuela.

Se debate la inclusión de Belice, la región francófona de Canadá, los estados y posesiones hispanohablantes de Estados Unidos en especial Puerto Rico e Islas Vírgenes de los Estados Unidos, y las posesiones francesas en América (Guadalupe,

---

[1] Tomado de los artículos *América Latina* y *Economía de América Latina* . obtenibles en https://es.wikipedia.org/wiki/Am%C3%A9rica_Latina y en el linc:https://es.wikipedia.org/wiki/Econom%C3%ADa_de_Am%C3%A9rica_Latina. Consultados el 10 de noviembre de 2015 a las 21:04hrs. Toda la informacion tomada ha sido corroborada con las fuentes citadas en los pie de página.

Guayana Francesa, Martinica, San Bartolomé y San Martín).

De los tres idiomas que definen a América Latina, el español y el portugués son los predominantes, quedando el francés como idioma de sólo un 3% de la población de la región. Derivado de la expresión se ha extendido el gentilicio *latino* para hacer referencia a personas de cultura o ascendencia hispanoamericana.

La región comprende más de veinte millones de kilómetros cuadrados de superficie, que corresponden aproximadamente al 13,5% de la superficie emergida del planeta. Por su extensión, América Latina presenta una gran diversidad geográfica y biológica. En ella se encuentran prácticamente todos los climas del mundo y es el hogar de numerosas especies animales y vegetales. Cuenta también con algunos de los mayores ríos del mundo e importantes recursos alimenticios, energéticos y minerales, entre los que destacan sus yacimientos de petróleo, cobre, litio y plata.

El concepto «América Latina» ha sido cuestionado como eurocéntrico por diversos estudiosos y movimientos debido a la exclusión que el mismo hace de una gran cantidad de idiomas y pertenencias étnicas, entre ellas las de los pueblos originarios y afroamericanos, mayoritarias en varios países y regiones de la llamada América Latina.

2. Diversidad económica.

En la actualidad, se puede reconocer 3 tipos de sistemas económicos en Latinoamérica que, si bien pueden mantener contenidos generales y mantener espectros de simbiosis, tienen economías que siguen una línea predeterminada; en esto se reconocen los netamente capitalistas, economías abiertas, los cuales se basan en el modelo del libre mercado: países como Chile, México, Colombia, Panamá y, en menor medida, Perú, que siguen los modelos económicos de Estados Unidos y Europa. Por otro lado, existen los países que, si bien sostienen una estructura de apertura al mundo, son claramente proteccionistas, modelos más socialdemócratas o de economías mixtas en diferentes magnitudes: el caso de Argentina, Uruguay, Brasil, Ecuador, Bolivia, Paraguay y Costa Rica. Finalmente, existen aquellos países que sostienen economías cerradas, o con muy poca relación de libre mercado, manteniendo relaciones económicas con países exclusivos de sus bloques, con clara tendencia al modelo económico marxista: el caso de Cuba y, en menor medida, Venezuela y Nicaragua que, a pesar de sostener modelos económicos semi-cerrados, mantienen relaciones comerciales con las potencias del capitalismo: Estados Unidos y Europa.

3. Principales industrias.

Las características generales de la composición industrial y productiva de las economías exportadoras de latinoamérica son, la extracción de recursos naturales, mayoritariamente las industrias mineras y petrolíferas, manufactura y agrícola.

Los países en donde la industria agrícola es el principal sector económico, son Brasil (20 %) siendo el mayor productor mundial de naranja, café y caña de azúcar, Argentina (27 %)y Paraguay (55 %) mientras que en Uruguay es el ganadero con un (19 %) seguido del agrícola con (16 %) el único país latinoamericano en donde el sector manufacturero es la principal industria, es en México con un (37 %) seguido del petróleo, con respecto a la industria petrolífera esta es la principal en Venezuela con (63 %) de sus exportaciones, Ecuador (46 %), Colombia (40 %) y Bolivia con sus exportaciones de gas de petróleo con un (37 %), los países en donde la industria minera es la principal son Chile (51 %) siendo el mayor productor mundial de Cobre, litio y Yodo, y Perú (58 %) siendo el mayor productor mundial de plata, en el caso de Panamá y Costa Rica estos basan sus economías netamente en el área servicios.

Según el Banco Mundial la economía de Latinoamérica a precios de mercado (Paridad de poder adquisitivo), es la tercera más grande y potente a nivel mundial con 6,06 billones de dólares. Está basada mayoritariamente en una economía secundaria y/o terciaria. En los últimos años se han producido grandes avances a nivel político, económico y social, produciendo un desarrollo acelerado en prácticamente todos sus países.

La crisis económica de Estados Unidos y Europa golpeó a Latinoamérica a finales de 2008, pues hubo una disminución del comercio mundial y una disminución de los flujos de capital. La región se contrajo 1,9 % en 2009, y registró un alza de 4,9 % en 2010, siendo una de las regiones de mayor crecimiento en el mundo.

Las economías latinoamericanas de mayor crecimiento en el año 2015 fueron Panamá y Argentina, con un alza en su producto interno bruto (PIB) seguidos de seguirán Bolivia, República Dominicana, Ecuador y Nicaragua.

4. Sector financiero.

La región tiene acceso a créditos menor en comparación con otras regiones (30 %), sin embargo, tiene un sistema financiero estable, con bancos relativamente pequeños, pero bien saneados.

La región además se encuentra en proceso de formación de su propio banco de desarrollo, llamado Banco del Sur[2] este banco es un fondo monetario, banco de desarrollo y organización prestamista cuyo convenio constitutivo fue firmado el 26 de septiembre de 2009. Se han constituido como parte del Banco del Sur: Argentina, Brasil, Bolivia, Ecuador, Paraguay,

---

[2] WALDONI, FERNANDO: *Siete países fundan el Banco del Sur.* Publicado en el diario El País el 10 de octubre de 2007. Obtenible enhttp://elpais.com/diario/2007/10/10/internacional/1191967211_8 50215.html. Consultado el 9 de enero de 2016 a las 11:45hrs.

Uruguay y Venezuela. Chile y Perú participan como observadores.[3]

Varios organismos multilaterales invirtieron cerca de $90 000 millones entre los 2009 y 2010 en la región. El Banco Mundial invirtió $35 600 millones; el BID, $29 500 millones; la Corporación Andina de Fomento, $20 000 millones, el Banco Centroamericano de Integración Económica, $4 200 millones; y el Banco de Desarrollo del Caribe, $500 millones. Los organismos multilaterales financian proyectos de infraestructura, programas sociales y créditos comerciales, además de apuntalar la liquidez de los bancos, entre otros usos.

5. Integración económica.

El mayor acuerdo o bloque comercial de la región es el UNASUR, iniciado por la conjunción de proyectos y procesos del Mercosur y el CAN, se intenta la integración económica a nivel continental a través de la Aladi y el SELA. México forma parte del TLCAN con los Estados Unidos y Canadá. Por su parte, Costa Rica, El Salvador, Guatemala, Honduras, Nicaragua y República Dominicana tienen vigente un tratado de libre comercio con los Estados Unidos (DR-CAFTA), y otros tratados con Canadá y México a través del CARICOM. Bolivia, Cuba, Nicaragua y Venezuela

---

[3] *Vid: El Banco del Sur se descongela.* Obtenible en http://www.pagina12.com.ar/diario/economia/subnotas/2-69023-2014-07-26.html. Consultado el 8 de enero de 2016 a las 22:03hrs.

tienen su propio bloque, llamado Alternativa Bolivariana para América Latina y el Caribe.

En América del Sur existe un bloque predominante, el Mercosur, integrado por Argentina, Brasil, Paraguay, Uruguay, y Venezuela; con Bolivia, Chile, Colombia Guyana y Perú como miembros asociados. En el sur del continente, Bolivia, Colombia, Ecuador y Perú conforman la Comunidad Andina de Naciones, de la que los países vecinos son miembros asociados, ej Chile,[4]

Fuera del ámbito continental, Argentina, Brasil y México son los únicos países de la región que forman parte del Grupo de los 20 (países industrializados y emergentes); mientras que Chile, México y Perú forman parte de la APEC (Foro de Cooperación Económica Asia-Pacífico). Finalmente, Chile y México forman parte de la OCDE.

6. Inversión en Latinoamérica.

La recepción de inversión extranjera directa (IED) en Latinoamérica marcó una tendencia al alza sobre todo a partir del año 2000. En 2012 la IED entrante según el organismo económico CEPAL fue de 173,361 Millones

---

[4] MORALES, ROBERTO: *Integración comercial con Colombia, Perú y Chile Avanzan acuerdos con el sur.* Publicado en el portal El economista. Obtenible en el siguiente linc: http://eleconomista.com.mx/industrias/2011/04/14/avanzan-acuerdos-sur Consultado el 8 de enero de 2016 a las 13:56hrs.

de dólares,[5] un verdadero récord, considerando que la inversión extranjera directa entrante entre el año 2000 y 2006 sumaron tan solo 68,183 Millones de dólares.[6]

Durante el año 2013 los flujos de inversión extranjera directa mostraron incrementos en Venezuela (44 %), Perú (27 %), El Salvador (27 %), Panamá (19 %), Costa Rica (15 %), Uruguay (8 %) y Colombia (5 %). En tanto las inversiones extranjeras disminuyeron 26 % en Chile, en comparación con el mismo período de 2012. Las corrientes también cayeron en Guatemala, Argentina y República Dominicana.[7]

Estas inversiones inciden de manera significativa en la consolidación o diversificación de los perfiles productivos, en particular porque la IED tiene una gran incidencia sobre las economías receptoras, medida de manera aproximada como la relación entre la IEDy el PIB.

El creciente peso relativo de la reinversión de utilidades que ascendió al 42 % de los flujos totales de IED en el

---

[5] *Vide* la información requerida siguiendo el siguiente linc: http://www.efe.com/efe/noticias/america/portada/latinoamerica-logro-record-inversion-extranjera-directa-2012/2/64/2038430. Consultado el 13 de diciembre de 2015 a las 23:04hrs.
[6] *Vid*: *La Inversión Extranjera Directa en América Latina y el Caribe 2012*. Publicado por la CEPAL en el 2012. Obtenible en http://www.cepal.org/es/publicaciones/1151-la-inversion-extranjera-directa-en-america-latina-y-el-caribe-2012.Consultado el 14 de diciembre de 2015 a las 13:24hrs.
[7] *Vide* la información pertinente siguiendo el siguiente linc: http://web.archive.org/web/http://www.eclac.cl/cgibin/getProd.asp?xml=/prensa/noticias/comunicados/4/51194/P51194.xml&

promedio de los últimos cinco años posiblemente refuerce la tendencia a consolidar perfiles sectoriales. En efecto, en 2012 nuevamente se registró un incremento en el peso relativo de este componente de la IED.

Los Estados Unidos y los países de la Unión Europea son los principales inversores en América Latina. Sin embargo, en 2012 se incrementó notablemente la importancia de las inversiones realizadas por empresas de países latinoamericanos, que originaron el 14 % del total de la IED captada por la región, En 2012 las empresas trans-nacionales de los Estados Unidos incrementaron su participación en los flujos de IED hacia la región, mientras que las inversiones de firmas de España, que en 2011 había sido el tercer país en orden de importancia, se redujeron sensiblemente en un contexto de desinversiones. Si bien se expandieron los flujos orientados hacia América del Sur (12 %), el Caribe (39 %) y en menor medida Centroamérica (7 %), los dirigidos hacia México disminuyeron (−35 %).

La inversión extranjera directa (IED) en América Latina y el Caribe cayó un 16% en 2014, hasta situarse en 158.803 millones de dólares. Asimismo, la IED de la región en el exterior se redujo un 12%. Ambas tendencias se debieron a la disminución de los precios de los productos básicos y a la desaceleración económica de la región. Sin embargo, la IED sigue siendo fundamental para los países de la región, especialmente para las pequeñas economías del Caribe.[8]

---

[8] Comisión Económica para América Latina y el Caribe (CEPAL), La Inversión Extranjera Directa en América Latina y el Caribe, 2015 (LC/G.2641-P), Santiago de Chile, 2015

Capítulo I: Sistema económico de México.

2. México, Historia de su sistema económico. 2 **Indicadores macroeconómicos, financieros y de bienestar posteriormente a 2010 y hasta la actualidad (2016)..** *2.1 Indicadores básicos. Pobreza. 2.2 Remesas. 2.3 Economías regionales. 2.4. Inversión extranjera directa. 2.5. Ránking de las ciudades mexicanas.* **3 Componentes de la economía.** *3.1 Producción agropecuaria. 3.2 Industria. 3.3 Energía y recursos naturales.* **4 Gobierno y el Banco Central.** *4.1 Política cambiaria. 4.2 Sistema monetario.* **5 Comercio exterior.** *5.1. Los Tratados de libre Comercio de México.. 5.2 TLCAN.* **6 México en el contexto internacional.**

1. México, Historia de su sistema económico.[9]

En la Historia mexicana se denomina *México prehispánico* al periodo que antecede la etapa de coloniaje español a partir de 1521.[10] Por ello se afirma que la llegada de los primeros pobladores a México marca el inicio de esta etapa prehispánica. Este es un tema bastante controversial, pues aún no existe una homogeneidad entre los criterios doctrinales respecto a por dónde se inició y ocurrió ese primer poblamiento de América. Lo cierto es que al respecto se han propuesto diversas hipótesis.[11] La teoría más aceptada es aquella que plantea que que los humanos entraron al continente a través de Beringia durante la época de las glaciaciones. Esta teoría está demostrada por

---

[9] El contenido referente a la Historia del sistema económico mexicano ha sido tomado y fundamentado en artículos publicados en enciclopedias como *Ecured, Zona económica, El Economista, Wikipedia* y *Gestiopolis*. La seriedad e información de toda la información reproducida y tomada de estos artículos fue corroborada por el compilador en la bibliografía citada en los pie de página y en la bibliografía al final de cada libro.

[10] Es necesario aclarar que México es un Estado moderno cuyas fronteras fueron fijadas a mediados del siglo XIX. Por lo tanto, la historia mexicana de la época prehispánica es la historia de los pueblos que vivieron en ese territorio, no la historia del Estado mexicano en la época precolombina.

[11] *Vid:* ZUCHI, ALBERTA: *"Cómo ellos la cuentan"; Memorias del Simposio Desarrollos Recientes en la Historia de los Llanos del Orinoco, Colombia y Venezuela*; 47 Congreso Internacional de Americanistas; compilador María Eugenia Romero Moreno. 1991. También *vid:* FERNÁNDEZ DE NAVARRETE, MARTÍN: *Colección de los viajes y descubrimientos que hicieron por mar los españoles* II. Segunda edición, Madrid, España. 1859. P.311.

estudios recientes de ADN basados en los haplogrupos del cromosoma Y (ADN-Y) y los haplogrupos del ADN mitocondrial (ADNmt).[12] Aunque ya no se discute tanto sobre cómo entraron los humanos al continente, sí se ha observado en las últimas décadas una yuxtaposición de criterios y razonamientos respecto a cuándo ocurrió esa entrada. Entre las teorías más contrapuestas se encuentran, a modo de ejemplo, la *teoría del poblamiento temprano* y la *teoría del poblamiento tardío*.[13-14] En el caso de México, algunos

---

[12] Al Respecto vide relativamente: ROCHA, DIEGO ANDRÉS: (1681) *Tratado único y singular del Origen de los Indios Occidentales del Pirú, México, Santa Fe y Chile.* Reimpreso por Juan Ceyetano García, 1891. Traducción al español contemporáneo DE JOSÉ ALCINA FRANCH, 1988. Ediciones Espuela de Plata. Argentina.

[13] Al respecto vide: BELTRÃO, MARIA DA CONCEIÇÃO DE M. C.; JACQUES ABULAFIA DANON E FRANCISCO ANTÔNIO DE MORAES A. DORIA: *Datação absoluta a mais antiga para a presença humana na América.* Editora UFRJ. Rio de Janeiro. Brasil. 1987.

[14] La teoría clásica sobre el poblamiento de América, sostiene que aproximadamente hace 13 000 años AP un pequeño grupo de seres humanos procedente de Siberia había ingresado al continente americano por el Puente de Beringia hacia Alaska en el período de la era de hielo, y después marcharon hacia el sur a través de un corredor libre de hielo al este de las Montañas Rocosas, el valle del río Mackenzie, en la zona oeste de la actual Canadá, a medida que el glaciar retrocedía, para constituir la cultura clovis, en el actual territorio de Nuevo México (Estados Unidos), de la cual a su vez descienden todas las demás culturas originarias americanas. La base de la teoría del poblamiento tardío son los yacimientos arqueológicos excavados desde la década de 1930 que constituyen la bien estudiada cultura clovis y su llamativo diseño de las puntas de lanza (punta clovis). La *teoría del poblamiento temprano,* o *teoría preclovis,* es en realidad una serie de estudios y hallazgos arqueológicos, lingüísticos y genéticos relativamente recientes, que cuestionan la clásica teoría del poblamiento tardío del continente americano basada en la

autores han querido ver evidencia que apoya la primera, como los hallazgos de El Cedral (San Luis Potosí), a los que se atribuye una antigüedad de 33 mil años.

La presencia real de los primeros pobladores en América marcó el inicio de la etapa conocida como Etapa Lítica[15] —correspondiente con el período paleoamericano— durante el cual los grupos humanos eran nómadas, sobrevivían de la recolección, la cacería y la pesca y contaban con una tecnología lítica que fue mejorándose constantemente a lo largo de milenios.[16] De esta época data la invención del molcajete, el metate y otros instrumentos asociados al aprovechamiento de las semillas; así como el desarrollo de armas de sílex y obsidiana entre las que destacan las puntas clovis, que supusieron un gran adelanto tecnológico por su eficacia. Durante toda esta etapa amerita destacar, a los fines de esta obra, el

---

cultura clovis, y han generado un sonoro debate internacional sobre el tema.
En rigor no se trata de una teoría, pues los científicos involucrados no tienen una posición común sobre el origen del hombre en América, ni sus resultados parecen conducir linealmente a una respuesta coincidente. Pero todos ellos tienen en común el hecho de que son incompatibles con la fecha más antigua propuesta por la teoría del poblamiento tardío (clovis): entre 12 000 y 14 000 años AP.
[15] LORENZO, JOSÉ LUIS: *La Etapa Lítica en México.*: ed. Instituto Nacional de Antropología e Historia. Ciudad de México. México. 1967
[16] *Vid*: BETHELL, LESLIE: *Historia de América Latina.I. La América precolombina y la conquista.* Cambridge University Press, UK. (1990).

25

surgimiento de la agricultura en México que tuvo lugar entre los años 8000 y 2000 a. C. A ello sumamos también la domesticación de diversos vegetales — como la calabaza, el maíz, el frijol y el chile, entre otros. Se considera que fue precisamente estos factores, sumados a las condiciones climatológicas y geográficas, los que propiciaron que ocurriera un asentamiento poblacional significativo en todo lo que es el sur de México y resto de Centroamérica.[17]

De acuerdo con la propuesta de algunos antropólogos y arqueólogos como Julian Steward y Paul Kirchhoff, las sociedades prehispánicas de México forman parte de tres grandes superáreas culturales. El norte de México, aproximadamente hasta la línea del trópico de Cáncer, se encontraban los pueblos nómadas organizados en formaciones sociales poco complejas. Esta gran área cultural es llamada Aridoamérica, y se extiende hacia los Estados Unidos por el territorio de Texas, las Montañas Rocosas y California. De estos pueblos se conservan escasos testimonios, pero de ninguna manera debe pensarse que carecían de cultura.[18]

En el sur de México y el noroeste de América Central se desarrolló la civilización mesoamericana.

---

[17] Vid: CARMACK M. ROBERT: *The legacy of Mesoamérica: history and culture of a Native American civilization.* Prentice Hall. Nueva Jersey. EUA. 1996.
[18] LÓPEZ AUSTIN, ALFREDO, Y LEONARDO LUJÁN LÓPEZ : *El pasado indígena.* Fondo de Cultura Económica -- El Colegio de México. México.2001.

Mesoamérica fue un mosaico étnico y lingüístico compuesto por pueblos que compartían varios rasgos culturales, entre ellos la formación estatal, la arquitectura monumental, la escritura, el uso de calendario civil y ritual, y una economía basada en la agricultura del maíz. Las culturas mesoamericanas son las mejor conocidas del México prehispánico porque la evidencia arqueológica de su desarrollo ha sido investigada más intensivamente que en el caso de las otras áreas. Se toma generalmente como hito inicial de la historia mesoamericana la invención de la cerámica, que ocurrió aproximadamente alrededor del año 2500 a. C. La conquista y colonización española supuso el fin de esta civilización, y los pueblos mesoamericanos fueron sometidos desde entonces a un proceso de aculturación que prosigue en la actualidad.

Oasisamérica es la tercera de las superáreas culturales del México prehispánico, formada por la progresiva sedentarización de algunos pueblos aridoamericanos en el noroeste de México y la Gran Cuenca del suroeste de los Estados Unidos. Los pueblos de la región oasisamericana tuvieron una relación muy intensa con Mesoamérica desde épocas muy antiguas, pero fue alrededor del siglo VII de la era cristiana cuando se establecieron las comunidades sedentarias y la organización social compleja que las caracterizó. Los oasisamericanos también eran pueblos agricultores, pero sólo unos pocos cultivos fueron domesticados por ellos, entre ellos el frijol tépari. Una mezcla de factores ambientales adversos y la crisis social propició la ruina de las civilizaciones oasisamericanas, en algunos casos antes de la llegada de los españoles.

Todo lo anteriormente expuesto evidencia que el desarrollo cultural y económico de cada región fue diverso y ello es lo que ha dado a lugar a que se estudie el tracto evolutivo de la economía y la cultura de cada región atendiendo a tres periodos fundamentales dentro de la etapa prehispánica a saber: *Periodo pre-clásico, Periodo clásico y Periodo post-clásico.*

El Periodo Pre-clásico comprende desde aproximadamente el 2500 a.c hasta aproximadamente el 200 d.c. se dice que coincide con los inicios más antiguos de la fabricación de la cerámica.[19] También se le atribuye a esta época el inicio de los intercambios culturales entre las aldeas debido a la complejidad y desarrollo que estas alcanzaban.

El Periodo Clásico comprendió entre el 200 y el 900 d.C. Este periodo se caracterizó por el auge de las ciudades Cholula, en el valle Puebla-Tlaxcala; Monte Albán en los Valles Centrales de Oaxaca, Tikal y Calakmul en el área Maya (la primera ciudad, en Guatemala y la segunda en México). El explendor de

---

[19] Al respecto *vide*: LORENZO, JOSÉ LUIS; MIRAMBELL, LORENA (1986). *Preliminary record on archaeological and enviromental studies in the area of El Cedral, San Luis Potosi, Mexico.* En BRYAN, A. L.: *New evidence for the Pleistoscene peopling of the Americas.* Orono: University of Maine. p. 107-113.

las obras hidráulicas propiciaron el desarrollo de la agricultura como actividad fundamental,[20] pero, de igual manera, los teotihuacanos[21] convirtieron su ciudad en el centro más importante de la red de intercambio comercial más amplia de toda Mesoamérica y Oasisamérica. Se dice que los teotihuacanos monopolizaban la distribución de la cerámica Anaranjado Delgado, una de las más finas y apreciadas de la época, producida en Puebla, y las minas de obsidiana, alabastro y otros minerales de vital importancia para la vida cotidiana de los antiguos mesoamericanos.[22]

Por su parte, el Periodo Post-Clásico se extendió aproximadamente desde el 800/900 hasta la ocurrencia de la conquista por los españoles. Este periodo se caracterizó fundamentalmente por el expansionismo comercial y militar de algunas ciudades como Tula o posteriormente los Mexicas que llegaron a dominar casi toda Mesoamérica. No obstante, los fundamentos y prácticas religiosas de los mexicas provocaba reiterados enfrentamientos bélicos con todos sus

---

[20] CASAS, ALEJANDRO Y JAVIER CABALLERO: *"Domesticación de plantas y el origen de la agricultura en Mesoamérica"*, en *Ciencias*, 1995. 040: 36-45.
[21] Gentilicio que responde a los pobladores de Teotihuacan. Teotihuacan o Teotihuacán (en náhuatl: *Teōtihuācan*, "lugar donde los hombres se convierten en dioses'; 'lugar donde se hicieron los dioses'; 'ciudad de los dioses") es el nombre que se da a la que fue una de las mayores ciudades prehispánicas de Mesoamérica.
[22] CHILDS RATTRAY, EVELYN: *Entierros y ofrendas en Teotihuacan: excavaciones, inventario, patrones mortuorios*, UNAM, Instituto de Investigaciones Antropológicas, México.1997.

vecinos y comunidades o ciudades anexadas. A pesar de ello, ya mas cercana a la zona de Yucatán, existían enfrentamiento entre diferentes urbanizaciones que venían a complementar el carácter bárbaro y sanguinario de este periodo post-clásico. Tal es el caso, por ejemplo, de los itzáes que habían sido expulsados de Chichén por los cocomes de Mayapán, con lo cual se rompió la alianza establecida entre estos reinos y Uxmal. Esta confederación es conocida con el nombre de Liga de Mayapán. Al disolverse, la península se vio envuelta en una cadena de guerras entre estados vecinos que disputaban el control político de la región. Ese fue el panorama que encontraron los españoles a su llegada a Mesoamérica en el año 1517.

Después de las expediciones de Francisco Hernández de Córdoba (1517) y Juan de Grijalva (1518), Hernán Cortés y su gente arribaron a Cozumel y alcanzaron las costas de Tabasco, donde fueron combatidos por los mayas en Centla. [23]

Los españoles se dirigieron a la costa de Veracruz, por donde penetraron al interior de Mesoamérica. Establecieron alianzas con algunos pueblos indígenas y avanzaron a México-Tenochtitlan. En el camino derrotaron a los aliados de los mexicas, como ocurrió en Cholula. [24] Moctezuma Xocoyotzin recibió

---

[23] THOMAS, HUGH: *"La conquista de México: el encuentro de dos mundos, el choque de dos imperios"* (2000) traducción VICTOR ALBA Y C. BOUNE, ed.Planeta. México. 1993. P. 115-128.
[24] DÍAZ DEL CASTILLO, BERNAL: *Historia verdadera de la conquista de la Nueva España*, introducción y notas Joaquín Ramírez

pacíficamente españoles, pero la Matanza de Tóxcatl puso a los mexicas en pie de guerra.[25] Cuitláhuac derrotó a los invasores en 1520, pero murió durante el *huey cocoliztli.* Cuauhtémoc, último tlatoani tenochca, fue apresado el 13 de agosto de 1521 y ejecutado en 1525.[26] Tras ocupar México-Tenochtitlan, los españoles se lanzaron a conquistar el resto de Nueva España en un proceso que duró todo el período colonial.[27] La conquista militar fue acompañada por la cristianización y aculturación de los pueblos indígenas.[28]

A partir del descubrimiento de América la corona española estableció el monopolio como sistema de comercio con las Indias. En la década de 1520, y debido al incremento de la piratería, se decidió organizar un sistema de convoys para aumentar la seguridad del transporte. La idea era establecer dos flotas distintas, ambas compuestas por galeones con cañones y barcos mercantes para llevar la carga. Las dos flotas salían cada año de Sevilla, e iban una a Veracruz y la otra a Sudamérica. Tras completar la

Cabañas, colección "Sepan cuantos" de ed. Porrúa. México 2007. P. 15-27, también vide: THOMAS, HUGH: *ob. Cit.* P. 115-128.
[25] SAHAGÚN, BERNARDINO DE: *Historia general de las cosas de la Nueva España,* col. Sepan cuantos..., Porrúa, México. 1999. P. 702.
[26] DÍAZ DEL CASTILLO, BERNAL: ob.cit. P. 145-148.

[27] THOMAS, HUGH: *ob. Cit.* P.427-438. También vid: SAHAGÚN, BERNARDINO DE: ob. Cit. P. 845-848.
[28] *Vid*: BERNABÉU ALBERT, SALVADOR: *"«La religión ofendida». Resistencia y rebeliones indígenas en la baja California colonial",* en *Revista Complutense de Historia,* 20: 169-180.

descarga de sus productos, las flotas se reunían en La Habana, en la isla de Cuba, para el viaje de vuelta. El virreinato de Nueva España se estableció en 1535. Desde un punto de vista económico la llegada de los españoles supuso traumas como epidemias, pero a su vez significó novedades positivas como nuevas tecnologías, nuevos cultivos y la ganadería respectivamente.[29] Los rasgos distintivos de la economía novohispana se basaron en el auge minero y las exportaciones de metales preciosos a Europa que trajo el crecimiento económico. La actividad exportadora impulsó el desarrollo de las ciudades, la monetarización parcial de la economía y el desarrollo de un mercado interno, lo que contradice la noción de una economía fundamentalmente agraria y de subsistencia durante esos años.[30]

El comercio marítimo del virreinato se encontraba monopolizado y se realizaba a través de dos puertos, Veracruz en el golfo de México, y Acapulco en el Pacífico, a éste llegaba la Nao de China, una nave que transportaba productos de las islas Filipinas a Nueva España y de ahí hasta Sevilla, en España. El comercio coadyuvó al florecimiento de estos puertos, de la

[29] CLAVIJERO, FRANCISCO XAVIER: *Historia antigua de México, Historia antigua de México y de su conquista: sacada de las mejores historiadores españoles*, Imprenta de Lara, México. 1844. Versión electrónica en el sitio de la Universidad Autónoma de Nuevo León, http://cdigital.dgb.uanl.mx/la/1080023605. Consultado el 10 de diciembre de 2015 a las 20:40hrs.
[30] *Vid*: DIEHL, RICHARD A.: *The Olmecs: America's First Civilization*, Thames & Hudson, London. UK. 2004.

Ciudad de México y de las regiones intermedias entre ambos. Hay que señalar que hasta finales del siglo XVIII, con la introducción de las reformas borbónicas, el comercio entre los virreinatos no estaba permitido.[31]

Las principales actividades económicas del virreinato fueron la minería, la agricultura (maíz, cacao y otros productos originarios de la antigua Mesoamérica), la ganadería (introducida por los europeos, quienes trajeron la mayor parte de los animales criados) y el comercio (limitado únicamente a las posesiones españolas. Otro elemento importante en el desarrollo de la Nueva España fue el papel jugado por la Iglesia católica, que logró un gran poder al adquirir grandes propiedades y monopolizar la educación, los servicios de salud y otras áreas de la administración pública.

El territorio comprendido entre Sonora y el sur de la provincia de México fueron fuentes de obtención de gran cantidad de minerales. Ello permitió que gradualmente Nueva España ocupara un lugar de privilegio, especialmente en la extracción de plata.[32] El desarrollo de la minería conllevó el progreso de actividades complementarias, que convirtieron a las regiones del Bajío o los valles de México y Puebla en prósperas regiones agrícolas y de actividad industrial

---

[31] VÁZQUEZ, JOSEFINA ZORAIDA: "Los primeros tropiezos" en DANIEL COSÍO VILLEGAS et al., Historia general de México, Ed. El Colegio de México, México,2009. pp. 525-582.
[32] MURO RUIZ, E. (n.d.).: La minería mexicana, su evolución, retos y perspectivas. (Master's thesis)Retrieved from http://www.juridicas.unam.mx/sisjur/dercompa/pdf/2-103s.pdf

incipiente. Durante el siglo XVI, alrededor del 75% de la producción de metales preciosos se exportaba hacia Europa. Estos recursos constituyeron una de las principales fuentes de riqueza para la corona, que se utilizaron en Europa para financiar gastos de Estado, costes de guerras o para acuñar moneda circulante.[33]

La minería novohispana se enfrentó varios problemas, como:

- Escasa mano de obra al verse reducida la población indígena (principal trabajadora de las minas), durante las epidemias del siglo XVI. Este inconveniente fue solucionado con la importación de esclavos negros.
- La necesidad de mercurio, elemento escaso y caro que al principio se importaba desde Europa y que luego también se traía de la mina de Huancavelica (1563), en Perú.
- La dureza del trabajo en las minas provocaba enfermedades como artritis reumatoide en los mineros, lo que muchas veces ocasionó su muerte o cese en el trabajo. Los estímulos brindados solían ser paupérrimos y los trabajadores muchas veces ocasionaron revueltas en contra de los patrones.

---

[33] Vid: *Historia de la minería en Mexico*. Publicado en el websiee de First Majestic Silver Corp. Obtenible en http://www.firstmajestic.com/esp/social-responsibility/mining-history-of-mexico. Consultado el 12 de diciembre a las 23:04hrs

La época dorada de la minería se alcanzó en el siglo XVII. Según las leyes vigentes en la época, los particulares podían poseer terrenos pero todas las riquezas del subsuelo eran propiedad de la Corona. En la mayoría de los casos, cualquier español o indio podía explotar una mina, con el pago del 20%, el llamado «quinto real», cantidad que pronto fue reducida hasta el 10%,Céspedes del Castillo, Guillermo. *América hispánica (1492-1898)*. Labor. fuera para las Arcas Reales. La participación directa de la Corona en las explotaciones no fue habitual excepto en el caso de la minería de mercurio, un elemento esencial para la extracción de plata, que de esta forma permitía al Estado controlar que las minas de plata pagaran correctamente la parte que correspondía a la Hacienda Real.

La minería, como actividad económica principal, generó un contexto nuevo en el virreinato. El oro y la plata se consolidaron como productos de exportación, sirvió de enlace entre España y su colonia, además de unir la economía mundial con la del incipiente virreinato.

El comercio, la agricultura y la ganadería se vieron consolidados y fortalecidos, así como otras áreas como manufacturas y artesanías. Además, el oro impidió por mucho tiempo la devaluación de la moneda al brindar un medio estable de canje. Otra actividad beneficiada por la minería fue la exploración del norte del país, abandonado desde la caída chichimeca, pero el descubrimiento de minas llevó a misioneros, agricultores y ganaderos a establecerse en las vastas praderas del norte, convirtiendo aquellas zonas inhóspitas, estériles y desoladas en zonas de producción, como Monterrey, capital del Nuevo Reino de León. Así, la minería fue consolidando su posición como la actividad económica más redituable en el virreinato, pero cayó a mediados del siglo XIX, al surgir la industria, caer las minas a causa de las guerras, y devaluarse la moneda de oro en 1882.

La economía de la América colonial se estructuró en función de las necesidades del mercado europeo, al servicio de la Corona Española. En su fase inicial, el comercio entre México y España se limitó bastante a los metales preciosos, ya que los costes y tecnología del transporte hacían inviable otro comercio a lo que hay que añadir la falta de demanda en Europa de los productos americanos, por ser desconocidos en un principio o por su precio. Posteriormente los territorios americanos envíaron a Europa oro, plata, cobre, diamantes, alimentos como el azúcar, el cacao y tabaco, pieles de vaca y materias tintóreas y recibían de Europa sal, vino, aceite, armas, paños, telas y artículos suntuarios, además de esclavos.

El puerto de Veracruz fue su principal puerto en el océano Atlántico, y el de Acapulco el principal en el Pacífico. Ambos constituyeron elementos fundamentales para el comercio ultramarino, especialmente con Asia, como fue el caso del Galeón de Manila (también conocida como la Nao de China), que era un buque que hacía dos viajes al año entre Manila y Acapulco, cuyas mercancías eran después transportadas por tierra de Acapulco a Veracruz y posteriormente reembarcadas de Veracruz a España. Así pues, los buques que zarpaban de Veracruz iban generalmente cargados de mercancías de oriente procedentes de los centros comerciales de las Filipinas, más los metales preciosos y recursos naturales de México, Centroamérica y el Caribe.

Por ley, las colonias españolas sólo podían comerciar con un puerto en España: Sevilla (Sevilla tuvo el monopolio hasta 1717, cuando la Casa de la Contratación se traslada a la ciudad de Cádiz). El monopolio se mantuvo más de dos siglos aunque las naciones extranjeras como ingleses, holandeses y franceses trataron de romperlo constantemente. No existía relación comercial entre las distintas colonias, todo debía pasar por la metrópoli.

Las políticas económicas monopólicas provocaron tensiones entre los distintos actores económicos del Imperio Español. Un primer paso hacia la liberalización comercial fue el decreto de libre comercio de 1765 que autorizó el comercio interno entre 5 islas del Caribe: Cuba, Santo Domingo, Puerto Rico, Trinidad y Margarita, con nueve puertos de la metrópoli, pero los puertos mexicanos quedaron excluidos.

En 1768, las nuevas normas reservadas al Caribe se hicieron extensivas también a Luisiana y en 1770 a

Yucatán y Campeche. A comienzos de 1778, se abrieron al comercio libre, Perú, Chile y el Río de la Plata; en España, Almería, Tortosa, Palma de Mallorca y Santa Cruz de Tenerife en Canarias lo que contribuyó a incrementar el comercio en gran medida.

Los primeros repartos de la tierra fueron realizados por los conquistadores sin el permisos de los monarcas, pero más tarde fueron confirmados por éstos. Además de las posesiones reconocidas por el rey y las tierras adquiridas por los españoles, existían las mercedes reales, tierras cedidas por el rey a cambio de un pago, podían ser concedidos mediante un título a un particular o a un pueblo en específico. El más extenso, famoso y conocido fue el Marquesado del Valle de Oaxaca, propiedad de Hernán Cortés y poblado por más de 23.000 indígenas, donde se asentó la base de la economía del sureste novohispano.

El *Repartimiento* fue la base de la administración pública durante esos años de consolidación del virreinato. Los conquistadores se apropiaban del oro, el quinto real iba a la corona, el diezmo a la iglesia. Los pueblos que eran los propietarios originarios de la tierra eran despojados de ella mediante las denominadas mercedes reales. Las encomiendas nacieron a principios del siglo XVII, era un sistema en que los indígenas estaban al completo servicio del conquistador, quien tenía la obligación de impartirles educación cristiana y defender su territorio de cualquier ataque. Otro elemento característico de este sistema fueron las haciendas, que surgieron al iniciar la decadencia del sistema de encomiendas. Se caracterizaron por el acaparamiento del territorio a su alrededor, lo que solía suceder en el norte y centro del país. La mitad de las propiedades de las tierras y del capital existente en México pertenecía a la Iglesia, dueña de numerosas hipotecas en otras tierras que no le pertenecían.

Hacia 1565 la corona estableció las reglas para el cultivo de plantas europeas en América. El trigo fue el principal cultivo de los españoles en el virreinato y tuvo su mayor auge en la zona de Atlixco, Puebla. Los indígenas tenían menor posibilidad de contraer contratos agrícolas, pero en sus tierras podían sembrar y cosechar maíz, frijol, cacao, maguey, agave y Chile. La caña de azúcar fue el cultivo más protegido por la corona, y a diferencia de otros, su producción no estaba limitada a un grupo social y ello benefició a dueños de campo, cañeros, ingenieros (dueños de ingenios), azucareros, molineros y trapiches.

La vid y el olivo fueron dos de los productos agrícolas más desarrollados por los españoles peninsulares del virreinato, pero su comercio terminó en 1596 para proteger los intereses de la corona. Fue entonces cuando comenzó el comercio del gusano de seda, con moreras plantadas en todo el país, pero especialmente en el Bajío. Sin embargo, los mercaderes solían enfrentar la competencia de los vendedores de las Filipinas, pues su seda oriental solía ser más apreciada que la producida en Nueva España. La agricultura del mundo indígena tenía como base el maíz, que fue añadido como principal alimento a la dieta diaria de los novohispanos, junto al frijol y al chile. El maguey era usado para la producción de pulque, papel y otros productos. Consistía en una planta de fibras secas a la que se le extraía la pulpa; de sus espinas se hacían agujas y clavos. El agave era producido en la región de Jalisco, donde fue explotado junto con el añil a partir de 1750, por industriales franceses como André de Saint-Julien. En el pueblo de Tequila se fabricó a base de agave la bebida homónima.

Ahora bien, los años de la guerra de independencia agravaron los problemas económicos que desde finales del siglo XVIII aquejaban a la nueva España. La guerra destruyó parte de la economía colonial. La minería y la ganadería se vieron bastante mermadas en su producción. Se produjo igualmente una fuerte fuga de capitales al exterior y se redujeron las exportaciones.

Los primeros gobiernos comenzaron a actuar en medio de una profunda crisis económica y financiera en la que las actividades productivas se habían desarticulado a causa de la guerra de independencia, las relaciones comerciales con Europa se encontraban entorpecidas, la carencia de instituciones apropiadas para el crecimiento económico lo dificultaba y los ingresos públicos eran insuficientes y los gastos crecientes.

Después de la independencia, en solo 30 años México perdió más de la mitad del territorio (Texas, Nuevo México y Alta California) lo que privó a México de grandes recursos naturales. Así, en 1900 la producción minera de estos territorios era ya superior a la Renta Nacional de México.

Durante la última parte del siglo XIX, después de unos primeros cincuenta años marcados por la guerra, invasiones extranjeras e inestabilidad política, se produjo un crecimiento económico sin precedentes en las administraciones del presidente Porfirio Díaz. Dicha administración estuvo acompañada de un crecimiento de la inversión extranjera y el desarrollo del sistema ferroviario y la explotación de los recursos naturales del país. El Producto interno bruto (PIB) per capita a principios de la década de 1900 estaba a la par del de Argentina y Uruguay, casi tres veces más que el de Brasil y Venezuela, el PIB per cápita en México en comparación al estadounidense pasó del 27,6 en 1870 hasta el 34,1% en 1910. El crecimiento económico anual promedio entre 1876 y 1910 fue de 3,3 %. Sin embargo, el bienestar alcanzó a muy pocos y empobreció a la mayoría, con una distribución de la tierra en grandes latifundios. Esta desigualdad junto a la la represión política y la repetida reelección de Díaz, constituyeron las bases de la Revolución mexicana (1910-1917) un conflicto armado que transformó radicalmente la estructura política, económica, social y cultural del país durante el siglo XX.

El debilitamiento del comercio internacional en la década de 1930, provocado por la extensión de la gran depresión, condujo a México a un cambio en el modelo de crecimiento económico seguido hasta entonces. Se distinguen tres etapas a partir de este periodo. En la primera, que comprende las décadas de 1940 y 1950, se constituyó una estructura en la que se sustentó el crecimiento industrial doméstico. La segunda etapa coincide con la década de 1960, en el que la industria registró un buen crecimiento económico, pero comenzaron a aparecer limitaciones al sistema. La tercera ocupa la década de 1970 en la que el agotamiento de estas políticas se hizo más evidente y el deterioro de las principales magnitudes económicas también.

En la década de los años treinta se instauró una política económica caracterizada por un mayor nacionalismo económico, que sin eliminar el principio de libre mercado y competencia, quería modernizar el país con empresas nacionales en sectores estratégicos, protegidas del exterior con barreras arancelarias en el que la inversión procedente del exterior no podía controlar las empresas mexicanas.

El resultado fue un repunte del sector industrial, el estímulo a la inversión privada, la sustitución de las importaciones de bienes de consumo por la de de materias primas y bienes de capital; en tanto que el sector exportador pasó a un segundo plano. La economía mexicana experimentó un largo proceso de industrialización basado en el modelo denominado de Industrialización por sustitución de importaciones (ISI) en el que destacó la amplia protección del Estado hacia la actividad industrial nacional. El avance principal del proceso fue la producción doméstica de bienes de consumo durables dirigida esencialmente al mercado interno. Los resultados de esta política económica fueron unos ritmos altos del crecimiento económico y una mejoría del bienestar social en el país.

Se llevaron a cabo algunos cambios importantes en la estructura económica que incluyeron la distribución gratuita de la tierra a campesinos, la nacionalización de las industrias petrolera y ferroviaria, la incorporación de los derechos sociales en la Constitución, el nacimiento de los grandes sindicatos de obreros y la modernización de las infraestructuras. En 1970, el PIB era seis veces superior al de 1940, mientras que la población sólo se duplicó en el mismo período. Las medidas tuvieron su revés en una elevación de los costes de producción y el establecimiento de empresas poco competitivas y la disminución de la inversión agrícola, lo que derivaría en una fuerte inflación y el aumento de la deuda externa a 30.000 millones de dólares, lo que llevó al término de la década de 1970, a un escenario de desequilibrios productivos, comerciales y financieros de difícil resolución.

Durante la década de 1970, la respuesta gubernamental a la desaceleración de la economía fue la expansión del gasto público que se tradujo en una elevación del déficit público y el deterioro de la balanza pagos por cuenta corriente. Estos déficits se financiaron mediante una elevación del endeudamiento exterior y las ventas de petróleo. Los gobiernos de Luis Echeverría y José López Portillo trataron de reavivar la economía a la vez que introducían el desarrollo social en sus políticas incrementando el gasto público. Con el descubrimiento de nuevos yacimientos petroleros, en un momento en que los precios del petróleo se encontraban en máximos históricos y las tasas de interés en mínimos, el gobierno concertó préstamos en los mercados internacionales para invertir en la compañía estatal petrolera, que parecía asegurar ingresos a largo plazo que financiarían el bienestar social en un plan que se nombró *plan de desarrollo compartido*.

En 1981 el panorama económico internacional había cambiado drásticamente al desplomarse el precio del petróleo y elevarse los tipos de interés en Estados Unidos y Europa. En 1982, el presidente López Portillo, antes de terminar su administración suspendió los pagos de la deuda externa, devaluó el peso mexicano y nacionalizó el sistema bancario junto con otras industrias afectadas por la crisis. Aunque el modelo ISI había producido el crecimiento industrial en décadas anteriores, había sobreprotegido al sector, haciéndolo poco competitivo, poco rentable y poco productivo.

El 12 de agosto de 1982 México declaró a los organismos financieros internacionales que no podía hacer frente a los vencimientos de la deuda externa pendiente. Las reservas de divisas estaban casi agotadas y la deuda ascendía a más de 80.000 millones de dólares, provocando una crisis que se extendió por toda Latinoamérica. Como consecuencia de la crisis, entre 1982 y 1990, se produjo una fuga masiva de capitales, un uso exclusivo de fuentes oficiales de financiación internacional y un acceso nulo a acreedores privados. Se produjo una recesión severa con una recuperación lenta, que se pone de manifiesto en la disminución anual del PIB, en el lapso 1981-1988, del 0,16% y el ingreso per cápita, en 1986, era aun un 10% más bajo que el de 1981.

A partir de 1986 se puso en práctica un programa liberalizador de la economía, con el apoyo del Banco Mundial y, en menor grado, del Fondo Monetario. Se eliminaron muchas restricciones al comercio, los aranceles, se instauró un programa de desregulación industrial y agilización administrativa y se llevó a cabo una extensa reforma del sector financiero.

Uno de los primeros pasos hacia la liberalización del comercio fue la admisión de México al GATT en 1986. Durante la administración del presidente Salinas, se privatizaron la mayoría de las empresas nacionalizadas con la excepción de la industria petrolera y energética (protegidas constitucionalmente). En 1989, la aprobación del Plan Brady supuso una restructuración de la deuda externa y los inversores extranjeros comenzaron a acudir de nuevo al país, transformándose la situación económica. En 1992 se firmó el Tratado de Libre Comercio de América del Norte entre los Estados Unidos, Canadá y México, que entró en vigor el 1 de enero de 1994. Salinas también introdujo controles de incrementos de precio estrictos y negoció aumentos salariales muy pequeños con el fin de reducir la inflación. Aunque la estrategia sí redujo la inflación a un solo dígito, el crecimiento económico anual tan sólo promedió 2,8 % y la desigualdad del ingreso se incrementó. Se considera, por los expertos en el tema, que fue apartir de 1994 que México experimentó paulatinamente una de las mayores crisis de su historia y que tuvo gran repercusión en la economía internacional. Al respecto analicemos más detalladamente algunos aspectos y factores.

La crisis que sufrió México fue causada en gran medida por el Tratado de Libre Comercio de América del Norte que entró en vigor el 1º de enero de 1994, tal como habíamos señalado con anterioridad. México en esta época parecía un buen lugar para invertir y fue justamente lo que aprovechó el presidente Carlos Salinas de Gortari para financiar su gobierno, esto se hizo a través de Tesobonos y CETES. Estos bonos eran una especie de deudas a corto plazo, se compraban y vendían en pesos, pero estaban protegidos contra los efectos de una posible devaluación, al cotizarse en dólares, al momento de cambiarlos a pesos se pagaban al tipo de cambio vigente (no tenía razón de ser el hecho de comprar divisa estadounidense si existían otros instrumentos de rendimiento igual o superior). Esto era para prevenir la devaluación. Entre las causales más analizadas históricamente se encuentran la errónea administración, en algunos aspectos económicos, de Carlos Salinas de Gortari y Ernesto Zedillo Ponce de León

La crisis tuvo su clímax durante la administración del presidente Carlos Salinas de Gortari, 1988 -1994, quien incrementó el gasto fiscal a niveles históricos antes de terminar su mandato, mientras el peso mexicano se sobrevaluaba. El déficit elevado pudo reducir el flujo de inversiones y la generación de puestos de trabajo, motivo por el cual se decidió alentar las inversiones privadas en lugar de mantener la actividad estatal sin el adecuado control. Esta administración privatizó la banca nacional (la cual estaba en manos del estado y había sido intervenida apenas doce años antes por el presidente José López Portillo). Los fondos provenientes de estas ventas y de las de otras compañías del gobierno se invirtieron en la infraestructura necesaria para incrementar la productividad del país y alentar las inversiones que generarían nuevos puestos de trabajo con el Tratado de Libre Comercio de América del Norte con Estados Unidos y Canadá. La popularidad y credibilidad de Salinas alcanzaron niveles altos, ya que el crecimiento económico era estable y la baja inflación hizo que muchos políticos y los medios afirmaran que «*México estaba a punto de convertirse en país de primer mundo*», y de hecho, fue la primera de las naciones recientemente industrializadas en ser aceptada en la Organización para la Cooperación y el Desarrollo Económico OCDE en mayo de 1994. No obstante, era un hecho conocido que el peso estaba sobrevaluado (al menos un 20%), pero la vulnerabilidad económica no era bien conocida o era minimizada por los políticos y los medios de comunicación. Esta vulnerabilidad se agravó por varias decisiones de política macroeconómica y otros eventos durante el año 1994.

La mayoría de los economistas e historiadores económicos, como Hufbauer y Schoot (2005) reconocen varios eventos y políticas macroeconómicas de la administración de Salinas que propiciaron la crisis económica de 1994:

- 1994 fue el último año del sexenio de Salinas, quien, siguiendo la tradición del PRI en cada año de elecciones inició un increíblemente alto gasto gubernamental en obras públicas, lo cual se tradujo en un déficit histórico.
- Para poder mantener este déficit de cuenta corriente histórico (un 7% del PIB), Salinas emitió los *Tesobonos*, un tipo de instrumento de deuda que aseguraba el pago en dólares, en lugar de pesos mexicanos. El decreto de los tesobonos se publicó en el diario oficial el 27 de

junio de 1989, en este mismo año se realiza la primera emisión por un monto de 10 millones de dólares, con un plazo de 182 días y una tasa nominal al vencimiento de 34.5% anual.

- México experimentó, común en esos días, prácticas bancarias no reguladas que permitieron la obtención de créditos en exceso que luego fueron de difícil recuperación. Algunos miembros de la familia de Salinas (su hermano Raúl fue encarcelado) fueron acusados de transacciones ilícitas.

- El candidato presidencial del Partido Revolucionario Institucional (en el gobierno desde 1929), favorito para las elecciones, Luis Donaldo Colosio, fue asesinado el 23 de marzo de ese año. Esto provocó que el saldo de los tesobonos se situara en 7 049 millones de pesos, esto fue un incremento del 83% respecto al año de diciembre del año anterior, y unos meses después, José Francisco Ruiz Massieu, Secretario General del PRI, quien también fue asesinado el 28 de septiembre.

- El EZLN, una rebelión insurgente de Chiapas, le declaró la guerra al gobierno el 1 de enero; aunque el conflicto armado terminó 2 semanas después, las inconformidades y peticiones de los insurgentes eran causa de preocupación, especialmente para los inversionistas.

Estos dos últimos eventos, y el creciente déficit de cuenta corriente alimentado por la demanda del consumidor y el enorme gasto gubernamental, alarmó a los inversionistas que habían comprado los *tesobonos*, principalmente ciudadanos mexicanos y algunos extranjeros, quienes los vendieron rápidamente, vaciando las reservas internacionales del Banco de México, las cuales de por sí se encontraban en niveles muy bajos. La política ortodoxa que debía realizarse ante tal situación, era incrementar las tasas de interés, permitiendo que la base monetaria se contrajera, para evitar que más dólares siguiesen siendo extraídos de las reservas rápidamente (Hufbauer & Schott, 2005). Sin embargo, dado que era un año de elecciones (en ese entonces consideradas las más transparentes del país, y las primeras con observadores internacionales) y ya que el resultado hubiera sido distinto si había una desaceleración económica, el Banco de México decidió comprar deuda mexicana para mantener la base monetaria e impedir que las tasas de interés se incrementaran, lo cual, a su vez, causó una mayor fuga de dólares de las reservas internacionales a niveles históricamente bajos (que llegarían a 9 mil millones de dólares; a modo de comparación, el 2005 llegaron a $70 mil millones arrastrados de las crisis anteriores). La crisis era inevitable, y terminar con la paridad fija del peso tan sólo era una de las muchas correcciones que tenían que realizarse. No obstante, aún después de las elecciones, durante los últimos 5 meses antes de la toma de posesión de Ernesto Zedillo, la administración de Salinas no realizó ningún ajuste. Algunos críticos sugieren que Salinas quería mantener su popularidad, ya que buscaba el apoyo internacional para su candidatura a director general de la Organización Mundial de Comercio. Salinas por su parte, argumenta que había hablado con Zedillo para compartir la devaluación entre las dos administraciones, y que Zedillo decidió tomar la carga del ajuste económico en su totalidad.

Por su parte Zedillo tomó posesión el 1 de diciembre de 1994. Unos cuantos días después, tuvo una reunión con varios empresarios mexicanos y extranjeros, comentando sobre la devaluación que vendría, la cual sólo planeaba subir la banda de la tasa de cambio fija un 15%, hasta los 4 pesos por dólar (de 3.4 pesos que se encontraba en promedio en ese año), así como terminar con muchas de las prácticas económicas no ortodoxas (como la compra de deuda ante la situación del país), y así detener la fuga de dólares de las reservas internacionales. Los críticos del gobierno de Zedillo argumentan que aunque la devaluación era necesaria y económicamente coherente, se manejó incorrectamente en términos políticos: al haber anunciado sus planes de devaluación, muchos extranjeros retiraron sus inversiones, agravando los efectos de la devaluación. Sin poder mantener la nueva banda de la tasa de cambio, a principios de 1995, la administración de Zedillo decidió establecer el sistema de libre flotación del peso, el cual llegaría a 7.20 pesos por dólar en tan sólo una semana. Cuando el dólar dejó de ser controlado por el gobierno el peso perdió la mitad de su valor, hecho que ocasionó que las deudas en dólares no pudieran ser pagadas. Las decisiones de Zedillo, principalmente la de anunciar la devaluación a los inversionistas, y el establecer el sistema de libre flotación, fueron el "error de diciembre" de acuerdo con el ex presidente Salinas de Gortari.

Las repercusiones sociales que tuvo esta crisis fueron incalculables: en muchos casos se tradujeron en pérdidas económicas para las familias. Muchos perdieron sus casas y autos que habían adquirido en contratos con tasa variable. Otros más perdieron todo: El sentimiento de pérdida de un futuro para el país se hizo al considerarse esta crisis económica como el final de la clase media, así como de todas las comodidades y privilegios que hasta ese momento tuvo dicho sector de la población nacional.

Otra medida de catastróficas repercusiones en las condiciones de vida de los mexicanos fue, quitarle tres ceros a la moneda. La percepción que generó esta del sexenio salinista, se tradujo en una estrategia meramente política o incluso cosmética. El Estado Mexicano justificó esta medida como una estrategia de tipo administrativa. La paridad del dólar con el peso se convirtió de 1 dólar = 3417.8 pesos (aproximadamente) a 1 dólar = 3.41 nuevos pesos. La capacidad económica de los mexicanos vivió una etapa de espejismo financiero.

Estados Unidos intervino rápidamente comprando pesos del mercado para evitar una mayor devaluación del peso, sin embargo esta medida no era suficiente. El presidente estadounidense Bill Clinton solicitó al congreso enviar un paquete de rescate. Sin embargo diversos representantes del Congreso que se habían opuesto al TLCAN veían esta crisis como un resultado del tratado. El congreso votó en contra de la aprobación de fondos de rescate. No obstante, algunas personas dentro del Tesoro estadounidense encontraron una vía legal para enviar el rescate por medio del Fondo de Estabilización de Divisas, la cual no requería la aprobación del Congreso de los Estados Unidos. Así, se enviaron de los Estados Unidos $20 mil millones de dólares, a los cuales se les añadieron casi $30 mil millones más: $17 mil millones del Fondo Monetario Internacional, $10 mil millones del *Bank for International Settlement*, mil millones del Banco de Canadá en forma de *swaps* de corto término y mil millones más provenientes de diversos países latinoamericanos (entre ellas Argentina y Brasil cuyas economías eran severamente afectadas por los efectos de la crisis mexicana). El dólar se estabilizó a un precio de 6 pesos, y por los siguientes dos años, antes de ser afectado por la Crisis financiera asiática de 1998, se mantuvo entre 7 y 7.7 pesos.

Los efectos de todos estos intentos de rescate no se hicieron esperar. Los negocios mexicanos que tenían deudas en dólares, o que se confiaron en comprar suministros de Estados Unidos, sufrieron un golpe inmediato con un despido masivo de empleados y varios suicidios producto de la tensión de las deudas.

Negocios cuyos ejecutivos asistieron a las reuniones en las oficinas del entonces presidente Zedillo se ahorraron la pesadilla de la crisis - ya que fueron advertidos, compraron rápidamente una inmensa cantidad de dólares y renegociaron sus contratos en pesos. Para empeorar la situación, el anuncio de la devaluación provocó que en menos de una semana los inversionistas extranjeros huyeran del mercado mexicano sin que el gobierno hiciera ninguna acción para prevenirlo o desalentarlo hasta el siguiente lunes cuando ya todo fue muy tarde.

Todo esto causó demasiado malestar en la población, la cual inmediatamente juzgó al presunto culpable del problema: Salinas de Gortari (él hacía campaña por el mundo para encabezar la OMC en ese entonces). El incidente también sirvió para dejar en claro que su influencia en la administración de Zedillo se había terminado.

La crisis se propagó rápidamente por el contexto latinoamericano, alcanzando lugares tan alejados como Argentina. En opinión de Paul Krugman, sencillamente porque para muchos inversionistas ignorantes *todos los países latinoamericanos son iguales*. Así que el pánico de lo que había pasado en México se extendió a otros países, que de la noche a la mañana se vieron escasos de fondos y endeudados a corto plazo. Krugman dice que los *pecados* económicos de estos países eran muy pequeños para tan graves consecuencias.

Prácticamente todo el país fue afectado, todos los sectores de la población sufrieron la crisis, el reajuste del cambio en como el valor del peso mexicano estaba valuado, pero principalmente quienes fueron mayormente afectados fueron en primer lugar las finanzas del Gobierno Federal, así como también miles de empresas y millones de mexicanos que se encontraban seriamente endeudados, una buena parte de empresas en dólares y muchos otros con tasas de interés variables que materialmente se vieron imposibilitados de pagar. Actualmente, la economía mexicana aún sigue sufriendo los estragos de una mala administración, que como consecuencia es el empobrecimiento y endeudamiento de la población mexicana en general.

La crisis trajo como consecuencia el surgimiento de sobre beneficios en el corto plazo en el área de inversión especulativa. Esto provocó una atracción mayor a la real trayendo grandes ataques especulativos que conllevaron a tener un peso sobrevaluado. Esto colaboró para que la inversión extranjera y la especulación internacional. A su vez esto desincentivó la inversión directa provocando una caída en las exportaciones directas e indirectas.

Las consecuencias se dieron, a raíz de la devaluación abrupta como consecuencia de la imposibilidad de mantener el tipo de cambio y la caída de las reservas internacionales propiciadas por las fugas de capital, todo esto aunado a los incrementos de la inflación.

Se creó un paquete de rescate por parte del gobierno de Estados Unidos y diferentes organismos internacionales con 20,000 millones de créditos estadounidenses. Más de 10,000 millones por parte del FMI, 7,800 del BPI, 3,000 del Banco Mundial y el Banco Interamericano y 1,000 millones de diversos países.

El gobierno mexicano implementó diferentes medidas ante la situación, se creó El Acuerdo de Unidad para Superar la Emergencia Económica, el cual otorgó un aumento a los salarios mínimos del 7% e impuso un tope de 12,000 millones de pesos al crédito del Banco Central. Programa de Acción para Reforzar El Acuerdo de Unidad para Superar la Emergencia Económica, donde se incrementa el IVA del 10% al 15% y reduce el gasto en 10%, se reduce de nuevo el límite al crédito del Banco Central en 10.000 millones de pesos para 1995, y otorga un nuevo aumento a los salarios mínimos del 12%.

Se da la Alianza para la Recuperación Económica, en la que se plantea el incremento gradual de las tarifas de la gasolina, de otros energéticos y de los bienes públicos.

Por otra parte, una de las causas de la crisis económica fue provocada por la morosidad en carteras de créditos vencidos que los deudores no estuvieron en capacidad de pagar. Para estabilizar el sistema financiero, se creó una estrategia en apoyo al sistema bancario y se realizaron reformas para permitir una mayor participación extranjera en los bancos nacionales y se implementó un esquema de reestructuración de cartera por medio de Unidades de Inversión (UDI).

Los restantes años de la década de los noventa del siglo pasado se mantuvieron expresando los resagos de lo que fue la crisis de 1994 o "crisis de diciembre" como también se le conoce en América Latina. Lo importante de todo esto es que el último quinquenio del siglo XX fue un periodo de reforzamiento de varias tendencias, a decir de LÓPEZ FILLAFAÑE: Primero, la mayor concentración del comercio mexicano con el mercado de los Estados Unidos.[34] En 1986 este mercado representaba el 66% de las exportaciones y el 60% de las importaciones, para 1997 estos porcentajes se incrementaron al 83.9% y 75.5% respectivamente. También, de la concentración en la exportación de petróleo se ha pasado a la exportación de bienes manufacturados, de representar en 1980 el 67.3% del total de las exportaciones ha ido decreciendo al 39% en 1986 y al 10.3% en 1997, mientras que las exportaciones de manufacturas han pasado de representar el 19.5% de las exportaciones totales en 1980, al 44.8% en 1986 y 85.8% en 1997. Mientras

---

[34] Tomado de LÓPEZ FILLAFAÑE, VICTOR: *Límites y Potencialidades de la Economía de México al final del siglo XX.* publicado en sitio web del Departamento de Relaciones Internacionales y Ciencias Políticas del Tecnológico de Monterrey. Obtenible en http://www.mty.itesm.mx/dhcs/deptos/ri/articulos/ecomex.html. Consultado el 13 de diciembre a las 18:45 hrs.

tanto, las ramas electrónica y automotriz de la industria manufacturera concentraron el 76.9% de la actividad de esta división durante 1997.[35]

En realidad, el comercio mexicano se ha vuelto mucho más horizontal e intraindustrial dentro de las grandes cadenas internacionales de producción, pues estas ramas son muy dinámicas a nivel mundial y en el caso mexicano las principales compañías son de origen extranjero. En el caso de la industria automotriz, los proveedores nacionales aportan sólo el 25% de los insumos utilizados en dicha rama. Como un dato significativo de lo anterior esta el aumento del volumen exportado por las empresas extranjeras (incluyendo maquiladoras) que pasaron de representar el 47.80% en 1993 al 56.24% de las exportaciones totales en 1996, mientras que las empresas nacionales redujeron su participación del 52.20% al 43.76% de las exportaciones totales. Además en muchos casos el éxito de la exportación de estas últimas se debió a la formación de alianzas estratégicas con firmas extranjeras. Tal es el caso de las empresas acereras mexicanas HYLSAMEX, TAMSA y AHMSA, las cuales lograron llevar al país del lugar 20° al 14° en producción mundial de acero entre 1992 y 1996, gracias a sus proyectos de modernización y globlalización generalizados y a sus alianzas con empresas extranjeras - HYLSAMEX con la alemana Scholemann Siemag y recientemente con la

---

[35] *Ibidem.*

estadounidense AK Steel, TAMSA con las argentinas Siderca y Techint Engineering Co, y AHMSA con la estadounidense Inland International. HYLSAMEX y TAMSA además forman parte del Consorcio Amazonia junto con las principales acereras de Argentina, Brasil y Venezuela.[36]

Las compañías internacionales han cambiado su estrategia de proveeeduría, especialmente cuando el objetivo en un país no es tanto el mercado doméstico sino los mercados mundiales, como sería el caso de México, de atraer sus proveedores con el fin de cumplir con los requisitos de tecnología y calidad exigidos en los mercados internacionales hoy en día. Podemos citar el caso de Volkswagen de México quienes para producir nuevos modelos han instalado 20 nuevas proveedoras alemanas en Puebla. Las empresas se encuentran más interesadas en los proveedores de conjuntos integrados que en los de componentes, por lo que la infraestructura propia y el desarrollo tecnológico se convierten en factores de competitividad a esta altura del desarrollo automotriz. El ejemplo del sector automotriz es representativo de las potencialidades y frenos que existen dentro del sector empresarial mexicano, es decir el poco arrastre que el sector exportador ha tenido sobre la pequeña y la mediana empresa comparativamente con sus similares en Asia.[37]

---

[36] *Ibídem.*
[37] *Ibídem.*

En la industria maquiladora el problema es aún mayor, pues es una industria cuyo potencial es en realidad asimilado por otras economías, en especial la de Estados Unidos, la cual obtiene enormes ventajas competitivas por la reducción de costos al producir en territorio mexicano, mientras que la propia economía mexicana recibe pocos beneficios, siendo el del empleo el más importante. Un fenómeno reciente ha sido la desconcentración de la industria maquiladora de la zona fronteriza hacia el interior del país, un proceso incipiente pero revelador de los cambios en México. Al liberalizarse la economía nacional, los beneficios del sistema maquilador en realidad dejan de ser solamente para la frontera y en muchos casos las empresas empiezan a preferir la producción en donde existen mejores condiciones de mano de obra y entorno económico como en el caso de Monterrey, Querétaro y Aguascalientes. Además cabe destacar que son estas maquiladoras del interior del país las que tienen una mayor integración con la economía nacional en donde la proveeduría puede llegar hasta el 38%.[38]

La industria de maquila ha seguido también el ciclo de las crisis: mientras es mayor la devaluación del peso mexicano, esta tiende a aumentar. Además el trabajo barato atrae a las industrias intensivas en mano de obra lo que implica un cambio negativo para México en la división internacional del trabajo, porque el

---

[38] *Ibídem.*

abaratamiento de la mano de obra se da en el entorno de poca calificación de su fuerza laboral y por lo tanto los probables efectos positivos se pierden. Así cada vez es menor la participación de las maquiladoras que desarrollan manufacturas complejas de alta tecnología y un aumento de las intensivas en mano de obra como la textil y la mueblera, que tienden a aumentar cuando el salario se reduce por efecto de una devaluación. Las maquiladoras de la frontera han aumentado el número de empleados de las ramas de equipo de transporte y eléctrica y electrónica, mientras que en el interior de la República han aumentado singularmente el número de empleados las maquiladoras de la rama de prendas de vestir. Estos datos apuntan a una división del trabajo que enfatiza las desigualdades regionales en términos de capacitación, salario y derrame económico que provienen de las maquiladoras.[39] Las exportaciones también están concentradas en un núcleo de grandes empresas extranjeras y nacionales ya que el 41% del total exportado es realizado por 100 grandes empresas de las que el 28% son de capital mayoritariamente extranjero y el resto son nacionales (entre privadas y estatales). El porcentaje que representaron las exportaciones de empresas extranjeras en México para 1997 fue del 17% del total de las exportaciones mexicanas, mientras que las exportaciones de maquiladoras y de empresas nacionales representaron el 38% y el 45% respectivamente para el mismo período. Además las principales exportadoras

---

[39] *Ibídem.*

exceptuando PEMEX son ahora las compañías automotrices (ver gráfica 12) como GM, Ford, Chrysler y Volkswagen, siendo la Chrysler la más involucrada con el exterior al exportar cerca del 80% de su producción entre 1995 y 1996, mientras que las exportaciones de Ford y GM, también en estos años, fueron de más del 60% y 70%. En contraste, dentro del sector automotriz, Nissan es la empresa que más depende del mercado nacional ya que divide su producción 50/50 entre el mercado nacional y el extranjero.[40] Las principales empresas exportadoras también tienen concentrado el mercado al que se dirigen ya que 60 de las 100 grandes empresas lo hacen sólo al mercado de los Estados Unidos, por lo que en realidad para muchas de estas empresas que además tienden a ser también las principales importadoras, su comercio es más bien intra e inter-industrial y en el que la frontera con México es en realidad sólo un factor de reducción de costos principalmente por la mano de obra empleada y otros insumos ya que en realidad actúan como si estuvieran dentro de su propio territorio de producción y ventas.[41]

Entre los efectos de toda la economía en la sociedad mexicana en los últimos años del siglo XX se encuentran lós índices de pobreza. Según algunas estimaciones en 1963 el 77.5% de la población mexicana se encontraba dentro de la clasificación de

---

[40] *Ibídem.*
[41] Ibídem.

"pobres" (ver gráfica 13). En 1996, es decir, más de treinta años después, la proporción de pobres era de 78%, esto es que para la mayoría de los mexicanos, los cambios económicos y los modelos adoptados para sacar al país del atraso, prácticamente no habían tenido ningún efecto sobre sus niveles de bienestar. Durante los años setenta y principios de los ochenta el porcentaje de pobres alcanzó la cifra mínima de 48.5% de los hogares mexicanos en 1981. Sin embargo, como producto de las primeras crisis de la década de los ochenta, la proporción de pobres empezó a aumentar. Desde el sexenio de LEA hasta el de CSG la cantidad de pobres aumentó el 15.8 %. La nueva crisis de 1994 hizo que el problema de la pobreza aumentara de nueva cuenta, pues casi 10.6 millones de mexicanos se sumaron a la categoría de pobres en un lapso de dos años, ya que en 1994 habían 61.7 millones de pobres y para 1996, se registraban aproximadamente 72.2 millones. La población creció en ese periodo en 3.2 millones de personas que se incorporaron al pastel demográfico del país, pero los pobres aumentaron en más de tres veces que lo que lo hizo la población. Sin embargo como lo ha señalado Julio Boltvinik, lo peor de todo es que los pobres extremos que eran 36.2 millones en 1994 aumentaron hasta 50.9 millones en 1996, es decir un aumento de 14.7 millones extremos en dos años. A esta tasa sostenida de incremento de pobres y pobres extremos, en México no ser pobre en los próximos diez años, sin alteración del modelo social y económico del país, será un verdadero privilegio de una proporción ínfima de mexicanos, y que impedirá cualquier intento de desarrollo en el corto plazo. Se trata de una verdadera deflación social con enormes impactos para los mercados regionales, aumento de la economía informal depauperada (producción de bienes y servicios con escaso valor agregado, ventas de artículos de segunda mano, entre otros) disminución de la inversión, mayor efecto sobre la formación de recursos humanos, pues cuesta más volver a incidir sobre los niveles educativos una vez que estos se han ido a la baja, que mantenerlos e incrementarlos, lo mismo para la salud, etc. Los efectos de la pobreza serán devastadores para el crecimiento de México, especialmente en las zonas en las que sus condiciones eran desde antes desfavorables.[42]

En 2006 según datos del FMI, el Producto Interior Bruto de México en paridad de poder adquisitivo (PPA) se estimó en USD 1172 billones[43] y en USD 840 012 millones[44] en tasas de cambio nominal, siendo la segunda economía más grande de América Latina. En

---

[42] *Ibídem.*

[43] *Vid*: Base de datos del Fondo Monetario Internacional publicado en abril de 2007. Obtenible en http://www.imf.org/external/pubs/ft/weo/2007/01/data/weorept.aspx ?pr.x=50&pr.y=8&sy=2005&ey=2006&scsm=1&ssd=1&sort=countr y&ds=.&br=1&c=273&s=PPPWGT&grp=0&a=. Consultado el 18 de noviembre a las 15:56hrs.

[44]*Vid*: Base de datos del Fondo Monetario Internacional publicado en abril de 2007. Obtenible en www.imf.org/external/pubs/ft/weo/2007/01/data/weorept.aspx?pr.x =41&pr.y=13&sy=2005&ey=2006&scsm=1&ssd=1&sort=country&d s=.&br=1&c=273&s=NGDPD&grp=0&a. Consultado el 18 de noviembre de 2015 a las 16:23 hrs.

tanto que el PIB per cápita en PPA fue de USD 11 249[45] y de USD 8066[46] en valores nominales.

Desde 2002 hasta 2005 inclusive, el PIB per cápita mexicano en valores nominales fue el más elevado de América Latina. En las estimaciones para 2006 el PIB per capita nominal fue el segundo de Latinoamérica, después de Chile.[47]

Conforme a datos del Banco Mundial, el Ingreso Nacional Bruto mexicano medido en tasas de cambio del mercado fue en 2005 el más grande de Latinoamérica,[48] calculado en 753.394 millones USD. Además ese año tuvo el ingreso nacional bruto *per cápita* más elevado de la región de 7310 USD,[49] consolidándose como un país de ingreso medio-alto. Después de la desaceleración del 2001, el país creció 4,2, 3,0 y 4,8 % en el 2004, 2005 y 2006 respectivamente, aunque se considera inferior a su crecimiento potencial.[50]

---

[45] *Ibídem*
[46] *Ibídem.*
[47] *Ibídem.*
[48] *Ibídem.*
[49] *Vide: Gross national income per capita 2010, Atlas method and PPP.* Publicado en *Atlas Method and PPP.* obtenible en http://siteresources.worldbank.org/DATASTATISTICS/Resources/ GNIPC.pdf. Consultado el 10 de diciembre de 2015 a las 12:03hrs
[50] HUFBAUER GC & SCHOTT JJ: *NAFTA Revisited: Achievements and Challenges* Institute for International Economics, Chapter 1. 2004. Obtenible en http://www.iie.com/publications/chapters_preview/332/01iie3349.p df. Consultado el 10 de diciembre de 2015 a las 12:24hrs.

La moneda mexicana es el peso mexicano (ISO 4217: MXN; símbolo: $). Un peso está dividido en 100 centavos (símbolo ¢). MXN reemplazó al MXP en 1993 a razón de 1000 MXP por 1 MXN. La tasa de cambio ha permanecido estable desde 1998, oscilando entre los 9,20 y 11,50 MXN por 1 USD. Las tasas de interés interbancario en febrero del 2007 se situaban alrededor del 7 %,[51] habiendo llegado a mínimos históricos el 2002 debajo del 5 %. Las tasas de inflación también están en mínimos históricos: el 2006 la inflación fue del 4,05 %.[52] La tasa de desempleo abierto o desocupación es de 3,2 %, muy bajo comparado con el resto de los países de la OCDE, sin embargo, la subocupación se sitúa en el 25 %.[53] En el 2006, la ONU reportó el índice de desarrollo humano de México en 0,775, situado en la posición número 61 a nivel mundial en el grupo de países de alto desarrollo humano.

Ahora bien, ya en el siglo XXI los hechos más notorios acontecidos en el sistema económico mexicano están

---

[51] *Vid:* sitio web del Banco Central de México. Obtenible en http://web.archive.org/web/20121521301500/http://www.banxico.or g.mx/inicio.html consultado el 12 de diciembre a las 14:26hrs.
[52] AGUIRRE BOTELLO, MANUEL: Devaluación- Inflación México-USA 1970-2015.   Obtenible   en http://www.mexicomaxico.org/Voto/SobreVal02.htm. Consultado el 25 de noviembre de 2015 a las 23:04 hrs.
[53] Vid: Sitio web oficial del Banco Central de México. Obtenible en http://web.archive.org/web/20121521301500/http://www.banxico.or g.mx/inicio.html. Consultado el 25 de noviembre a las 13:45hrs.

precidos por la crisis económica de 2008-2009.[54] A lo largo de 2008, el peso mexicano se vio sometido a sucesivas devaluaciones que le llevaron a perder alrededor del 50% de su valor frente al dólar estadounidense. Esto ocurrió en el marco de la crisis financiera mundial, que entre otras cosas implicó la quiebra de numerosas instituciones bancarias, las más importantes ocurrieron en Estados Unidos. En México los inversionistas comenzaron a adquirir grandes cantidades de dólares. Al aumentar la demanda de la divisa estadounidense, el peso se devaluó.[55] En diciembre de 2008 la depreciación del peso mexicano alcanzó 26,70%, con una cotización de 14 pesos por dólar. La situación llegó al extremo que el Congreso de la Unión solicitó a Guillermo Ortiz, gobernador del Banco de México (Banxico), aclarar el modo en que se pretendía enfrentar la devaluación de la moneda nacional.[56] Como una medida precautoria, el Banco de México había venido "inyectando" fuertes cantidades

---

[54] ROBERTO NÁJAR: "*México vive la peor crisis en 70 años*", en *BBC Mundo*, 2 de julio de 2009, consultado el 10 de diciembre de 2015 a las 18:45pm. Vide también: VÍCTOR CARDOSO: *"El manejo de la crisis en México, de los peores del mund: Stiglitz"*, en *La Jornada*, 20 de noviembre de 2009, GONZÁLEZ, SUSANA Y JUAN ANTONIO ZÚÑIGA: *"Infructuosa intervención del BdeM; dólar hasta en $15.66"*, en *La Jornada*, 21 de febrero de 2009; *"Inyecta Banxico más de 3 mil mdd al sistema"*, en *El Siglo de Torreón*, 22 de abril de 2009, "*OCDE: desempleo de 6.5% en México en 2010*", en *La Jornada*, 20 de noviembre de 2009.
[55] "Inyecta Banxico 50 mdd; dólar cierra a 13.40", en *La Crónica de Hoy*, 21 de julio de 2009,
[56] ZÚÑIGA, JUAN ANTONIO: *"Dólar a 14 pesos; la moneda acumula una devaluación de 26.70%"*, en *La Jornada*, 31 de diciembre de 2008.

de dólares al mercado cambiario con el propósito de contener la devaluación del peso. Hacia febrero de 2009, la reserva de dólares de Banxico había perdido 20 mil 62 millones de dólares, que fueron destinados a aminorar la presión sobre el peso.[57]

Algunos especialistas atribuyeron la volatilidad de la cotización del dólar a una combinación de múltiples factores. Entre estos se encuentra el citado aumento de la demanda de la divisa, pero se añade también la acción de los especuladores, el retiro de inversiones en divisas extranjeras y una mala percepción del desempeño de la economía mexicana.

La caída en el precio del petróleo y la menor recaudación por concepto de impuestos, generaron una reducción en los ingresos del Estado mexicano. Habiendo menos dinero disponible en las arcas nacionales, la Secretaría de Hacienda y Crédito Público (SHCP) a través del subsecretario de Egresos, Dionisio Pérez, dio a conocer la decisión del Gobierno de la República de recortar el presupuesto público en 35 mil millones de pesos (equivalentes a 2 mil 640 millones de dólares).[58] A este recorte presupuestal anunciado el 28 de mayo de 2009 se sumó un segundo reajuste por 50 mil millones de dólares al Presupuesto de Egresos de la Federación para 2009. Este fue anunciado el 24 de julio de 2009 por el secretario de

---

[57] GONZÁLEZ AMADOR, ROBERTO: "*La devaluación del peso ya costó 20 mil 62 mdd en reserva*", en *La Jornada*, 4 de febrero de 2009,
[58] Anuncia SHCP recorte de 35 mil mdp al presupuesto público, en *La Jornada*, 28 de mayo de 2009

Hacienda, Agustín Carstens. De acuerdo con las declaraciones de Carstens, 78% del importe del reajuste afectaría el gasto corriente del gobierno y el 22% restante se aplicaría sobre el rubro de inmuebles, muebles y obra pública.[59] Desde que se dio a conocer el primer reajuste presupuestal se anunció que esta medida no afectaría los programas sociales del gobierno. Sin embargo, en los días siguientes la crisis financiera del Estado mexicano alcanzó a dos áreas directamente implicadas en el bienestar social. Primero la crisis impactó a las universidades públicas y más tarde tocó al sector salud.

A pesar de las declaraciones de los representantes de la ANUIES, el 21 de julio de 2009 el secretario de Educación Pública, Alonso Lujambio, hizo público que se había acordado un recorte de 800 millones de pesos a la educación superior. El anuncio tuvo lugar en el marco de la inauguración de un centro de capacitación de ANUIES. Los miembros de esta asociación desconocían la decisión tomada por el gobierno federal, y deploraron el recorte presupuestal.[60]

Para el año 2008, las autoridades económicas de México habían pronosticado un crecimiento del producto interno bruto nacional (PIB) de 1,8%. Sin

---

[59] ARTEAGA, JOSÉ MANUEL: [http://estadis.eluniversal.com.mx/notas/614474.html "Recorte al gasto por 50 mil millones de pesos", en *El Universal*, 24 de julio de 2009.
[60] "Recorta SEP $800 millones al gasto de universidades públicas", en *La Jornada*, 22 de agosto de 2009,

embargo, el Instituto Nacional de Estadística y Geografía (Inegi) informó el 20 de febrero de 2009 que el crecimiento había sido menor al esperado en medio punto porcentual, para llegar a una expansión anualizada de la economía equivalente al 1,3% del PIB. A este anuncio se sumó la confirmación de la contracción del PIB nacional durante el último trimestre del año 2008, equivalente a 1,6% de la economía nacional. De acuerdo con el informe del Inegi, la caída del PIB mexicano se debió a la contracción de la actividad industrial, especialmente de la producción manufacturera, que presentó un retroceso de 4,9% con respecto al trimestre anterior. Otras ramas afectadas durante el último trimestre de 2008 fueron la industria de la construcción (-4,4%) y el sector terciario de la economía (-0,9%).[61]

Desde el tercer trimestre de 2008 se advirtió en México una elevación importante del índice de desempleo abierto. De acuerdo con la Encuesta Nacional de Ocupación y Empleo (ENOE), que arroja información mensual sobre la situación del empleo en el país, durante el 2007 y la primera mitad del año 2008 hubo una estabilidad la tasa de desocupación, casi siempre menor a 4,00%, con elevaciones mínimas durante los primeros meses de esos dos años. A partir del mes de julio de 2008 se observó un repunte del desempleo abierto en la República Mexicana, cuando el indicador

---

[61] MARTÍNEZ, ROCÍO: *Se contrae 1.6% PIB de México*, en *El Financiero*, 20 de febrero de 2009. Consultado el 25 de noviembre de 2015 a las 11:38hrs.

dio 4,15% de la población desempleada. En julio de 2009, la tasa ya alcanzaba 6,12%. Este aumento de la desocupación abierta en el país ha afectado principalmente a las mujeres.[62]

De acuerdo con los datos arrojados por la ENOE, entre julio y noviembre de 2008 más de 316 mil personas se quedaron sin trabajo en el país. Así, en noviembre de 2008, alrededor de un millón 900 mil personas se encontraban en paro forzado. La contracción del mercado laboral formal se amortiguó ligeramente con el ingreso de poco más de 300 mil personas a la economía informal, en la que el Inegi ubicaba a 11,8 millones de personas (más del 10% de la población total de México). Por su parte el Instituto Mexicano del Seguro Social (IMSS) reportaba que más de 356 mil trabajadores y trabajadoras habían sido registrados como derechohabientes, pero de ellos el 45% eran empleados eventuales.[63] Al concluir el año 2008, la CEPAL pronosticaba que el año siguiente otras 390 mil personas se quedarían sin empleo en México.[64] De

---

[62] Vid: Inegi (2009). Obtenible en http://dgcnesyp.inegi.gob.mx/cgi-win/bdieintsi.exe/Consultar. Consultado el 28 de noviembre de 2015 a las 12:02hrs.

[63] ZÚÑIGA, JUAN ANTONIO: *"Más de 316 mil personas entraron al desempleo entre julio y septiembre"*, artículo publicado en el portal informativo web *La Jornada* el 14 de noviembre de 2009. Obtenible en http://www.jornada.unam.mx/2008/11/14/index.php?section=econo mia&article=028n2eco. Consultado el 16 de noviembre de 2015 a las 23:34hrs.

[64] GONZÁLEZ AMADOR, ROBERTO: "Prevé la Cepal que 380 mil mexicanos perderán su empleo en 2009", artículo publicado el portal web mexicano *La Jornada*, 19 de diciembre de

acuerdo con la Encuesta Nacional de Ingreso y Gasto de los Hogares (ENIGH), realizada por el Inegi en 2008, el ingreso de los sectores más pobres de la población ha disminuido en comparación con el ingreso de los segmentos más favorecidos. De esta manera, los 6 deciles más pobres de los mexicanos perciben en su conjunto el 27,6% del PIB nacional bruto, lo que representa 0,9% menos en comparación con 2006. En contraste, en 2008 el decil con ingresos más altos concentraba 36,3% del PIB nacional bruto; esto quiere decir que su participación en la riqueza nacional aumentó 0,6% en comparación con 2006.[65]

De acuerdo con el Banco Mundial (BM), 10 millones de mexicanos cayeron en la pobreza entre 2006 y 2009. Sólo en 2008 fueron 4,2 millones los nuevos pobres en el país, mientras que entre 2006 y 2008 engrosaron la estadística 5,9 millones. El informe del BM apunta que en México viven 54,8 millones de personas por debajo de la línea de pobreza, lo que equivale a 51% de la población de esa nación latinoamericana. Con estas cifras, México se convierte en el país más afectado por la crisis de 2008-2009 en América Latina. Del conjunto de nuevos pobres en América Latina a consecuencia

---

2008.Obtenible   en http://www.jornada.unam.mx/2008/12/19/index.php?section=econo mia&article=029n2eco.
[65] JOSÉ MANUEL MARTÍNEZ: "México aumenta su desigualdad por crisis", en *CNNExpansión*, 16 de julio de 2009. Obtenible enhttp://www.cnnexpansion.com/actualidad/2009/07/16/mexico-aumenta-su-desigualdad-por-crisis. Consultado el 25 de octubre de 2015 a las 00:48hrs.

de la crisis, México concentró casi la mitad de ellos, mientras que Brasil (en el segundo sitio) sólo representa la quinta parte.[66]

Como una medida para reducir el gasto gubernamental en el marco de la crisis, Felipe Calderón Hinojosa anunció la desaparición de tres secretarías de Estado —equivalentes a los ministerios en otros países— cuyas funciones podrían ser absorbidas por otras entidades del gobierno federal. Éstas son las secretarías de Turismo (Sectur), Reforma Agraria (SRA) y Función Pública (SFP).[67] De acuerdo con el mensaje de Calderón del 8 de septiembre de 2009, las funciones de estas dependencias serían absorbidas por otras instancias, en el caso de Sectur, sería incorporada a la Secretaría de Economía; la Reforma Agraria trasladaría sus funciones a las secretarías de Desarrollo Social (Sedesol) y de Agricultura, Ganadería, Desarrollo Rural, Pesca y Alimentación (Sagarpa); la SFP sería convertida en Contraloría de la

---

[66] ROBERTO GONZÁLEZ AMADOR: *"Existen en México 54,8 millones de pobres, 51% de la población"*, artículo publicado en el sitio web informativo mexicano *La Jornada*, publicado el 20 de noviembre de 2009, http://www.jornada.unam.mx/2009/08/20/index.php?section=econo mia&article=024n1eco. Consultado el 18 de noviembre de 2015 a las 12:34hrs.
[67] *Vid: "Desaparece Calderón tres secretarías de Estado"* en sitio web *El Informador*, publicado el 9 de septiembre de 2009, obtenible en http://www.informador.com.mx/mexico/2009/135931/6/calderon-anuncia-la-desaparicion-de-tres-secretarias-de-estado.htm. Consultado el 15 de noviembre de 2015 a las 13:45hrs.

Federación, dependencia directa de la Presidencia de la República.[68]

Asimismo, el 7 de enero de 2010 el Banco de México reveló el dato para la inflación en el país al cerrar 2009, la cual se ubicó en 3,57 %, el dato más bajo desde 2005 cuando se ubicó en 3,33 %.[69] El índice de precios subyacente presentó un aumento de 0.50 por ciento durante diciembre de 2009.Así, la tasa de inflación anual de este indicador se ubicóen 4.46 por ciento. Dicha cifra resultó 0.13 puntos porcentuales menor a la obtenida el mes previo. Respecto del subíndice de mercancías, su tasa de variación anual en diciembre fue 5.57por ciento, en tanto que en el caso de los servicios, dicha tasaregistró 3.41 por ciento (en el mes previo, los valores correspondientes fueron 6.06 y 3.22 por ciento). La baja en la inflación delprimer subíndice referido fue consecuencia de menores tasas de crecimiento en las cotizaciones de algunos genéricos del grupo de resto de las mercancías. En lo referente al segundo subíndice, aumentos de precios ocurrieron principalmente en el grupo de la vivienda y del resto de servicios, en particular, en los siguientes conceptos:

---

[68] HERRERA BELTRÁN, CLAUDIA: *"Plantea Calderón desaparecer tres secretaría por ajuste drástico"* en *La Jornada*, 9 de septiembre de 2009, obtenible en http://www.jornada.unam.mx/2009/09/09/index.php?section=politica&article=009n1pol.
[69] *Vid*: Fuente: Banco de México - Comunicado de prensa, enero de 2010. Obtenible en http://www.banxico.org.mx/informacion-para-la-prensa/comunicados/inflacion/mensual/%7B36697BC5-386D-BD1D-25C5-538C090383C7%7D.pdf

servicios turísticos en paquete, transporte aéreo y vivienda propia.

Debe mencionarse que estos genéricos muestran una marcada estacionalidad al alza en sus precios en el último mes del año. Las menores tasas de variación en los precios de algunos genéricos del componente no subyacente contribuyeron al resultado obtenido para la inflación de cierre de 2009. En particular, durante diciembre de 2009, el índice de precios no subyacente presentó un incremento de 0.18 por ciento, con lo que su tasa de crecimiento anual se ubicó en 1.20 por ciento (la tasa comparable obtenida para noviembre fue 1.90 por ciento). Las variaciones anuales de los subíndices que componen este indicador fueron las siguientes: productos agropecuarios 1.66 por ciento,y bienes y servicios administrados y concertados 0.97 por ciento (las cifras correspondientes en noviembre fueron 4.41 y 0.64 por ciento, respectivamente). Por lo que respecta a los productos agropecuarios, la menor tasa de inflación se explica por bajas en los precios de algunos genéricos de dicho subíndice como son: jitomate, calabacita, cebolla, naranja y aguacate. En el caso de los bienes y servicios administrados y concertados destacó el incremento en el precio de los genéricos electricidad y autobús foráneo.el nivel general del Índice Nacional de Precios Productor (INPP) de mercancías y servicios finales, excluyendo petróleo, registró una variación mensual de 0.39 por ciento en diciembre de 2009. Con ello, la tasa de crecimiento anual de este indicador se ubicó en 3.29

por ciento, resultado 0.01 punto porcentual mayor respecto al dato de noviembre (3.28 por ciento). Esta última diferencia se debió, en lo principal, a una tasa de crecimiento anual más elevada en los precios del sector de la construcción y de los servicios de transporte de pasajeros.[70]

2. Indicadores macroeconómicos, financieros y de bienestar posteriormente a 2010 y hasta la actualidad. *(2016)*[71]

Para el 2010 muchas instituciones mexicanas vaticinaban un crecimiento de la economía; sin embargo, lo que realmente ocurriría era una estabilización ligera respecto de la crisis de los años anteriores. La economía de México tuvo un crecimiento

---

[70] Los datos anteriormente expuestos referidos a la inflación de 2009 en el último párrafo de este epígrafe han sido tomados del Comunicado de Prensa del 7 de enero de 2010 del Banco Central de México. Obtenible en http://www.banxico.org.mx/informacion-para-la-prensa/comunicados/inflacion/mensual/%7B36697BC5-386D-BD1D-25C5-538C090383C7%7D.pdf. Consultado el 13 de diciembre de 2015 a las 18:34hrs

[71] El contenido referente a los epígrafes restantes de este capítulo pertenecen al artículo *Economía de México* de la enciclopedia Wikipedia. Este contenido ha sido tomado y enriquecido, así como acotejado con otras fuentes de información citadas al final de cada página para verificar la cientificidad de la información en él descrita. En algunos casos se modificaron algunas líneas por no existir fuentes fidedignas para comprobar la veracidad de la información expresada en ellas. En otros casos se emplearon datos de otras fuentes de información que igualmente fueron citadas oportunamente. Lo cierto es que toda la información aquí expuesta, haciendo reconocimiento de la fuente principal, ha sido referenciada y cotejada con varias fuentes para garantizar su seriedad informativa y revisada por especialistas en el ramo.

anual de 5.5% durante el 2010, recuperándose de la abrupta caída de 6.1% registrada en el 2009. La economía mexicana se expandió 5.5% en promedio durante el 2010, el tercer mejor crecimiento de su historia y el mejor durante los 10 años de gobiernos panistas. Sin embargo, dicho repunte no logra revertir la caída de 6.1% que experimentó la economía en el 2009 como resultado de la crisis financiera internacional.[72] En términos absolutos con cifras ajustadas por estacionalidad, el Producto Interno Bruto (PIB) rebasó por primera vez los 9 billones de pesos al ubicarse en 9 billones 27,369 pesos, de acuerdo con datos del Instituto Nacional de Estadística y Geografía (INEGI).[73] El crecimiento del PIB en el cuarto trimestre del año ascendió a 4.6%, dato mayor al que adelantaba el consenso del mercado; sin embargo, el dato confirma una desaceleración en el ritmo de crecimiento económico, al pasar de 7.7% en el segundo trimestre del 2010 a 5.3% en el tercero.[74] Este avance confirma que el proceso de recuperación de la economía seguía consolidándose. Por sector económico, el más dinámico durante el año fue el secundario con un avance de 6.1%, seguido del primario con 5.7% y el terciario con 5 por ciento. Según los datos del último trimestre del PIB, el mayor

---

[72] Tomado de SAAVEDRA, ALMA: *Economía creció 5,5% en el 2010.* Publicado en *El Economista.* Obtenible en http://eleconomista.com.mx/mercados-estadisticas/2011/02/21/economia-crecio-55-2010. Consultado el 11 de diciembre de 2015 a las 15:03hrs.
[73] Ibídem.
[74] Ibídem.

77

crecimiento lo registró el sector primario con un repunte de 9.9%, producto de mayor producción de maíz en grano, mango, caña de azúcar, sorgo en grano, tomate rojo, entre otros.

Dentro del sector industrial, que creció 4.7% anual en el cuarto trimestre del 2010, fueron las manufacturas las que lideraron con un avance de 6%, seguido de la construcción que creció 4.3%, electricidad, agua y gas 3.4%; mientras que la minería fue la que presentó el repunte más modesto, con apenas 1.4 por ciento. En cuanto al sector servicios, éste se expandió 4.2% anual entre octubre y diciembre del año pasado, debido principalmente a los incrementos que mostraron el comercio y los servicios financieros y de seguros de 9.5%, cada uno. Sobre el reporte del cuarto trimestre, el Economista en Jefe de Ixe añadió: "Éste muestra que el mercado interno continuaba fortaleciéndose y contribuyendo a que la brecha del producto se reduciera".[75]

La economía mexicana cerró el 2011 con un crecimiento anual de 3.9%, que hacia finales del año fue impulsado por la demanda interna, reflejada en

---

[75] Vid: *Informe de Actividades y Resultados 2010 del Instituto Nacional de estadística y Geografía de México*. Ed. INEGI. México. 2010. Obtenible en http://www.inegi.org.mx/default.aspx. Consultado el 18 de noviembre de 2015 a las 13:45hrs. También vid: SAAVEDRA, ALMA: *op.cit.*

buena medida, en el buen desempeño que tuvo el sector terciario de la economía.[76]

De acuerdo con las cifras publicadas por el INEGI el jueves, al interior del PIB las actividades primarias descendieron 0.6%, mientras que las secundarias crecieron 3.8% y las terciarias 4.2 por ciento. La expansión fue inferior a la registrada en el 2010, cuando el PIB tuvo un alza de 5.5%, apoyado por el fuerte crecimiento de la industria que subió 6.1 por ciento. El resultado vino en línea con lo esperado por los expertos y lo anticipado por el gobierno federal, que estimaban un crecimiento alrededor de 4 por ciento. Lo anterior "muestra la solidez de la economía mexicana frente al deterioro del entorno global y la incertidumbre en los mercados financieros", mencionó Samuel Moreno, analista de Invex, en una nota. El deterioro global podría tener un impacto negativo sobre el sector industrial y con ello los servicios, en reflejo de la demanda interna, seguirán apoyando al crecimiento, agregó. En términos anuales, dentro del sector industrial destacó el crecimiento de 16.9% en la fabricación de equipo de transporte; la industria más débil fue la de textiles con una contracción de 5.3 por ciento. En tanto, por el lado del sector terciario, el comercio tuvo el mejor desempeño con un crecimiento anual de 7.6 por ciento. "Consideramos que la

_____

[76] VALLE, ANA: *Economía Mexicana se desaceleró en el 2011.* Publicado en jornal *El Economista.* Obtenible en http://eleconomista.com.mx/mercados-estadisticas/2012/02/17/economia-mexicana-se-desacelero-2011. Consultado el 15 de diciembre de 2015 a las 12:56hrs.

79

economía mexicana continuará creciendo en el 2012, aunque a un menor ritmo, cercano a 3.1%", agregó Moreno. Cabe destacar que al cuarto trimestre el PIB creció 0.47% con respecto al trimestre previo, su menor crecimiento del año, reflejando la ralentización de la economía. Al respecto, Banamex vaticinó que la desaceleración se extenderá en el actual trimestre, aunque a un ritmo más moderado.[77]

Mientras que la economía habría crecido 4% en el 2012, el subsidio a las gasolinas y diésel ascendió a un total de 222,757 millones de pesos, frente a los 165,977 millones de pesos del 2011, según el Informe de las Finanzas y la Deuda Pública. En diciembre del 2012 dicho subsidio fue de 16,768 millones de pesos. De acuerdo con el reporte, los ingresos petroleros sumaron un total de 1 billón 189,459 millones de pesos, es decir, un aumento de 3.7% debido a que el precio de la mezcla mexicana de exportación se incrementó en 3.5% con respecto a la cotización del 2011. En tanto que la recaudación de impuestos tuvo una variación de 1.4% en comparación a lo captado en el 2011.[78]

Este resultado estuvo impactado por la derogación de la Tenencia vehicular, según explicó la Secretaría de

---

[77] Ibídem.
[78] Tomado de FLORES, LEONOR: *Economía mexicana crece un 4% en el 2012*. Publicado en El Economista el 30 de enero de 2013. Obtenible en http://eleconomista.com.mx/finanzas-publicas/2013/01/30/economia-mexicana-crece-4-2012. Consultado el 10 de noviembre de 2015 a las ¡2:03hrs.

Hacienda. Por medio del Impuesto Sobre la Renta, ingresaron al fisco 758,925 millones de pesos, 1.2% más sobre el nivel del 2011. Por IVA se recaudaron 579,995 millones de pesos, es decir, un ascenso de 3.7 por ciento. El Impuesto Empresarial a Tasa Única reportó una baja de 14.1% en su recaudación con un monto de 42,197 millones de pesos por el impuesto a los Depósitos en Efectivo se obtuvieron 2,785 millones de pesos.[79]

Durante el 2012 las finanzas públicas reportaron un déficit de 403,622 millones de pesos. Lo ingresos presupuestarios crecieron 3.3% y el gasto lo hizo en 3.8 por ciento. La Secretaría de Hacienda indicó que se estima que durante el 2012, el PIB haya crecido alrededor de 4% real y que en el cuarto trimestre del 2012 haya registrado un crecimiento anual de aproximadamente 3.6% real. Explicó que durante el último trimestre del 2012, la economía mexicana continuó en proceso de expansión, de acuerdo con los resultados de los principales indicadores macroeconómicos. El ritmo de crecimiento se aceleró ligeramente con respecto al trimestre previo. La producción industrial de Estados Unidos -y en particular el sector manufacturero- tuvo un mejor desempeño que el registrado en el periodo julio-septiembre, lo que se reflejó en el dinamismo de las exportaciones no petroleras. Refirió que en el entorno externo también destacó la moderación de la volatilidad en los mercados financieros, debido a que mejoró el

---

[79] *Ibídem.*

balance de riesgos relacionado con los desequilibrios que enfrentan varios países industriales. No obstante, advirtió que la recuperación de la actividad económica global y sus perspectivas para el 2013 permanecieron débiles y persistía la incertidumbre asociada a la frágil situación fiscal y financiera de algunas economías desarrolladas.[80]

Durante el 2013 la economía mexicana se desaceleró y, pese a que registró variaciones positivas en sus diferentes trimestres, éstas son menores a las exhibidas en los años posteriores a la crisis económica y financiera del 2008-09. De hecho, si se descuenta esta época de recesión, son inferiores a las de hace una década. El Producto Interno Bruto (PIB) aumentó 0.7% a tasa anual en el último trimestre del año pasado, de acuerdo con cifras del Instituto Nacional de Estadística y Geografía (INEGI). Así, este crecimiento magro se debió al comportamiento de las actividades que componen al PIB, donde sólo las terciarias mostraron dígitos positivos, con un incremento de 1.3%; el peso de este sector (comercio y servicios) representa para la economía del país 60.7% del PIB total. Esta actividad económica se benefició, principalmente, por la actuación en el cuarto trimestre del 2013 del comercio mayorista y minorista (tasa anual de 2.4%), servicios inmobiliarios y de alquiler de bienes muebles e intangibles (1.1%), trasportes,

---

[80] *Ibídem.*

correos y almacenamiento (1.2%) y servicios financieros y de seguros (1.4%).[81]

La evolución del PIB fue provocada por el comportamiento del mercado interno y externo, es decir, la desaceleración en la producción industrial de Estados Unidos y la incertidumbre de nuevos impuestos que afectaron al comercio doméstico, advirtió Daniela Ruiz Zárate, analista de Monex. Por su parte, el PIB de las actividades primarias cayó 0.3% a tasa anual, por los desplomes en servicios relacionados con las actividades agropecuarias y forestales (32.5%), en pesca (15.4%), en aprovechamiento forestal (1.3) y en cría y explotación de animales (0.01%). Únicamente el sector de agricultura creció 1.2 por ciento en este agregado. Las actividades secundarias disminuyeron 0.4% en el cuarto trimestre del 2013, respecto del mismo periodo del 2012, producido por el desempeño de la construcción y la minería, con descensos de 4.6 y 0.9%, respectivamente. Las industrias manufactureras, que representan el sector con mayor participación en la economía (16.1%), ascendieron 1.9 por ciento. El comportamiento negativo de la construcción fue ocasionado por la reestructuración de la vivienda de interés social, la producción de vivienda y la reducción

---

[81] Tomado de ROSALES, RODRIGO. A.: *Termina economía mexicana con debilidad en el 2013*. Publicado en El Economista el 23 de febrero de 2014. Obtenible en http://eleconomista.com.mx/finanzas-publicas/2014/02/23/termina-economia-mexicana-debilidad-2013. Consultado el 13 de diciembre de 2015 a las =9:46hrs.

83

del gasto público en infraestructura, aseveró Arnoldo López Marmolejo, economista de BBVA Bancomer. En el 2013 la economía mexicana tuvo una variación anual de 1.1%, cifra que representa el crecimiento más bajo después de la recesión del 2009; en el 2010 la tasa fue de 5.1%; en el 2011, de 4.0%, y en el 2012, de 3.9 por ciento. Por actividades económicas, las primarias y las terciarias ostentaron incrementos de 0.3 y 2.1%, respectivamente; las secundarias disminuyeron 0.7 por ciento.[82]

A finales del 2013 y principios del 2014, la actividad económica de México siguió dibujando una tendencia de desaceleración, principalmente por factores de naturaleza temporal; para el segundo y tercer trimestre del 2014 se registró un mayor dinamismo, derivado de la evolución positiva de la demanda externa y una débil mejoría de la interna. El panorama continúa endeble. Durante noviembre del 2014, el Indicador Global de la Actividad Económica (IGAE) aumentó 2.8% a tasa anual desestacionalizada, que representó un crecimiento menor en 0.08 puntos porcentuales respecto al mes previo, de acuerdo con datos del Instituto Nacional de Estadística y Geografía (INEGI). Con este resultado se revirtió la trayectoria de aceleración que trazó en septiembre de 2014. Este comportamiento descendente de la variable que da seguimiento a la evolución del sector real de la economía, en el corto plazo, se debió a ascensos menores, con ajuste estacionario, en construcción,

---

[82] Ibídem.

minería y algunos servicios; los rubros que continuaron con una pendiente positiva fueron, primordialmente, industrias manufactureras, comercio y agricultura.[83]

Las actividades terciarias presentaron una variación anual de 3.0%, menor en 0.01 puntos porcentuales en relación a octubre; esta dinámica correspondió a la conducta de desaceleración en actividades legislativas, gubernamentales, de impartición de justicia y de organismos internacionales y extraterritoriales (pasó de 3.5 a 2.0% en el mes de referencia); servicios profesionales, científicos y técnicos, corporativos, servicios de apoyo a los negocios y manejo de desechos y servicios de remediación (1.9 a 0.9%); servicios financieros y de seguros, servicios inmobiliarios y de alquiler de bienes muebles e intangibles (2.6 a 1.7%), servicios educativos, servicios de salud y de asistencia social (0.9 a 0.8 por ciento). En sentido contrario, los apartados que esbozaron una dirección de expansión fueron servicios de esparcimiento culturales y deportivos, y otros servicios recreativos y otros servicios excepto actividades gubernamentales (1.6 a 2.1%); servicios de alojamiento temporal y de preparación de alimentos y bebidas (4.5 a 5.1%); transportes, correos y almacenamiento e información en medios masivos (1.7 a 2.6%), y

---

[83] Datos referente al año 2014 han sido Tomado de ROSALES, RODRIGO. A: *Declaración marginal de la economía mexicana.* Publicado en el sitio web informativo *El Economista*. Obtenible en http://eleconomista.com.mx/industrias/2015/01/27/actividad-economica-mexico-crecio-2-noviembre. Consultado el 13 de diciembre de 2015 a las 23:34hrs.

comercio (5.1 a 6.2 por ciento). Este último sector, que representa 15.5% de la actividad económica del país, obtuvo su crecimiento anual más elevado en 31 meses. Las actividades secundarias aumentaron 2.4%, cuando en el mes precedente la variación fue de 2.6%; destacan los resultados mixtos de sus componentes. Si bien la construcción continúa por sextos mes consecutivo en terrenos positivos y con tasas anuales altas, su expansión de 5.0% significó romper con la tendencia al alza que comenzó en abril del 2014 (en octubre obtuvo 6.8 por ciento).Con su caída de 5.7% en noviembre del año pasado, la minería prolongó a ocho meses su estancia en números rojos; este desplome es el más pronunciado desde junio del 2009 (6.0 por ciento). Otro sector que presentó un incremento menor respecto a octubre fue generación, transmisión y distribución de energía eléctrica, suministro de agua y de gas por ductos al consumidor final (de 2.3 a 0.6 por ciento).[84]

El conjunto de las industrias manufactureras, como motor industrial del país, exhibió un ascenso de 5.3%, su mayor nivel en 29 meses. Las actividades primarias, lideradas por la agricultura y con un peso alrededor de 3.0% de la producción nacional, transitó de una tasa anual de -1.9% en octubre a 1.2% en el penúltimo mes del año pasado. El IGAE, como proxy mensual del PIB, arrojó un crecimiento anual de 2.1% desestacionalizado en los primeros 11 meses del 2014, cifra que alcanzó el límite inferior del pronóstico de

---

[84] *Ibídem.*

Hacienda, pero que aún está lejos del superior (rango de 2.1 a 2.6%); con cifras originales se ubicó en 2.0 por ciento. La tasa mensual, este indicador se incrementó 0.49% en noviembre, menor en 0.25 puntos porcentuales en comparación con el mes previo.[85]

A finales de 2014 la revista especializada Forbes-México proclamaba que la economía mexicana iniciaría el año 2015 con avances débiles debido a una recuperación lenta del mercado interno, en especial, del consumo privado.[86] De igual manera el Banco Mundial (BM) estimaba que la fortaleza de la recuperación económica mexicana permitiría una expansión del Producto Interno Bruto (PIB) de 3.3% en el 2015, previsión que se encuentra dentro del rango estimado por la Secretaría de Hacienda y Crédito Público, de 3.2 a 4.2 por ciento. Esta previsión incorpora un ajuste a la baja respecto del pronóstico de octubre, cuando el BM estimaba una expansión de 3.5 por ciento.[87] Al divulgar el documento anual completo, su Global Economic Prospects, economistas del BM explican que la implementación de las reformas facilitará un crecimiento adicional de cinco décimas de punto al PIB para los siguientes dos años.

---

[85] Ibídem.
[86] Tomado de *Economía mexicana arrancará lento en 2015*. Publicado en *Forbes México* el 2 de enero de 2015. Obtenible en http://www.forbes.com.mx/economia-mexicana-arrancara-lento-en-2015/ . Consultado el 17 de diciembre de 2015 a las 16:18hrs.
[87] Tomado de MORALES, YOLANDA: *La Economía de México crecerá un 3,3% en el 2015*. Publicado en el sitio informativo El Economista. Obtenible en http://eleconomista.com.mx/finanzas-publicas/2015/01/13/economia-mexico-crecera-33-2015. Consultado el 17 de diciembre de 2015 a las 17:39hrs.

Esto llevaría al crecimiento a un incremento anual de 3.8% en el 2016 y en la misma proporción para el 2017.[88]

2.1 Indicadores básicos. Pobreza.

La pobreza en México se mide en parámetros tales como la nutrición, el agua potable, vivienda, educación, atención de la salud, la seguridad social, la calidad y los servicios básicos en el hogar, los ingresos y la cohesión social, según la definición de desarrollo social, las leyes del país.[89] Se divide en 5 categorías: la pobreza moderada,absoluta,relativa,Coneval y extrema. Últimamente se han suscitado acalorados debates sobre la metodología de los estudios sobre la pobreza que aplica el Consejo Nacional de Evaluación de la Política de Desarrollo Social (CONEVAL), teniendo como uno de sus críticos destacados a Julio Boltvinik.

Después de la crisis de 1994, el 50 % de la población cayó en pobreza. Un crecimiento rápido de las exportaciones propiciado por el NAFTA y otros acuerdos comerciales, así como la reestructuración de las finanzas macroeconómicas iniciadas durante la administración de Zedillo y conservadas durante la administración de Fox tuvieron resultados significativos

---

[88] Ibídem.

[89] CONGRESO MEXICANO: (4 de enero de 2004). «Mexican Congress Bill, *General Law of Social Development*». Obtenible en http://www.diputados.gob.mx/LeyesBiblio/pdf/264.pdf. Consultado el 17 de diciembre de 2015 a las 18:27hrs.

en la reducción de la tasa de pobreza. De acuerdo con el Banco Mundial, la pobreza extrema se redujo a 17,6 % en el 2004. La mayor parte de esta reducción se logró en las comunidades rurales donde la tasa de pobreza extrema se redujo de 42 % al 27,9 % entre el 2000 y el 2004, ya que la pobreza urbana se estancó en 11 %.[90] A partir del 2004 la pobreza nuevamente se incrementó, para el 2011 el 36.3 por ciento de los mexicanos vivían en pobreza, casi siete puntos porcentuales más respecto al 29.4 por ciento de la población latinoamericana, a su vez la indigencia represento 13.3 por ciento de la población total, más de 40 millones de mexicanos viven bajo la línea de pobreza y más de 14 millones bajo la línea de indigencia.[91] En el 2015 la economía mexicana ha tenido una bajo desempeño, principalmente en el sector comercial y de servicios, de acuerdo con informes de la Comisión Económica para la región (Cepal) México fue uno de los tres únicos países con el porcentaje más bajo en torno a la disminución de la pobreza de América Latina y el Caribe. De acuerdo con el informe Panorama social de América Latina 2014, la cifra de pobreza del año anterior(2014) se traduce en 167 millones de personas que viven en esta condición,

---

[90] *Vid*: sitio web oficial del Banco Mundial. Obtenible en http://www.worldbank.org/en/country/mexico. Consultado el 17 de diciembre de 2015.

[91] GONZÁLEZ, SUSANA: *En México, Pobreza e indigencia mayores que el promedio en América Latina*. Publicado en Periódico *La Jornada*, Lunes 21 de enero de 2013, p. 29. También Obtenible en http://www.jornada.unam.mx/2013/01/21/economia/029n1eco. Consultado el 14 de diciembre a las 21:04hrs.

lo que significa cinco millones de pobres más que en el 2012. Honduras y El Salvador registraron la misma tasa de reducción de la pobreza multidimensional, integrada por aspectos monetarios y no monetarios del bienestar, dijo la secretaria general de la Cepal, Alicia Bárcena.[92]

Lo cierto es que mientras que menos del 50% de la población de México vive por debajo del umbral internacional de pobreza fijado por el Banco Mundial, a partir de 2015 el gobierno de México estima que el 38% de la población de México vive en la pobreza moderada y el 0.1% vive en la pobreza extrema,[93] que los leds a un 42% de la población total que vive en México bajo la línea de pobreza nacional.[94] La gran diferencia podría explicarse por el Gobierno adopta el método multidimensional de la pobreza como una

---

[92] Vid: REYNA QUIRÓZ, JULIO: México, entre países con menor disminución de pobreza en AL. Publicado en La Jornada el 26 de enero de 2015 a las 9:41hrs. Obtenible en http://www.jornada.unam.mx/ultimas/2015/01/26/reduccion-de-la-pobreza-e-indigencia-se-estancan-en-america-latina-cepal-2685.html. Consultado el 25 de noviembre a las 23:45hrs.
[93] Vid: «1.4 millones de mexicanos dejan la pobreza extrema entre 2010 y 2012».Publicado en Animal político. 29 de julio de 2013. Obtenible en http://www.animalpolitico.com/2013/07/hay-53-3-millones-de-pobres-en-mexico/#axzz2afm3acCw. Consultado el 17 de diciembre de 2015 a las 18:34hrs.
[94] Vid: «Clases medias en México». INEGI. 12 de junio de 2013. Archivado desde el original el 29 de noviembre de 2015. Obtenible en los espacios dedicados a los boletines de prensa de INEGI en http://web.archive.org/web/20130920170621/http://www.inegi.org.mx/inegi/contenidos/espanol/prensa/Boletines/Boletin/Comunicados/Especiales/2013/Junio/comunica6.pdf. Consultado el 17 de diciembre de 2015 a las 23:34hrs.

forma de medir la pobreza, por lo que, una persona que pueda tener un ingreso más alto que el "línea internacional de la pobreza" o "bienestar line ingresos" establecido por el gobierno de México podrían caer en la categoría de "pobreza moderada", si tiene una o más deficiencias en materia de derechos sociales, como la educación (no completado estudios), nutrición (ya sea normas de desnutrición o la obesidad) o de estar (que va desde los elementales tales como agua o electricidad a los activos internos secundarios, tales como lavavajillas, etc). La pobreza extrema se define por el gobierno mexicano como personas que tienen deficiencias en ambas áreas: derechos sociales y un ingreso menor que el "bienestar de la línea de ingresos" Las cifras adicionales de Secretaría de Desarrollo Social (México) estima que el 0.1% (100 mil personas) viven en la pobreza extrema y también sufren de inseguridad alimentaria.

Las consecuencias de la pobreza se reflejan principalmente en el área psicológica, ya que al no contar con un empleo o los recursos suficientes para sobrevivir las personas experimentan ansiedad, depresión, inseguridad y baja autoestima ya que se sienten incapaces de competir por una plaza laboral, y se sienten un objeto del rechazo constante y al tener una peor salud mental merma la salud en general ya que se puede asociar con enfermedades como diabetes, hipertensión y problemas cardiovasculares.

En México debido a la pobreza de algunas familias, ha aumentado el número de jóvenes que se ven obligados a dejar sus estudios y ponerse a trabajar para ayudar en casa, siendo esta una situación aprovechada ya que la mano de obra infantil es más barata, por ser esta ilegal, teniendo como consecuencias del trabajo lesiones visuales y óseas, deformaciones, numerosos accidentes, o muerte temprana.

Una repercusión que tiene la pobreza en la sociedad mexicana, también se da en la equidad de género. De manera general, no podemos hablar ciertamente que los hombres y mujeres de México vivan bajo los mismos parámetros de pobreza, si no que, uno de los géneros puede vivir todavía con más pobreza que el otro. En este caso, un estudio del CONEVAL (Consejo nacional de evaluación de la política de desarrollo social.) Solo por mencionar el parámetro de seguridad social; en 2012 por cada diez hombres ocupados que contaban con los beneficios propios de la seguridad social, sólo cinco mujeres ocupadas se encontraban en la misma situación. Y esto, dado a que en México los elementos básicos del acceso a la seguridad social se derivan del vínculo laboral.[95]

En resumen podemos decir que conforme al mapa de la pobreza mundial por país, mostrando el porcentaje de población que vive con menos de 1,25 dólares al día durante el 2015. Fundamentado en el Informe sobre el Desarrollo Humano de la ONU. en México el

---

[95] Ibídem.

1,8% de la población (2,2 millones) Vive con menos de $1,25 al día; el 13,4% de la población (15,2 millones) vive con menos de $2.00 al día; 28,2% de la población (33, 6 millones) vive con menos de $5.00 al día; el 45,3% de la población (52,8 millones) vive con menos de $10.00 al día; el 76,9% de la población(87, 7 millones) vive con menos de $20.00 al día.[96]

2.2 Remesas.

Las remesas familiares, contribuciones enviadas por los mexicanos que trabajan en el extranjero, la mayoría en los Estados Unidos, son una fuente substancial y creciente de la economía mexicana, estimadas en 18.000 millones de USD en el 2005,[97] siendo así el tercer país que más remesas percibe. México es tan solo superado por India y China. En el 2004 ya se habían convertido en la segunda fuente de ingreso extranjero después de las ventas de exportaciones de petróleo, equivalentes a la misma cantidad que entró de inversión extranjera directa (IED), y superior a los ingresos derivados del turismo, representando el 2,5 %

---

[96] SALVADOR BENITEZ, LORETO:(01-2008). *«Desarrollo,educación y pobreza en México»*. Publicado en Red de Revistas Científicas de América Latina y el Caribe, España y Portuga. Obtenible en http://www.redalyc.org/articulo.oa?id=11205510. Consultado el 17 de diciembre de 2015 a las 22:34hrs.
[97] *Vid: Migration Can Deliver Welfare Gains, Reduce Poverty, Says Global Economic Prospects 2006.* Obtenible enhttp://web.worldbank.org/WBSITE/EXTERNAL/NEWS/0,,content MDK:20724214~pagePK:64257043~piPK:437376~theSitePK:4607 ,00.html. Consultado el 17 de diciembre de 2015 a las 19:57hrs.

del PIB nacional.[98] El crecimiento de las remesas ha sido acelerado: se han duplicado desde 1997. Se registraron más de 41 millones de transacciones de remesas el 2003, de las cuales el 86 % se hicieron de manera electrónica.[99]

Se estima que la mitad o más de los inmigrantes mexicanos a los Estados Unidos no son legales, y no tienen acceso a los canales formales de transferencia usualmente bloqueados para los inmigrantes ilegales ya que no cuentan con documentos de identificación aprobados. El gobierno mexicano, consciente de la rentabilidad económica de los trabajadores inmigrantes, creó la Matrícula Consular de Alta Seguridad (MCAS), un documento de identidad que emiten los consulados mexicanos. Este documento ya se acepta como carnet de identificación en 32 estados norteamericanos, y en miles de agencias policíacas, cientos de ciudades y condados, así como por varias instituciones bancarias.[100]

Los principales estados receptores de remesas en el 2004 fueron Michoacán, Guanajuato, Jalisco, México y Puebla, los cuales capturaron en conjunto el 45 % del

---

[98] Informe Anual 2004 Banxico.
[99] HERNÁNDEZ-COSS, RAÚL: The U.S.–Mexico Remittance Corridor Lessons on Shifting from Informal to Formal Transfer Systems en World Bank Working Paper No. 47. Obtenible en http://siteresources.worldbank.org/EXTAML/Resources/396511-1146581427871/US-Mexico_Remittance_Corridor_WP.pdf. Consultado el 17 de diciembre de 2015 a las 20:37hrs
[100] Ibídem.

total de las remesas de ese año.[101] Diversos gobiernos estatales, con el apoyo del gobierno federal, han implementado programas que utilizan parte de las remesas que contribuyen voluntariamente las familias receptoras para financiar obras públicas. Este programa, denominado *Dos por Uno* está diseñado para que por cada peso que contribuyan voluntariamente las familias de los migrantes, el estado y el gobierno federal ponen dos pesos para la construcción de infraestructura en sus comunidades.[102] En 2011 México fue uno de los principales destinos junto con Colombia y los países Centroamérica. En México estos flujos totalizaron 22,7 mil millones de dólares, y en 2010 totalizó 21,2 mil millones.[103]

Ahora bien, según información del Banco de México, con cifras al cierre del año 2014, los envíos de dinero que hacen los mexicanos que viven en el exterior a sus familiares en México, sumaron 23,606.8 millones dólares. Medida en tasa anual, esta cifra resulta superior en un 7.8% a la registrada 2013.[104]

---

[101] Informe Anual 2004 Banxico.

[102] *Vid*: FERNÁNDEZ, EMILIO; MONTAÑO, TERESA: *Migrantes aportan dinero para obras*, Publicado en El Universal.mx. Obtenible en http://archivo.eluniversal.com.mx/ciudad/79853.html. Consultado el 17 de diciembre de 2015 a las 20:41hrs.

[103] *Vid*: *Llegan a México 3 de cada 4 envíos de remesas*. Publicado en sitio web *El Economista*. Obtenible en http://eleconomista.com.mx/economia-global/2012/05/07/llegan-mexico-3-cada-4-envios-remesas. Consultado el 17 de diciembre a las 23:43hrs.

[104] *Tomado de Reporte de Remesas, Cifras al cierre de 2014*. Instituto de los mexicanos en el exterior. Obtenible en

(MILLONES DE DÓLARES)

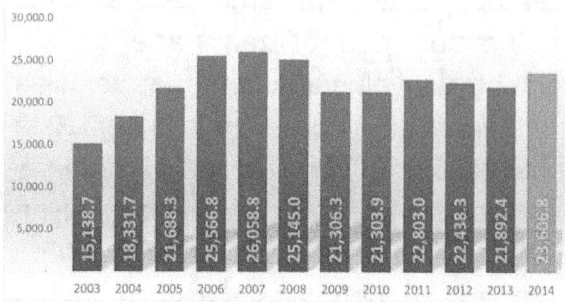

Fuente: Banco de México. Balanza de pagos.

Cabe señalar que este incremento es el más elevado registrado en los últimos 8 años. Y este es el mejor monto de remesas registrados desde 2008.

INGRESOS POR REMESAS 2008-2014
(VARIACIÓN TRIMESTRAL)

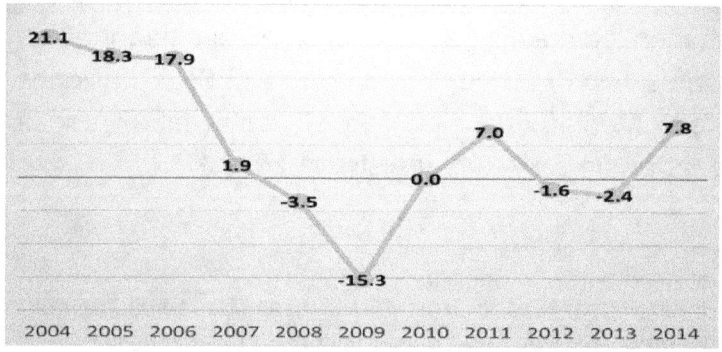

Fuente: Cálculos propios con base en información del Banco de México.

http://www.ime.gob.mx/es/remesas. Consultado el 14 de diciembre a las 12:34hrs.

Por lo que respecta la información por entidad federativa, destaca el hecho de que los estados de Michoacán, Guanajuato, Jalisco, El Distrito Federal y el Estado de México fueron los principales receptores de remesas en 2014, en conjunto estas cinco entidades concentran casi el 40% de los ingresos por remesas en el país.

INGRESOS POR REMESAS POR ENTIDAD FEDERATIVA 2014 (MILLONES DE DÓLARES)

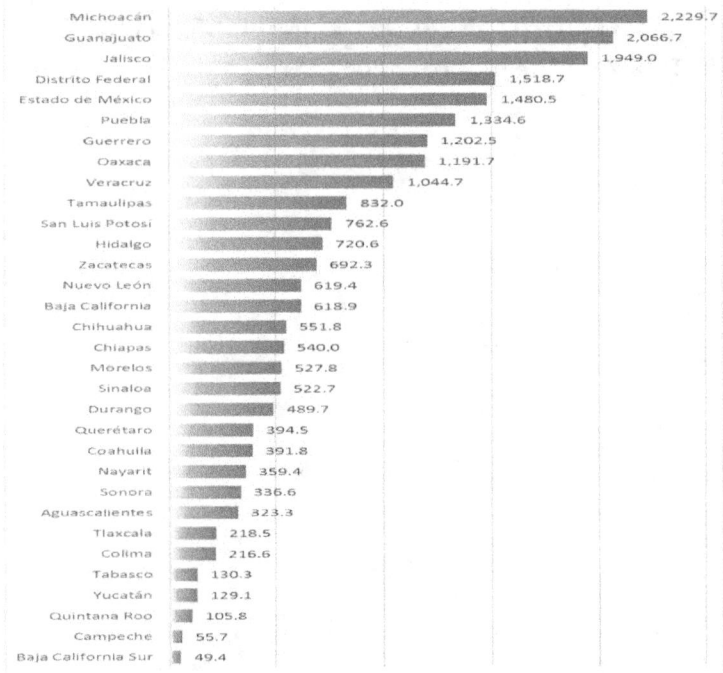

Entidad	Millones de dólares
Michoacán	2,229.7
Guanajuato	2,066.7
Jalisco	1,949.0
Distrito Federal	1,518.7
Estado de México	1,480.5
Puebla	1,334.6
Guerrero	1,202.5
Oaxaca	1,191.7
Veracruz	1,044.7
Tamaulipas	832.0
San Luis Potosí	762.6
Hidalgo	720.6
Zacatecas	692.3
Nuevo León	619.4
Baja California	618.9
Chihuahua	551.8
Chiapas	540.0
Morelos	527.8
Sinaloa	522.7
Durango	489.7
Querétaro	394.5
Coahuila	391.8
Nayarit	359.4
Sonora	336.6
Aguascalientes	323.3
Tlaxcala	218.5
Colima	216.6
Tabasco	130.3
Yucatán	129.1
Quintana Roo	105.8
Campeche	55.7
Baja California Sur	49.4

Fuente: Banco de México, Balanza de pagos

Si bien en términos generales los ingresos por remesas crecieron a tasa anual en 7.8% entre 2014 y

2013; es importante señalar que 29 entidades federativas del país registraron variaciones positivas en sus ingresos por remesas durante el mismo periodo; destacando el comportamiento de Nuevo León, Tamaulipas y Coahuila.

En contraste, únicamente 3 estados registraron variaciones negativas en sus ingresos por remesas, siendo las más relevante la de Querétaro.

TASA DE CRECIMIENTO ANUAL DE LOS INGRESOS POR REMESAS POR ENTIDAD FEDERATIVA 2012-2013

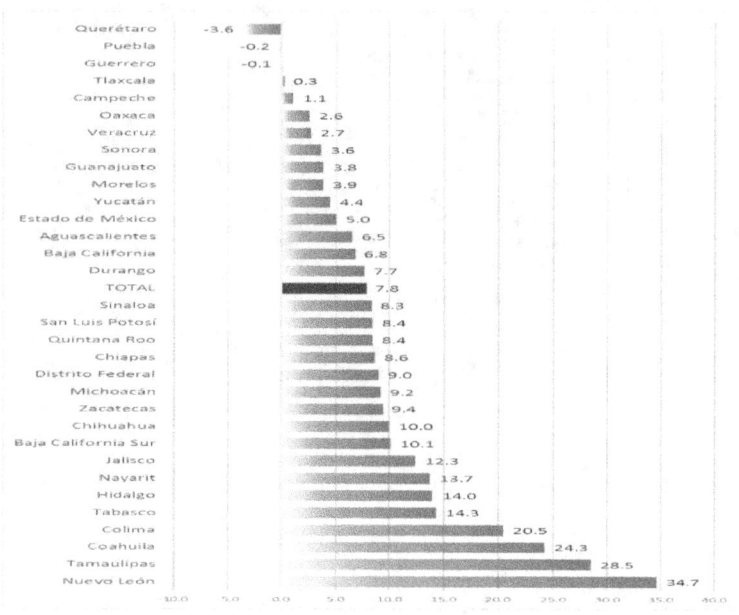

Fuente: Cálculos propios con base en información del Banco de México.

Con la cifra de cierre de 2013, México pasó a ser el cuarto país del mundo en ingresos por este concepto, solo detrás La India, China y Filipinas; y ligeramente por encima de Nigeria y Egipto, según información del Banco Mundial. Un dato a considerar es que según reportes del Banco Mundial, en 1996 México fue el principal país con ingresos por remesas a nivel mundial, en 2001 pasó al segundo puesto y en 2010 ocupaba ya el tercer lugar.

REMESAS POR PAÍSES 2013
(MILES DE MILLONES DE DÓLARES)

Fuente: Banco Mundial y Banco de México.

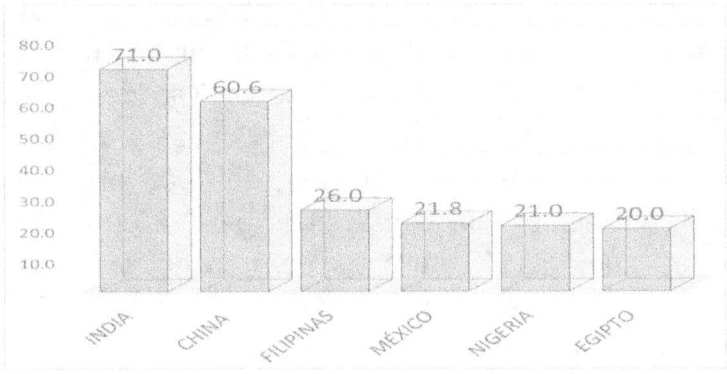

Ya para el año 2015, en septiembre las remesas familiares hilaron ocho meses consecutivos en expansión a tasa anual de crecimiento, según el Banco de México (Banxico). Esto al registrar un incremento de 4.8% en la medición a 12 meses, conforme a los reportes del banco central. No obstante, resulta una expansión menos amplia que la registrada en julio y agosto, cuando alcanzaron tasas de crecimiento anual de 11.8 y 12.4 por ciento.[105]

De acuerdo con las estadísticas de estos envíos, los recursos enviados por los mexicanos que trabajan en el exterior sumaron en septiembre 2,059 millones de dólares. No obstante, resultado de la depreciación cambiaria, el crecimiento anual en pesos del flujo de remesas es de un "robusto 25.9%", según informa Alberto Ramos, economista para América Latina en Goldman Sachs.[106] Esto significa que al cambiar a pesos mexicanos los envíos de sus familiares en el exterior, en especial desde Estados Unidos, el ingreso se ha fortalecido. De acuerdo con las estadísticas del Banco de México, el acumulado de las remesas en los primeros nueve meses del año 2015 sumó 18,624 millones de dólares. Éste es el mayor flujo desde la crisis del 2009 y se encuentra 379 millones de dólares debajo del que registró el acumulado del 2008, previo a la crisis. El número de operaciones para el envío de remesas sumó 80.53 millones de transacciones en octubre, con un crecimiento de 4.92% con respecto al mismo mes del 2014.[107]

Según los especialistas, la fuerte apreciación del dólar parece explicar la racha positiva de las remesas que se

[105] Tomado de MORALES, YOLANDA: *Remesas con ocho meses de Alza*. Publicado en el sitio web informativo El Economista. Obtenible en http://eleconomista.com.mx/finanzas-publicas/2015/11/03/remesas-ocho-meses-alza. Consultado el 17 de diciembre de 2015 a las 11:34hrs.
[106] *Ibídem.*
[107] *Ibídem.*

extiende a ocho meses consecutivos de crecimiento. De acuerdo con la información, la remesa promedio resultó de 294 dólares con un incremento de 1.06% a tasa anual. Según los datos de Banxico, las transferencias electrónicas siguen siendo el principal medio de envíos, al realizar 99% de sus operaciones por esta vía, mientras el segundo tipo de entrega se realizó en efectivo y especie, lo que corresponde a 0.30% de las remesas registradas por el banco central. En noviembre de 2015, el Banco de México actualiza los datos de referencia y detalla que los principales receptores de remesas se encuentran en las entidades de Michoacán, Guanajuato, Jalisco, el Estado de México y Puebla. Sólo estas cinco entidades concentran 40% de los 18,624 millones de dólares que ingresaron al país vía remesas.[108]

En el segundo trimestre del año, el Distrito Federal ingresó 269 millones de dólares en remesas. De este saldo, es la delegación Miguel Hidalgo la que alcanzó el mayor registro de entradas, seguida por Iztapalapa y la Gustavo A. Madero. Lo cierto es que entre los 192 países de origen de los ingresos por remesas que identifica el Banco de México. Estados Unidos se mantiene como el principal. A su vez California y Texas son los estados de la Unión Americana que registran el mayor flujo de remesas hacia las familias mexicanas.

---

[108] *Ibídem.*

Con todo ello México se confirma en el 2015 como el mayor receptor de remesas en América Latina.[109]

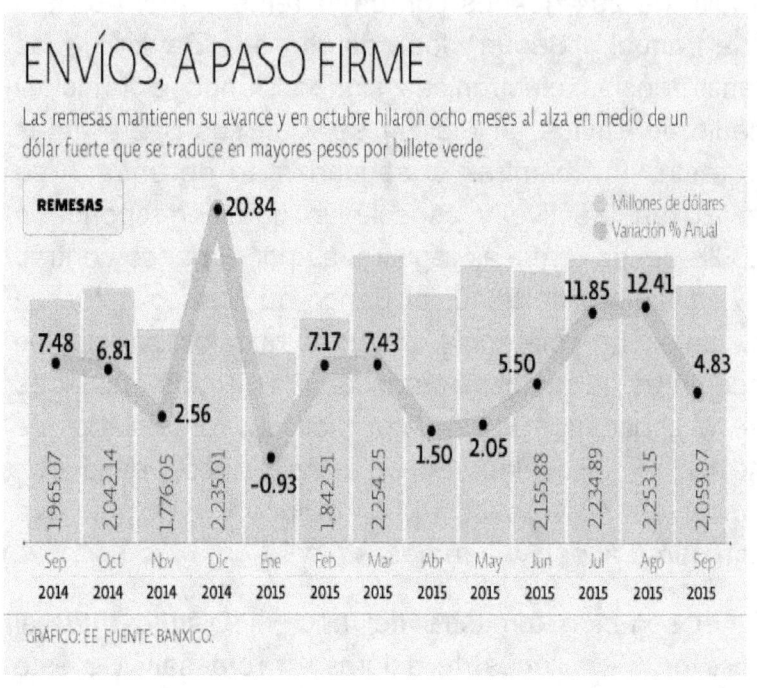

ENVÍOS, A PASO FIRME

Las remesas mantienen su avance y en octubre hilaron ocho meses al alza en medio de un dólar fuerte que se traduce en mayores pesos por billete verde

REMESAS · 20.84 · Millones de dólares · Variación % Anual

7.48 6.81 · 2.56 7.17 7.43 5.50 11.85 12.41 4.83

1.965.07 2.042.14 1.776.05 2.235.01 -0.93 1.842.51 2.254.25 1.50 2.05 2.155.88 2.234.89 2.253.15 2.059.97

| Sep 2014 | Oct 2014 | Nov 2014 | Dic 2014 | Ene 2015 | Feb 2015 | Mar 2015 | Abr 2015 | May 2015 | Jun 2015 | Jul 2015 | Ago 2015 | Sep 2015 |

GRÁFICO: EE FUENTE: BANXICO.

2.3 Economías regionales.

La disparidad regional y la distribución de la riqueza continúan siendo un problema grave en México. Aunque todos los estados de la federación tienen un IDH superior al 0,70 (desarrollo medio y alto), los estados del norte, centrales y del sureste tienen niveles de desarrollo superior a los estados del sur. Chihuahua, Jalisco, Querétaro, Colima, Coahuila,

---

[109] *Ibídem.*

Nuevo León, y el Distrito Federal tienen niveles de IDH similares al de países europeos, mientras que Oaxaca y Chiapas, a los de Burundi o Kenia.[110] La mayoría de las entidades federativas con desarrollo alto (superior al 0,80) se encuentran en la región norte, además de Jalisco, Aguascalientes, el Distrito Federal, Querétaro y los estados orientales de Quintana Roo y Campeche. Los estados menos desarrollados (con niveles de desarrollo medio, mayor al 0,70) se encuentran en la costa del Pacífico sur, con excepción de Veracruz que se localiza en la costa del Golfo de México. A nivel nacional la desigualdad es aún mayor: La Colonia Del Valle o Polanco en el Distrito Federal, tienen un IDH similar al de Alemania, mientras que Metlatónoc en Guerrero, tiene un IDH similar al de República del Congo.

En términos de la participación sectorial por entidad federativa (en el 2004) como porcentaje del PIB nacional, los mayores contribuidores en agricultura fueron Jalisco (9,7 %), Sinaloa (7,7 %) y Veracruz (7,6 %); los mayores contribuidores en producción industrial fueron el Distrito Federal (15,8 %), México (11,8 %), Jalisco (8,1 %) y Nuevo León (7,9 %), y en el sector de los servicios también fueron el distrito Federal (25,3 %), México (8,9 %), Nuevo León (7,5 %)

---

[110] *Vid*: Informe sobre desarrollo Humano de México 2004. Obtenible en http://web.archive.org/web/20090327124212/http://hdr.undp.org/docs/reports/national/MEX_Mexico/Mexico_2004_sp.pdf. Consultado el 18 de diciembre de 2015 a las 22:23hrs.

y Jalisco (6,9 %).[111] Hasta antes de la década de 1980 la economía había estado en su mayor parte centralizada en la capital del país. Desde entonces, la economía se ha descentralizado paulatinamente. De hecho, la tasa de crecimiento anual del PIB del Distrito Federal del 2003 al 2004 fue la más pequeña de todas las entidades federativas con tan solo 0,23 %, con reducciones drásticas en agricultura e industria. A pesar de ello, todavía produce el 21,8 % del PIB nacional. Los estados con las tasas de crecimiento del PIB anual más altas fueron Quintana Roo (9,04 %), Baja California (8,89 %) y San Luis Potosí (8,18 %).[112] En el 2000 las entidades federativas con el PIB per capita más elevado fueron el Distrito Federal (17. 696 USD), Campeche (13. 153 USD) y Nuevo León (13. 033 USD); los estados con los niveles de PIB per capita más bajos fueron Chiapas (3302 USD), Oaxaca (3489 USD) y Guerrero (4112 USD).[113]

Otros centros notables de empleo son los complejos industriales portuarios de Lázaro Cárdenas y Altamira, la zona fronteriza en donde se ha instalado la industria

---

[111] *Vid*: Informe de Producto interno bruto de México. Publicado en portal web de INEGI. Obtenible en http://www.inegi.org.mx/est/contenidos/proyectos/cn/. Consultado el 18 de diciembre de 2015 a las 17:35hrs.
[112] *Ibídem.*
[113] *Vid*: Indices de Desarrollo Humano de México y programa de población de México. Publicado en el sitio web oficial del Consejo Nacional de Población, en el distrito federal de Mexico. Obtenible en http://web.archive.org/web/20090325005610/http://www.conapo.go b.mx/publicaciones/desarrollo/001.pdf. Consultado el 17 de diciembre a las 12:43hrs.

maquiladora en Tijuana, Reynosa y Matamoros, sin olvidar el desarrollo de la actividad petrolera en Campeche, Ciudad del Carmen, Coatzacoalcos y Tampico.

2.4. Inversión extranjera directa

La Inversión Extranjera Directa (IED) presenta un cuadro brillante en la economía mexicana. En los años 2000 y 2001, México fue el recipiente más grande de IED (22 500 millones USD) en América Latina y uno de los cuatro más grandes del mundo. Entre enero de 1999 y marzo de 2008, la economía mexicana ha captado flujos de IED por un monto de 192 831,7 millones de dólares (mdd), de los cuales 102 460,1 mdd corresponden a Nuevas Inversiones; 30 592,2 mdd a Reinversión de Utilidades; y, 59 779.4 mdd de Cuentas entre compañías. Por sector de la economía, entre 1999 y el primer trimestre de 2008 los flujos de IED captados por México se han canalizado a industrias manufactureras (46,7 %), servicios financieros (26,1 %), comercio (8,5 %), transportes y comunicaciones (5,8 %), actividades extractivas (1,5 %), construcción (1,2 %), electricidad y agua (0,9 %), actividades agropecuarias (0,2 %), y otros servicios (8,9 %). A su vez, durante este periodo los flujos de IED han provenido principalmente de Estados

Unidos (56,4 %), España (15.1 %), Holanda (10,8 %), Canadá (2,8 %), y Reino Unido (2,4 %).[114]

El IED neto de los Estados Unidos en México durante 2000 fue de 3200 millones USD, y las acciones 2000 IDE de Estados Unidos en México fueron 34 500 millones de USD (según números del BEA - Bureau of Economic Analysis). La IED de los Estados Unidos a México se concentra en los sectores financieros y la manufactura (sobre todo en maquiladoras o plantas de ensamble).[115]

De enero a septiembre de este año 2015 México registró 21,585.6 millones de dólares por concepto de Inversión Extranjera Directa (IED), 41% superior a la cifra preliminar del mismo periodo de 2014, cuando se ubicó en 15,310 millones de dólares. El monto de los primeros nueve meses de 2015 es resultado neto de la suma de 24,451 millones de dólares por concepto de flujos de entrada, menos 2,865 millones de dólares contabilizados como disminuciones de IED, detalló la Secretaría de Economía (SE) en un comunicado.[116]

---

[114] Vid: GALINDO PALIZA, LUIS MIGUEL; LORÍA EDUARDO; MORTIMORE, MICHAEL: Expresión de la Inversión Extranjera Directa en México: Desempeño y Potencial. Una perspectiva maso, meso, micro y territorial. Ed. Facultad de Economía de la UNAM. Y Siglo XXI Editores. México. 2007.

[115] Ibídem

[116] La Información referente a la inversión extranjera directa en 2015 ha sido tomado de: La Inversión extranjera directa en México sube a 41%. Publicado por Notimex en CNN En expansión el Martes, 24 de noviembre de 2015 a las 10:03. Obtenible en http://www.cnnexpansion.com/economia/2015/11/24/inversion-

Entre los flujos de entrada destacan dos transacciones: una por 2,037 millones de dólares, derivada de la adquisición de acciones de las empresas de telecomunicaciones Iusacell y Unefon por parte de AT&T realizada durante el primer trimestre del año.

Otra inversión ha sido resultado de la venta de una de las líneas de negocio de la firma mexicana Vitro a la empresa estadounidense Owens-Illinois por un monto de 2,150 millones de dólares concretada durante el tercer trimestre.

La Secretaría de Economía puntualizó que la IED registrada en el periodo enero-septiembre de 2015 provino de 2,852 sociedades con participación de capital extranjero, y se integra de la siguiente manera:

Por tipo de inversión (origen del financiamiento): 42.2%, a través de nuevas inversiones; 36.6%, por reinversión de utilidades y 21.2%, por cuentas entre compañías.

En tanto que, por sector: las manufacturas, 51.5%; información en medios masivos, 13.5%; servicios financieros, 10.8%; comercio, 8.9% y construcción, 6.3%; los sectores restantes captaron 9%.

En cuanto a la captación por país de origen: Estados Unidos, 57.7%; España, 9.2%; Japón, 4.3%; Francia,

---

extranjera-directa-sube-41-en-nueve-meses. Consultado el 19 de diciembre de 2015 a las 23:04hrs.

3.8% y Países Bajos, 3.6%; otros 72 países aportaron 21.4% restante.

Las cifras reportadas únicamente consideran inversiones realizadas y formalmente notificadas ante el Registro Nacional de Inversiones Extranjeras de la Secretaría de Economía, de ahí su carácter preliminar y el que sufran actualizaciones a la alza en los trimestres sucesivos.

La dependencia comentó que la metodología para determinar la IED se basa en estándares internacionales, contenidos tanto en el Manual de Balanza de Pagos del Fondo Monetario Internacional (FMI) como en la Definición Marco de Inversión Extranjera Directa de la Organización para la Cooperación y el Desarrollo Económicos (OCDE).

Con esta cifra la suma preliminar de Inversión Extranjera Directa acumulada durante la presente administración asciende a 91,896 millones de dólares, informó la Secretaría de Economía (SE) en un comunicado este lunes.

Exportaciones a		Importaciones desde	
País	Porcentaje	País	Porcentaje
Estados Unidos	79.87 %	Estados Unidos	48.19 %
Canadá	3.03 %	China	17.01 %
China	1.38 %	Japón	4.40 %
España	1.24 %	Alemania	3.75 %
Brasil	1.17 %	Corea del Sur	3.35 %
Colombia	1.02 %	Canadá	2.34 %
Alemania	0.92 %	Malasia	1.71 %
Japón	0.90 %	Taiwán	1.60 %
Suiza	0.72 %	Italia	1.40 %

▬Países Bajos	0.65 %	▬ Tailandia	1.20 %
Otros	9.10 %	Otros	15.05 %
Fuente: INEGI, enero 2015			

Representación gráfica de los productos de exportación del país en 28 categorías codificadas por color.

2.5. Ránking de las ciudades mexicanas.

En cuanto al posicionamiento de las ciudades en la economía nacional destacan la ciudad de México, catalogada como la 8.ª ciudad más rica del mundo.[117] Dentro del ránking de las 'Ciudades Americanas del Futuro 2011-12, apartado América Latina', estudio realizado por la revista FDI Magazine, se encuentra la ciudad de Monterrey en la 3.ª posición y la Ciudad de Guadalajara en la 6.ª posición. En el mismo estudio la ciudad de Querétaro fue la 4.ª posición en Latinoamérica en Potencial Económico para ciudades

---

[117] *Vid: Indices de Desarrollo Humano.* Obtenible en http://www.citymayors.com/statistics/richest-cities-2005.html. Consultado el 19 de diciembre de 2015 a las 23:34hrs.

grandes.[118] Guadalajara también tuvo la distinción de ciudad financiera de Latinoamérica en el 2007.[119]

La ciudad de Tijuana cuenta con uno de los más altos ingresos de moneda extranjera en el país, y es la sexta ciudad más poblada de México, al conservar la frontera más grande y concurrida del mundo y estar dotada de grandes entradas de divisas gracias a los miles de turistas extranjeros que diariamente cruzan la frontera, es dueña de los más altos índices de capital de importaciones.[120]

Querétaro se posicionó en el décimotercer lugar del ránking para el año 2006 a nivel Latinoamérica, mientras que Puebla figuró en el decimoctavo; ciudades que figuraban en el cuarto y quinto lugar a nivel nacional respectivamente.[121]

---

[118] Ibídem
[119] *América Economía* (Business Magazine), pag 32, publicación de mayo de 2005. También vid el documento titulado *Ciudades América, Ranking 2006*. El mismo es Obtenible en el pdf siguiendo el linc: http://web.archive.org/web/20070927161741/http://queretaro.gob. mx/sedesu/deseco/esteco/perfeco/estudios/ciudades_americaec.p df. Consultado el 20 de diciembre a las 19:46hrs.
[120] *Plan de desarrollo del ayuntamiento de la ciudad de Tijuana.* Obtenible en http://www.tijuana.gob.mx/PlanMpal2011-2013/economia.asp. Consultado el 18 de diciembre de 2015 a las 23:56hrs. También *vid*: *Tijuana, la Frontera más visitada del mundo*. Publicado en *Turisteando en la Frontera*. Obtenible en http://web.archive.org/web/20150616212720/http://turistaenlafront era.com/?p=8876. Consultado el 18 de diciembre de 2015 a las 22:34hrs.
[121] *Ciudades América, Ranking 2006*. El mismo es Obtenible en el pdf siguiendo el linc:

3 Componentes de la economía.

El sector de los servicios es el componente más grande del PIB: 65 %, seguido del sector industrial en 31 % (est. 2009). El sector agrícola sólo representa el 4 % del PIB. La fuerza laboral se ha estimado en 47 millones (est. 2009)[122] de personas de los cuales el 13,7 % está empleada en la agricultura, el 23,4 % en la industria y el 62,9 % en el sector de los servicios (2005).[123]

3.1 Producción agropecuaria.

Después de la Revolución mexicana (1910-1917) se implementó en México una reforma agraria basada en el artículo 27 de la constitución que incluía la transferencia o distribución gratuita de tierra a los campesinos bajo el concepto del ejido. Este programa se expandió durante la administración de Lázaro Cárdenas durante la década de 1930 y continuó hasta la década de 1960. Esta reforma agraria corporativa, que les garantizaba un medio de subsistencia a los

---

http://web.archive.org/web/20070927161741/http://queretaro.gob.mx/sedesu/deseco/esteco/perfeco/estudios/ciudades_americaec.pdf. Consultado el 20 de diciembre a las 19:46hrs.
[122] Estadísticas publicadas por la Agencia Central de Inteligencia (CIA), Estados Unidos. Publicado en sitio web oficial obtenible en https://www.cia.gov/library/publications/the-world-factbook/fields/2095.html?countryName=&countryCode=&regionCode=k. Consultado el 23 de noviembre de 2015 a las 23:45hrs.
[123] Ibídem. Obtenible en https://www.cia.gov/library/publications/the-world-factbook/fields/2048.html?countryName=&countryCode=&regionCode=l.

campesinos, también causó la fragmentación de la tierra y falta de inversión en capital, dado que la tierra comunal no podía ser usada como aval.[124] Para incrementar la productividad rural y los estándares de vida, este artículo constitucional sería enmendado en 1992 para permitir la transferencia de los derechos de propiedad de las tierras comunales a los campesinos que las cultivaban.[125] Con la posibilidad de rentar o vender la tierra se abrió una puerta para la posibilidad de la creación de grandes granjas que pudieran aprovechar de las ventajas de la economía de escala. Hoy en día existen granjas altamente mecanizadas en los estados nordoccidentales (principalmente en Sinaloa, considerado el granero de México). Sin embargo, la privatización de los ejidos aún se ha llevado a cabo de manera muy lenta en los estados del centro y del sur, donde se necesita mayor ayuda económica para la compra de maquinaria.[126]

---

[124] Vid: WARMAN, ARTURO: *La reforma agraria mexicana: una visión de largo plazo.* Publicado por El Departamento para el desarrollo económico y social de la FAO. Obtenible en http://www.fao.org/docrep/006/j0415t/j0415t09.htm. Consultado el 18 de diciembre de 2015 a las 11:34hrs.
[125] DÍAS GARCÍA, CARMEN MARÍA: *La reforma agraria en la Revolución mexicana.*Publicado en *Revista cubana de Pensamiento e Historia.* Obtenible en http://www.revistacaliban.cu/articulo.php?letra=&article_id=129. Consultado el 20 de diciembre a las 23:20hrs.
[126] Vid: Á VARGAS, MIGUEL; OCHOA, FERNANDO Y D DANEMANN, GUSTAVO: *Tenencia de la tierra y conservación de tierras privadas. Publicado en Aspectos soieconómicos,* Cap 23. Obtenible en http://www2.inecc.gob.mx/publicaciones/libros/546/cap23.pdf. Consultado el 21 de diciembre a las 23:34hrs.

Hasta la década de 1990 el gobierno estimulaba la producción de granos básicos, principalmente el maíz y los frijoles estableciendo precios fijos y controlando la importación a través de la Compañía Nacional de Subsistencias Populares (Conasupo). Con la liberalización del comercio, Conasupo fue eliminada gradualmente a la vez que dos nuevos mecanismos fueron implementados: Procampo y Alianza para el Campo. Alianza para el Campo es un sistema de transferencia de ingresos a los campesinos e incentivos para la mecanización y la instalación de sistemas avanzados de riego. Procampo es un subsidio a los campesinos basado en el número de hectáreas de siembra, del cual dependen aproximadamente 3.5 millones de campesinos en el país, es decir, el 64 % de todos los agricultores. El subsidio se incrementó considerablemente durante la administración de Fox, principalmente para ayudar a los productores de maíz blanco y reducir las importaciones de los Estados Unidos. Este programa fue relativamente exitoso, ya que en el 2004 sólo 15 % de todas las importaciones del maíz fueron de maíz blanco (el que se utiliza para consumo humano y el que más se produce en México), mientras que el resto fue de maíz amarillo (el que se utiliza para alimentar ganado que casi no se produce en México).[127]

---

[127] *Vid*: STEVEN ZAHNISER AND WILLIAM T. COYLE: *U.S.-Mexico Corn Trade During the NAFTA Era: New Twists to an Old Story* publicado en el web site United States Department of Agriculture Economic Research Service. Obtenible en

La agricultura, como porcentaje del PIB, ha decrecido constantemente y juega un papel cada vez menor en la economía. El 2009, la agricultura representó tan sólo el 4 % del PIB,[128] mientras que en 1980 era el 7 %,[129] y en 1970 el 25 %.[130] Sin embargo, por la estructura de los ejidos, la agricultura aún emplea a un porcentaje alto de la fuerza laboral: 13,7 % el 2005,[131] la mayoría de los cuales cultivan para subsistencia, mientras que en las naciones industrializadas el porcentaje de fuerza laboral en la agricultura es del 2-5 %, la cual es altamente mecanizada.

A pesar de que es un elemento básico en la dieta de los mexicanos, el maíz no es el producto en el que México tiene ventaja comparativa, sino en la

http://www.ers.usda.gov/publications/fds-feed-outlook/fds-04d-01.aspx. Consultado el 23 de noviembre de 2015 a las 23:04hrs.
[128] Estadísticas publicadas por la Agencia Central de Inteligencia (CIA), Estados Unidos. Publicado en sitio web oficialobtenible en https://www.cia.gov/library/publications/the-world-factbook/fields/2012.html?countryName=&countryCode=&regionCode=@. Consultado el 2º de diciembre de 2015 a las 12:45hrs.
[129] Instituto Nacional de Geografía, Estadística e Informática. «Banco de Información Económica». Obtenible en http://www.inegi.org.mx/sistemas/bie/. Consultado el 18 de diciembre de 2015 a las 13:34hrs.
[130] Vide: HUFBAUER GC & SCHOTT JJ: (2004) NAFTA Revisited: Achievements and Challenges Institute for International Economics, Chapter 5, Agricultrue. Obtenible en http://www.iie.com/publications/chapters_preview/332/05iie3349.pdf. Consultado el 20 de diciembre de 2015 a las 00:39hrs.
[131] Estadísticas publicadas por la Agencia Central de Inteligencia (CIA), Estados Unidos. Publicado en sitio web oficial obtenible en https://www.cia.gov/library/publications/the-world-factbook/fields/2095.html?countryName=&countryCode=&regionCode=k. Consultado el 23 de noviembre de 2015 a las 23:45hrs.

horticultura y en la producción de frutas tropicales y verduras. Durante las negociaciones del NAFTA se esperaba que a través de la liberalización y la mecanización de la agricultura, dos terceras partes de los de maíz se incorporarían de forma natural a la producción de la horticultura y de otros cultivos intensos en mano de obra como las frutas, vegetales, nueces, café y la caña de azúcar, o al sector industrial.[132] Sin embargo, aunque la horticultura ha crecido exponencialmente desde que entró en vigor el NAFTA, no ha absorbido a los trabajadores desplazados de la producción de maíz (que se estima fueron 600,000).[133] Incluso, la producción de maíz ha permanecido constante (en 20 productores millones de toneladas métricas anuales), y no ha decrecido, probablemente como resultado del incremento de los subsidios a los agricultores, o a que los negociadores minimizaron la importancia de una tradición milenaria en México: no sólo se ha cultivado el maíz en México por milenios, sino que éste se originó en su territorio en tiempos prehispánicos. Hoy en día, México aún es el cuarto productor mundial de maíz del mundo.

3.2 Industria.

A causa de los elevados requisitos de componentes del continente norteamericano en la industria automotriz,

---

[132] Vid: NADAL, A.: "Zea Mays: Effects of Trade Liberalization of Mexico's Corn Sector", in Greening the Americas, Carolyn L. Deere (editor). MIT Press, Cambridge, Massachusetts, USA. 2002.
[133] Vid: U.S.-Mexico Corn Trade During the NAFTA Era: New Twists to an Old Story, by Zanhiser & Coyle, USDA.

según las estipulaciones del NAFTA, muchas industrias de autopartes y logística se han instalado en México. Tan sólo en Puebla, 70 compañías de autopartes operan en el corredor industrial cercano a Volkswagen, el único productor del New Beetle en el mundo.[134] Otras industrias importantes de México son Cemex, el tercer conglomerado de cemento más grande del mundo, las industrias de las bebidas, que incluyen al Grupo Modelo, y el conglomerado FEMSA, la segunda embotelladora de Coca-Cola más grande del mundo; la compañía Gruma, el productor de harina y tortilla más grande del mundo con operaciones en China; y otras como Bimbo, Telmex y Televisa. La industria maquiladora se ha convertido en el sector industrial más conocido del comercio de México. La industria maquiladora se ha beneficiado también del NAFTA, ya que el salario real del sector se incrementó 15,5 % desde 1994, aunque el salario real del resto de las industrias no maquiladoras ha crecido con mayor rapidez.[135] Esto no debería ser sorprendente ya que los productos de las maquiladoras fronterizas podían entrar a los Estados Unidos libres de impuestos desde el acuerdo industrial de 1960. Ahora, otros sectores se han beneficiado del libre comercio, y el porcentaje de

---

[134] GEREFFI G & MARTÍNEZ M: *"Mexico's Economic Transformation under NAFTA"* in *Mexico's Democracy at Work: Political and Economic Dynamics*, Ed. Crandall, Paz and Roett (editors) Lynne Reiner Publishers, United States. (2004).
[135] HUFBAUER GC & SCHOTT JJ: *NAFTA Revisited: Achievements and Challenges.* Ed. Institute for International Economics, Chapter 1, (2004).

exportaciones provenientes de estados no fronterizos se ha incrementado en los últimos 5 años, mientras que el porcentaje de exportaciones de la zona maquiladora fronteriza ha decrecido.

En lo que respecta al 2015 y de cara al 2016, en octubre de este año (2015), la producción industrial del país creció 1.0 por ciento comparado con igual mes de 2014, informó el Instituto Nacional de Estadística y Geografía (Inegi).[136] En su reporte, detalla que por sectores de actividad económica, la generación, transmisión y distribución de energía eléctrica, suministro de agua y de gas por ductos al consumidor final tuvo un aumento de 4.3 por ciento anual. Asimismo, abundó, en el décimo mes del año en curso, la industria de la construcción avanzó 2.4 por ciento respecto a igual periodo de 2014, las industrias manufactureras se incrementaron 2.3 por ciento, en tanto que la minería cayó 4.2 por ciento.[137]

Respecto a la tasa mensual, el organismo da a conocer que la producción industrial de México disminuyó 0.1 por ciento comparado con el mes previo. Por componentes, indica que la minería descendió 0.6 por ciento, y la generación, transmisión y distribución de

---

[136] Tomado de Producción industrial de México en octubre cae respecto a mes previo publicado en el portal informativo El Informador.Mx. obtenible en http://www.informador.com.mx/economia/2015/631954/6/produccion-industrial-de-mexico-en-octubre-cae-respecto-a-mes-previo.htm. Consultado el 20 de diciembre de 2015 a las 08:56hrs.
[137] *Ibídem.*

energía eléctrica, suministro de agua y de gas por ductos al consumidor final aumentó 0.6 por ciento. Añade que las industrias manufactureras crecieron 0.1 por ciento, en tanto que la construcción no mostró variación en el décimo mes de 2015 frente al mes previo.[138]

3.3 Energía y recursos naturales.

Los recursos naturales son "propiedad de la nación" (propiedad pública) constitucionalmente. Por lo tanto, el sector energético es administrado por el gobierno con diferentes grados de inversión privada limitada. México es el quinto productor de petróleo más grande del mundo, produciendo 3,8 millones de barriles diarios.[139] Pemex, la compañía estatal encargada de administrar la exploración, y ventas del petróleo con ventas superiores a los 86.000 millones USD al año,[140] una cifra incluso superior al PIB de algunos de los países de la región, siendo la 2.ª compañía más grande (de cualquier tipo) de Latinoamérica.[141] Sin embargo, la compañía paga impuestos muy elevados (aproximadamente el 62 % de los ingresos, convirtiéndose en una fuente significativa de ingreso para el gobierno). Aunque la industria petrolera todavía es importante en el presupuesto de la nación, su

---

[138] *Ibídem.*
[139] Ranking 2010 de empresas en Latinoamérica. Obtenible en http://web.archive.org/web/20101215152253/http://www.eia.gov/co untry/index.cfm?
[140] *Ibídem.*
[141] *Ibídem.*

importancia como porcentaje del PIB y de las exportaciones es muy inferior a lo que era en la década de 1980. En 1980 las exportaciones de petróleo representaban el 61,6 % de todas las exportaciones de México; en el 2000 tan sólo representaban el 7,3 %.[142]

El sector de los servicios contribuye con el 65 %[143] del PIB y emplea al 62,9 %[144] de la población económicamente activa(est. 2009). Este sector incluye el transporte, comercio, almacenamiento, hoteles y restaurantes, artes y entretenimiento, salud, educación, la banca y las empresas financieras, telecomunicaciones, la administración pública y defensa. El sector de los servicios de México se ha mantenido fuerte convirtiéndose en el segundo sector de servicios más grande de Latinoamérica medido en dólares.[145]

El turismo es una de las industrias más importantes de México relacionada al sector de los servicios. El turismo es la cuarta fuente de ingresos para el país.[146]

---

[142] GEREFFI G & MARTÍNEZ M: "Mexico's Economic Transformation under NAFTA" in Mexico's Democracy at Work: Political and Economic Dynamics, Crandall, Paz and Roett (editors) Lynne Reiner Publishers, United States. 2004
[143] Estadísticas publicadas por la Agencia Central de Inteligencia (CIA), Estados Unidos. Publicado en sitio web oficial obtenible en https://www.cia.gov/library/publications/theworldfactbook/fields/201 2.html?countryName=&countryCode=&regionCode=@
[144] Ibídem.
[145] Top World Oil Net Exporters and Producers US Statistics and Top 500 Companies in Latin America by América Economía.
[146] HERNÁNDEZ-COSS, RAÚL: Ob. Cit.

México es el octavo país más visitado del mundo (con más de 20 millones de turistas al año).[147]

El sector financiero y bancario es dominado en su mayoría por compañías extranjeras o por fusiones de instituciones mexicanas y extranjeras, con la notable excepción de Banorte. La fusión de Banamex, una de las instituciones financieras más antiguas, con Citigroup fue la adquisición corporativa binacional (EEUU-México) más grande de la historia en 12,500 millones de USD. Banamex genera aproximadamente tres veces más ingresos que las 16 subsidiarias de Citibank en el resto de Latinoamérica. Sin embargo, la institución financiera más grande del país es Bancomer, asociada a la española BBVA.[148]

El proceso de la consolidación del sector financiero en México ha evolucionado a la par de los esfuerzos de liberalización y la inserción de la economía en los mercados mundiales.[149] El sector financiero es estable, gracias a las adquisiciones y fusiones de instituciones nacionales y la presencia de instituciones extranjeras. Gracias a una estructura reguladora más estricta, el sector se ha recuperado de la crisis de 1994. Los

---

[147] Vid: World's Top Tourism Destinations (absolute numbers). Obtenible en http://web.archive.org/web/20070808213546/http://www.worldtourism.org/facts/eng/pdf/indicators/Top25_ita.pdf
[148] Sobre Bancover visitar web site obtenible enhttp://web.archive.org/web/20130811223023/http://www.bancomer.com.mx/nuestrom/index.html
[149] Globalization: The Role of Institution Building in the Financial Sector: The Case of Mexico G8 Information Center.

préstamos al sector público y privado están en crecimiento así como las actividades de seguros e hipotecas.[150] No obstante, el crédito bancario representa tan sólo el 22 % del PIB, una cifra muy baja, comparada con otras economías pujantes como Chile, donde representa casi el 70 %.[151] Los créditos agrícolas han caído 45,5 % en los últimos seis años (2001-2007) y sólo representan el 1 % de los préstamos bancarios, una cifra insuficiente para el desarrollo del sector en México.[152]

4 Gobierno y el banco central.

El Banco de México (abreviado B de M o Banxico) es el banco central de México. Fue fundado por decreto como sociedad anónima el 25 de agosto de 1925 bajo el gobierno de Plutarco Elías Calles, iniciando su operación como banco central el 1 de septiembre de ese mismo año. Su primer Director General fue Alberto Mascareñas Navarro y el primer Presidente del Consejo fue Manuel Gómez Morín. Por mandato

---

[150] Country Finance Main Report: April 26th 2006 (Mexico) Mexico at a glance.
[151] GONZALES AMADOR, ROBERTO: *Baja penetración del crédito, la asignatura pendiente de la banca: HSBC*. Publicado en *La Jornada* el 4 de diciembre de 2013. Obtenible en http://www.jornada.unam.mx/ultimas/2013/12/04/baja-penetracion-del-credito-la-asignatura-pendiente-de-la-banca-hsbc-3452.html. Consultado el 20 de diciembre de 2015 a las 21:34hrs.
[152] ZUÑIGA, JUAN ANTONIO: *El crédito a la agricultura cayó 45.5% en 6 años.* Publicado en La Jornada. Obtenible en http://www.jornada.unam.mx/2007/02/20/index.php?section=economia&article=028n1eco. Consultado el 20 de diciembre de 2015 a las 20:09hrs.

constitucional, el Banco de México es una institución autónoma desde abril de 1994. Su objetivo prioritario es procurar la estabilidad del poder adquisitivo de la moneda nacional. La Constitución Política de los Estados Unidos Mexicanos, en su artículo 28, dispone que "el Estado tendrá un banco central que será autónomo en el ejercicio de sus funciones y en su administración, por lo que no es una dependencia o entidad de la Administración Pública Federal".[153]

El ejercicio de sus funciones y su administración está encomendada a la Junta de Gobierno integrada por cinco miembros. Desde 2009, Agustín Carstens funge como Gobernador. Los cuatro Subgobernadores son Manuel Sánchez González, Javier Guzmán Calafell, Manuel Ramos Francia y Roberto del Cueto Legaspi.

Las finalidades sustantivas del Banco de México son proveer a la economía del país de moneda nacional (el peso mexicano); instrumentar la política monetaria con el objetivo prioritario de procurar la estabilidad del poder adquisitivo de la moneda nacional; promover el sano desarrollo del sistema financiero; y propiciar el buen funcionamiento de los sistemas de pago.[154]

El Banco de México de acuerdo a su Ley Orgánica también tiene la función de: Prestar servicios de tesorería al Gobierno Federal y actuar como agente financiero del mismo; fungir como asesor del Gobierno

---

[153] *Vid*: CHAGÍN, ANTONIO: *Economía mexicana para todos*. México: Lectorum. (2009).
[154] *Ibídem.*

Federal en materia económica y, particularmente, financiera; participar en el Fondo Monetario Internacional y en otros organismos de cooperación financiera internacional o que agrupen a bancos centrales, y operar con bancos centrales y con otras personas morales extranjeras que ejerzan funciones de autoridad en materia financiera.

Una de las finalidades principales del Banco de México es proveer al país de moneda nacional. Al igual que cualquier banco central moderno, cuenta con la facultad exclusiva de emitir papel moneda y de regular la cantidad de billetes y monedas en circulación.[155]

La Casa de Moneda de México es una entidad separada del Banco de México, dependiente de la Secretaría de Hacienda y Crédito Público, y es responsable de fabricar las monedas en las cantidades y denominaciones que requiere el público para efectuar sus transacciones. El Banco de México, por su parte, es responsable del diseño y producción de los billetes, asegurándose que hay una cantidad suficiente de ellos en circulación y que son auténticos mediante la incorporación de características de seguridad.

En la actualidad, los individuos utilizan dinero en efectivo y otras nuevas formas de dinero para llevar a cabo sus transacciones cotidianas. Aún con las innovaciones asociadas con las tarjetas de débito, las

---

[155] QUINTANA ROMERO, LUIS; CUE MANCERA, AGUSTÍN. *Introducción a la macroeconomía: un enfoque integral para México* (1. ed. edición). México: Grupo Editorial Patria. México. 2008.

tarjetas de crédito y otras formas de pago electrónico, un alto porcentaje de la población utiliza intensivamente los billetes y monedas en sus operaciones cotidianas.

Millones de nuevas notas son producidas por el Banco de México cada año con el fin de reemplazar las que están en mal estado o aquéllas que por su desgaste ya no son aptas para la circulación. Banco de México cuenta con seis cajeros regionales en varias localidades del país, los cuales juegan un papel trascendental en la distribución de efectivo a lo largo y ancho del país.

La cantidad producida se determina con base en la cantidad de billetes (y monedas) que necesitan los individuos para realizar sus transacciones. Esta demanda por circulante típicamente se eleva en navidad, periodos vacacionales, quincenas e incluso varía dependiendo del día de la semana y de si hay días feriados o puentes.[156]

Para proteger la confianza en la moneda, el Banco busca prevenir la falsificación de los billete, incorporando sofisticadas características de seguridad en los billetes, dándolas a conocer a la población mediante campañas de difusión. Si bien la cantidad de billetes falsos como porcentaje del total en circulación es uno de los más bajos del mundo, recientemente se ha observado una tendencia ascendente,

---

[156] Vid: HEATH, JONATHAN: Para entender: El Banco de México (1a ed. edición). México: Nostra. México. (2007):

especialmente en los billetes de mayor denominación. Por esta razón, el Banco de México utiliza tecnología de punta en el diseño y la fabricación de los billetes. Por ejemplo, el uso de nuevos materiales como el polímero, aunado a las nuevas características de seguridad de los billetes, ha resultado sumamente efectivos para combatir la falsificación.[157]

Por lo que hace a la fabricación de monedas, el Banco de México busca promover los valores patrios y la identidad nacional con la emisión de billetes y monedas conmemorativos, por ejemplo, las monedas conmemorativas de los Estados de la República, las monedas de 5 pesos alusivas a personajes de la independencia y la revolución, los billetes conmemorativos del centenario de la revolución mexicana y del bicentenario de la independencia mexicana. Asimismo, el Banco de México comercializa monedas en metales finos como el oro y la plata que han merecido de reconocimiento a nivel mundial. Un ejemplo reciente es la distinción a la Moneda Azteca de 1 kg de plata como la moneda más bella del mundo. Estas monedas tienen una gran demanda en los mercados numismáticos y representan una fuente adicional de ingresos para la economía nacional.

Una de las funciones principales de la Junta de Gobierno del Banco de México es la de formular la política monetaria del país. El criterio rector en la conducción de la política monetaria que instrumenta el

---

[157] *Ibídem.*

Banco de México es el de procurar la estabilidad del poder adquisitivo de la moneda nacional. En otras palabras, cuidar que el valor de nuestra moneda no se vea erosionado por aumentos sostenidos de los precios.

A principios de la década de los noventas, se inició una tendencia para modificar el marco legal de los bancos centrales con el propósito de concederles mayor independencia en su administración y/o en sus funciones. Esta tendencia obedeció principalmente al objetivo de que no estuvieran sujetos a presiones políticas de los gobiernos en turno y al reconocimiento de que la estabilidad financiera y de precios crea un entorno propicio para el desarrollo económico y elevar la calidad de vida de la población.

México y otras naciones de América Latina no fueron ajenas a estas tendencias. En el caso de los países de América Latina, padecieron crisis económicas y financieras caracterizadas por episodios de inflación alta y volátil, altas tasas de interés tanto en términos nominales y reales, contracciones de la producción, aumento del desempleo y una disminución sustancial del poder adquisitivo de los trabajadores. En consecuencia, es válido decir que la autonomía del Banco de México actúa como una salvaguarda contra la inflación alta y volátil y los episodios de inestabilidad financiera.

La reforma constitucional de 1993 que otorgó autonomía al Banco de México a partir de abril de 1994 se sustenta en tres pilares fundamentales. En primer lugar, ninguna autoridad puede obligarle a conceder crédito. De esta manera se evita que una expansión exagerada del crédito primario del banco central se convierta en fuente de presiones inflacionarias. De lo contrario, no podría haber certeza por parte de la población en el cumplimiento de su mandato de procurar un entorno de estabilidad, si el banco no tuviera la facultad exclusiva de decidir su propio crédito. La autonomía sirve para aislar a la política monetaria de las reiteradas demandas de diversos sectores de la sociedad para aumentar el gasto y, por ende, para prevenir un financiamiento inflacionario del gasto público.

Las decisiones de política monetaria se toman en forma colegiada por los integrantes de su Junta de Gobierno, la cual está integrada por cinco miembros: Un Gobernador y cuatro Subgobernadores. El Banco de México también goza de independencia de criterio en la instrumentación de la política monetaria. Todos los votos tienen el mismo peso, de manera que la decisión no depende exclusivamente de una persona.

La Ley establece claramente las cualidades que deben tener las personas que sean propuestas para integrantes de la Junta de Gobierno. Las designaciones son hechas por el Presidente de la República y deben ser aprobadas por el Senado o, en su caso, la Comisión Permanente del Congreso de la Unión.

Por otra parte, para que el Banco de México goce de memoria institucional y para aislarlo de presiones políticas, sus miembros sólo pueden ser removidos de sus cargos por causa grave. Y la designación de sus miembros está escalonada por periodos de manera tal que un mismo presidente sólo puede promover la designación de la mitad de sus miembros durante su administración.

El Banco de México también es autónomo en su gestión administrativa, lo cual también actúa como un dique contra presiones externas. La Ley establece los criterios para la elaboración y aprobación del presupuesto de la institución y sus procedimientos de auditoría.

La autonomía del Banco de México no es un cheque en blanco. Además de los criterios presupuestales y de auditoría a que está sujeto, el Banco de México está obligado a rendir informes al H. Congreso de la Unión y los miembros de su Junta de Gobierno pueden ser sujetos de juicio político. Sus funcionarios están sujetos a las obligaciones del Régimen de Responsabilidades aplicable a los servidores públicos.

Otra de las finalidades del Banco de México es la de promover el sano desarrollo del sistema financiero y propiciar el buen funcionamiento de los sistemas de pago. El Banco de México es el eje del sistema financiero del país. A la vez que un sistema financiero sano es la columna vertebral de una economía de mercado. La estabilidad financiera es una condición indispensable para el sano desarrollo del sistema financiero y el crecimiento económico del país. El Banco de México toma acciones para promover un sistema financiero competitivo que canalice eficientemente el ahorro de la sociedad hacia la inversión productiva.

El Banco, junto con otras autoridades financieras, también contribuye a la seguridad y sano desarrollo del sistema financiero. El Banco de México regula a las instituciones financieras del país con el propósito de garantizar que mantengan niveles apropiados de liquidez, capitalización y solvencia y que administren adecuadamente sus riesgos, con el fin de proteger los ahorros del público.

Un soporte fundamental para el desarrollo del sistema financiero es el buen funcionamiento de la infraestructura conocida como los sistemas de pago. Cotidianamente se llevan a cabo millones de transacciones u operaciones financieras entre individuos, empresas e intermediarios financieros. Todas estas transacciones conforman lo que se conoce como los sistemas de pago.

El mercado de valores (bonos), el mercado bursátil (acciones), el mercado de divisas, las compañías de seguros, afianzadoras, bancos y otras instituciones o intermediarios financieros son las redes o elementos que conforman el sistema financiero mexicano. Diariamente, las instituciones financieras del país intercambian entre ellas cheques y pagos electrónicos.

En su carácter de banco central, el Banco de México también presta dinero a los intermediaros financieros en situaciones de tensión financiera, con el fin de que los sistemas de pago funcionen ordenadamente sin alteraciones bruscas que pudieran poner en riesgo la liquidez o solvencia de los intermediarios y la confianza del público en el sistema financiero.

La idea es que las instituciones financieras tengan fondos suficientes para saldar sus cuentas. Esto evita que un problema de contagio se disemine a todo el sistema financiero, fenómeno al que se le conoce como riesgo sistémico. A medida que los mercado financieros se globalizan, el reto de mantener la estabilidad financiera ha adquirido mayor importancia.

Los sistemas de pago en México consisten de dos subsistemas muy importantes: (I) el Sistema de Pagos de Alto Valor (SPAV) y (II) e sistema de compensación interbancaria.

El SPAV es supervisado y administrado por la Banco de México. Este sistema es utilizado por los principales intermediarios financieros, los cuales mantienen cuentas corrientes en el Banco de México. En dichas cuentas se registran los depósitos y retiros asociados con las operaciones de alto valor.[158]

---

[158] SÁNCHEZ, MANUEL. *Economía Mexicana para Desencantados.* Fondo de Cultura Económica. Primera Edición, 2006.

El Banco de México regula los sistemas de pago para las transacciones con cheque, tarjeta de débito, tarjeta de crédito y las transferencias electrónicas a fin de que sean seguros y expeditos. El Banco ha creado el SPEI para que en el portal de su banco, hogares y empresas puedan realizar transferencias electrónicas seguras y rápidas, a bajo costo. Asimismo, el Banco de México calcula y publica el CAT (Costo Anual Total) para que los usuarios de los servicios financieros puedan comparar el costo de los diversos productos y servicios que les ofrecen los bancos y otros intermediarios financieros. Recientemente, ha establecido restricciones sobre las comisiones que los bancos pueden cobrar a sus clientes a fin de promover la sana competencia entre las instituciones de crédito del país y para proteger los intereses de los usuarios de servicios financieros.

Actualmente el presidente Enrique Peña Nieto, propone una reforma financiera que otorgue un poder a la Comisión Nacional Bancaria de Valores, para que ésta se encargue de registrar un límite, en cuanto a las aportaciones de bonos gubernamentales, con el fin de que el capital que se esté obteniendo de dichas operaciones tengan como destino el aumento de crédito, dando a conocer cuál es la competencia existente, lo cual sirve de motivación a los bancos pequeños, para que sepan que aun existe la posibilidad de crecimiento.

Así mismo se está encargando de crear diversas cuestiones, entre las que se encuentra

- Crear un sistema de quiebras. Un Sistema de Liquidación en caso de quiebra, que castigará hasta con 50 años de cárcel, Castigará conductas como la alteración de la contabilidad para esconder que una institución enfrenta riesgo de extinción; si por algún motivo llegará a interferir en cuanto a las decisiones tomadas, generando algún daño a la economía nacional. (los ahorradores tendrán preferencia sobre otros acreedores).

- Se establecerán límites en cuanto a la inversión extranjera en intermediarios bancarios, creando una Ley que tendrá como fin regular las agrupaciones financieras.

- La Creación del sistema arbitral en materia financiera.

- Registro Universal de créditos.

Estos dos últimos ayudando al fortalecimiento de la banca de desarrollo, así como a la Comisión Nacional para la defensa de los usuarios de las Instituciones Financieras.

Además propone:

- Fortalecer la banca de desarrollo, la Comisión Nacional Bancaria y de Valores, y la Comisión

133

Nacional para la Defensa de los Usuarios de las Instituciones Financieras.

- Mejorar la ejecución de garantías.

- Sancionar prácticas anti-competitivas.

- Impulsar la movilidad de los créditos con el pago a la entidad de origen.

- Fomentar la inversión de capital de la banca de desarrollo hasta por tres años en empresas.

- La SHCP deberá aprobar los límites de endeudamiento de la banca de desarrollo. Las Sociedades Nacionales de Crédito deberán solicitar autorización de la Secretaría de Hacienda para los límites de endeudamiento neto externo e interno; financiamiento neto y los límites de intermediación financiera. Para efecto de lo anterior, Hacienda deberá dar a conocer los conceptos que integran la intermediación financiera en el Informe sobre la Situación Económica, las Finanzas Públicas y la Deuda Pública, que corresponda

Con el fin de que la banca comercial y de desarrollo tenga mejores servicios.

Esta reforma está compuesta por un paquete el cual contiene 14 decretos abarcando cambios a 38 leyes, originando un nuevo sistema judicial que nos impulsa a recuperar de una manera más rápida las inversiones en los bancos esto solo en caso de juicio. La ley de instituciones de crédito tiene como fin establecer que las operaciones realizadas en las instituciones actúen de manera independiente y realizándose bajo los términos que se encuentran previstos por esta misma y por la ley del mercado de valores, sujetándose a ser vigilados e inspeccionados por la CNBV.

Entre otras cosas propone, que en cuanto la comisión federal de competencia llegue a detectar una práctica que incapacite el proceso de competencia y libre concurrencia, en materia sobre las tasas de interés, se otorgue la sanción correspondiente en conformidad en la ley que nos rige, notificando a la secretaría de hacienda y crédito público y al banco de México.

También la obligación a cargo de las sofomes (sociedades anónimas cuyo objeto social principal es el otorgamiento de crédito) de mantener actualizada su información ante la Condusef, notificando cada vez que ocurra algún acto que modifique su situación jurídica o corporativa y, ante un incumplimiento de esta obligación, la Comisión podrá cancelar el registro de la entidad.

En cuanto a la Ley de Quiebras se plantea establecer un procedimiento, a través del cual las instituciones bancarias recuperen sus recursos en caso de un problema de insolvencia. Así mismo, contempla una estrategia para una debida rendición de cuentas. Un punto relevante en esta iniciativa es el que se refiere a agregar el concepto de extinción de capital como causal de revocación de la autorización brindada a una institución bancaria. Esto provocará un proceso de liquidación judicial bancario. Por otro lado, también propone cambiar el orden de preferencia en cuanto al pago en una liquidación administrativa, donde se dará prioridad a los ahorradores sobre cualquier figura acreedora de la institución. Cabe mencionar, que promueve el castigo a comportamientos ilícitos, como la alteración en el área contable de una institución bancaria, donde intenten esconder que ésta se encuentra en el concepto de extinción de capital; también se castigará cuando se encuentren en un proceso de liquidación y pidan el reconocimiento de un crédito que no existe.

4.1 Política cambiaria.

Desde 1994 México adoptó un régimen de libre flotación del peso mexicano. Bajo este sistema, el Banco de México no establece el nivel de la paridad fija, aunque emplea mecanismos para acumular reservas internacionales y herramientas para evitar la volatilidad. La comisión encargada de la política cambiaria está formada por seis miembros, tres de la Secretaría de Hacienda y Crédito Público y tres del Banco de México, aunque la Secretaría tiene el voto decisivo. Desde agosto de 1996 el Banco de México ha iniciado un mecanismo para adquirir reservas internacionales cuando el peso está fuerte, lo cual ha tenido como resultado un elevado nivel de las reservas mejorando así las condiciones para emitir instrumentos

136

de deuda en los mercados internacionales. En marzo de 2006 las reservas internacionales eran de 66.100 millones de USD. Desde mayo de 2003 el Banco de México subasta USD mensualmente con el fin de mantener un nivel más moderado, aunque estable, de las reservas que había acumulado y que habían superado los 70.000 millones de USD.[159] El Banco de México reportó que al 15 de octubre de 2010, las Reservas Internacionales de México Ascendieron a 109,697 millones de dólares.[160]

4.2. Sistema Monetario.

Tras la crisis económica de 1994, la política monetaria fue renovada, y se decidió que mantener la estabilidad general de precios era la mejor manera para contribuir al crecimiento sostenible del empleo y de la actividad económica. Como resultado, el Banco de México tiene como primer objetivo mantener la estabilidad del poder adquisitivo del peso. El Banco fija una meta de inflación, y de ahí determina la base monetaria necesaria para lograrlo así como la expansión del crédito interno. El banco central también monitorea los indicadores económicos, como la tasa de cambio y las

---

[159] *Vid: Fundamentos de la política cambiaria en México.* Publicado en Gestiopolis. Obtenible en http://www.gestiopolis.com/fundamentos-de-la-politica-cambiaria-en-mexico/. Consultado el 19 de diciembre a las 23:45hrs.
[160] *Vid: Reservas internacionales, en récord.* Publicado en el sitio CNNExpansión el martes 19 de octubre de 2010. Obtenible en http://www.cnnexpansion.com/economia/2010/10/19/reserva-internacional-dolar-banxico-eu. Consultado el 14 de agosto de 2015 a las 23:09 hrs.

diferencias entre la inflación proyectada y la inflación real, así como los resultados de las encuestas entre diversos especialistas sobre las expectativas inflacionarias, las renovaciones de los contratos de empleo y los precios al productor.

Existe un debate sobre los mecanismos que utiliza México para controlar la inflación. Algunos funcionarios públicos argumentan que México debería implementar un mecanismo que establezca metas en las tasas de interés y no en la inflación directamente, y que se debe eliminar el "corto". El "corto" es un mecanismo que utiliza el banco central para influenciar las tasas de interés indirectamente restringiendo la oferta diaria de dinero circulante. Si el banco central quiere elevar las tasas de interés, incrementa el "corto" o la cantidad restringida. Actualmente, México es el único país de la OCDE que emplea ese sistema.[161]

La Junta de Gobierno del Banco de México (Banxico) decidió por unanimidad mantener en 3.0% el objetivo para la tasa de interés interbancaria a un día, de acuerdo a la minuta de la decisión de política monetaria anunciada el 4 de junio del 2015. En esta medida se estimó que la postura monetaria vigente del banco central es conducente a apuntalar la convergencia de la inflación a la meta permanente de 3.0%; las variación anual de los precios al consumidor lleva cinco meses alrededor de este horizonte. La mayoría de los miembros de la Junta destacó, para

---

161

mantener su decisión, que la economía mundial sigue en desaceleración y las presiones inflacionarias globales han disminuido; que los balances de riesgos para el crecimiento y para la inflación mundial se conservan sin cambio en relación a la postura previa; que la actividad económica de México continúa moderada, cuyos riesgos para el crecimiento no se modificaron; que prevalecen condiciones de holgura en el sector laboral y en la economía, con lo que no se prevén presiones generalizadas sobre los precios procedentes de la demanda agregada; que la evolución de la inflación se ha situado por debajo de 3.0% pese a la depreciación del peso, donde se vaticina que ésta se mantenga por debajo de este umbral en el resto del año, y que el balance de riesgos para la inflación se mantiene sin cambio respecto a la decisión anterior.[162]

Aunque se considera que las posibles acciones de política monetaria por parte de la Reserva Federal (Fed) podrían repercutir sobre el tipo de cambio, las expectativas de inflación y, por ende, sobre la dinámica de los precios en el país. Todos los miembros de la Junta afirmaron que en el primer trimestre del 2015, la actividad económica de México se moderó, donde la mayoría coincidió en que la contracción de la producción industrial se produjo por la pérdida de

---

[162] Tomado de ROSALES, RODRIGO A: *Política monetaria, sin cambios: Banxico*. Publicado en sitio web informativo *El Economista* el 18 de junio de 2015. Obtenible en http://eleconomista.com.mx/finanzas-publicas/2015/06/18/politica-monetaria-sin-cambios-banxico. Consultado el 17 de diciembre de 2015 a las 22:45hrs.

dinamismo de la construcción, el debilitamiento en la producción petrolera y el menor ritmo de expansión del sector manufacturero, como consecuencia de la situación endeble de Estados Unidos.[163]

Para cerrar resulta loable destacar la opinión del reconocido especialista y periodista mexicano LUIS ADRIÁN MUÑIZ; pues en una reflexión publicada en *El Financiero* plantea: *El periodo de **normalización monetario** tarde o temprano llegará. Después de la crisis financiera global de 2008, el banco central de los Estados Unidos (FED) emprendió una serie de estímulos monetarios para alentar el crecimiento de la economía. A lo largo de todo este año el mercado se ha mantenido a la espera de que dicha expansión llegue a su fin, y la tasa de referencia comience finalmente a aumentar.*

Señales mixtas de la recuperación de la economía norteamericana han ocasionado modificaciones en la fecha de cambio esperada, no obstante es claro que el periodo de restricción monetaria en Estados Unidos llegará, y eventualmente en México también.

Sin grandes novedades en la reunión de octubre. Esta semana se conoció la penúltima reunión de política monetaria del año, en la cual el Banco de México decidió mantener sin cambios su tasa de referencia en

---

[163] Ibídem.

3 por ciento, tal y como lo esperaba el mercado. Las razones de esto son relativamente claras, a la luz del crecimiento económico mexicano débil y la inflación tocando mínimos históricos, además de la inacción por parte de la FED en días pasados. El tipo de cambio por su parte se ha mantenido relativamente estable en niveles cercanos a 16.60 pesos por dólar en su cotización al mayoreo, acotando un poco el temor de episodios de inestabilidad financiera.

Continuamos esperando restricción en diciembre. En este 2015 solo resta conocer una decisión de política monetaria, la cual tendrá lugar el próximo mes de diciembre. Al menos por ahora, y a reserva de lo que pueda suceder en el siguiente reporte de empleo, en nuestra opinión aún existen algunos elementos para que la FED en los Estados Unidos restrinja su política monetaria en la próxima reunión de diciembre. Particularmente observamos un importante sesgo a incrementar tasas antes de que finalice el año entre las opiniones de los miembros más importantes de la FED, mayor fortaleza en el gasto de los hogares y la inversión de las empresas, así como el tono más duro o "hawkish" del último comunicado de política monetaria respecto a lo que el mercado esperaba. Bajo la lógica de preservar las condiciones monetarias relativas entre ambos países, y en un escenario de posible alta volatilidad y presión sobre el tipo de cambio, también esperamos restricción monetaria en México durante diciembre.

Pero las cosas pueden cambiar. No obstante nuestro escenario base, la probabilidad implícita en el mercado de que la FED realice su primer incremento de tasas hasta el año entrante se mantiene alta e incluso se ha incrementado. En este sentido, algunas expectativas implícitas en futuros también cargan sus probabilidades a que la FED moverá su tasa al menos en enero de 2016, debido posiblemente a la complicada situación económica global, que podría ocasionar que diversas economías implementen medidas de estímulo a su crecimiento, si bien el último comunicado monetario de Estados Unidos ahondó menos en este tema de lo que se esperaba. En caso de que esto se materialice, también sería muy probable observar la restricción monetaria en México en algún momento del año próximo, ya que consideramos que las condiciones internas de crecimiento económico y de inflación no presionarán la política de Banco de México durante este y probablemente el próximo año (bajo crecimiento del PIB e inflación por debajo del objetivo del banco central).

*Seguiremos a paso lento. Con cierta independencia de la fecha en la que finalmente la FED moverá su tasa de referencia, creemos que la economía mexicana no podrá ser expuesta a constantes incrementos en la tasa de interés, y que llegará el momento en el que la política monetaria en México se desligue completamente de la norteamericana. La lógica detrás de esto descansa fundamentalmente en el **ritmo***

142

desacelerado *con el que avanza la economía mexicana y en la consecuente falta de presiones inflacionarias por el lado de la demanda.*

Podríamos ver otros casos. Si bien lo que hasta ahora hemos comentado parece ser el escenario más probable, también se podría materializar el caso en el que la FED restrinja y Banco de México decida no incrementar su tasa de referencia. En caso de que esto suceda creemos que se podría incrementar de manera significativa el riesgo de episodios de inestabilidad financiera, y que se "potencialice" el riesgo de un mayor traspaso de la depreciación del tipo de cambio al nivel de precios contaminando con ellos las expectativas de mediano plazo. Si bien parece que los flujos de capital podrían no salir de manera inmediata de nuestro país, creemos que la volatilidad propia que se observará en el ajuste del mercado cambiario podría orillar a que Banco de México finalmente actúe, de manera preventiva, al cabo de una o dos reuniones monetarias.

El reto persiste. En suma, el futuro de la política monetaria en México apunta en la dirección de restringir, y la respuesta realmente importante es saber cuándo comenzará el ciclo restrictivo, lo que pareciera trivial, pero que en realidad representa un reto enorme. Por ahora creemos que Banco de México atará su política a lo que haga la FED en los Estados Unidos, dada la altísima movilidad de capitales y la integración misma de los mercados financieros. No obstante, esto último también está sujeto a múltiples factores que podrían atrasar la fecha de cambio en aquel país, como el contexto internacional, las condiciones económicas de los Estados Unidos, e incluso la incertidumbre de la propia FED ante el fin de un proceso de expansión monetario nunca antes visto.[164]

5. Comercio exterior.

México es una economía orientada a las exportaciones. Es uno de los países más abiertos al comercio, y una potencia comercial según el valor de las mercancías, y el país con el mayor número de tratados de libre comercio.[165] En el 2005, México fue el decimoquinto exportador y el duodécimo importador más grande del mundo, con un incremento del 12 % anual.[166] De hecho, de 1991 a 2005 el comercio mexicano se quintuplicó.[167]

En el 2012 México exportó a Estados Unidos 66.708 millones de USD, lo que significó una caída de 3,7 %

---

[164] TOMADO DE MUÑIZ, LUIS ADRIÁN: *Hacia dónde se podría sesgar la política monetaria en México.* Publicado en El Financiero. Obtenible en http://www.elfinanciero.com.mx/opinion/hacia-donde-se-podria-sesgar-la-politica-monetaria-en-mexico.html. Consultado el 21 de diciembre de 2015 a las 23:04hrs.

[165]   Visitar   el   sitio http://web.archive.org/web/20120425061550/http://www.embamex. ro/esp/datos_gen_mex.htm

[166] *Vid*: datos estadísticos del *World trade in 2005* – Overview. El pdf   es   obtenible   en https://www.wto.org/english/res_e/statis_e/its2006_e/its06_overvie w_e.pdf. Consultado el 23 de diciembre de 2015 a las 20:45hrs.

[167] *Vid:* Datos reportados por el INEGI en http://www.inegi.gob.mx. Consultado el 12 de diciembre de 2015 a las 23:34hrs.

respecto al 2011.[168] El comercio mexicano está integrado con el de sus socios norteamericanos: casi el 90 % de las exportaciones y el 55 % de las importaciones se dirigen o provienen de los Estados Unidos y el Canadá. A pesar de eso, NAFTA no ha producido una simple relocalización del comercio.[169] Aunque el comercio con los Estados Unidos se incrementó 183 % de 1993 al 2002 y el de Canadá 165 %, otros tratados comerciales han mostrado resultados aún más significativos: el comercio con Chile creció 285 % (Aunque se ha acrecentado la brecha a casi 2:1 a favor de Chile, el único país de Latinoamérica con el que México tiene una balanza comercial negativa), con Costa Rica 528 %, con Honduras, 420 %[170] y con la Unión Europea 105 % en el mismo periodo.[171]

En los últimos años, la economía internacional ha sufrido cambios importantes de los que México no ha podido mantenerse ausente, dado su alto grado de inserción en la economía mundial por un lado, y a la importante cercanía al principal motor de esta en los últimos tiempos, los Estados Unidos por otro. Desde que entró en vigor el Tratado de Libre Comercio con

---

[168] Morales, Roberto: Caída de exportaciones afecta a PIB. Publicado en El Economista. Obtenible en http://eleconomista.com.mx/industrias/2013/05/02/caida-exportaciones-afecta-pib. Consultado el 12 de noviembre de 2015 a las 23:48hrs.
[169] HUFBAUER GC & SCHOTT JJ: *NAFTA Revisited: Achievements and Challenges*. Institute for International Economics, Chapter 1. (2004)
[170] GEREFFI G & MARTÍNEZ M: "*Mexico's Economic Transformation under NAFTA*" in *Mexico's Democracy at Work: Political and Economic Dynamics*, Crandall, Paz and Roett (editors) Lynne Reiner Publishers, United States. (2004)
[171] Hufbauer GC & Schott JJ: Ob. Cit (*NAFTA Revisited....*)

Estados Unidos y Canadá (TLCAN), el 1 de enero de 1994, México se transformó en un destino atractivo de inversiones extranjeras para muchas empresas transnacionales y enfocó un modelo de desarrollo orientado al exterior. Posteriormente, como parte de una política comercial con un claro objetivo liberalizador, el país suscribió nuevos acuerdos comerciales con otras naciones de la región en Centroamérica y América del Sur, así como también con la Unión Europea, Israel, la Asociación Europea de Libre Comercio y últimamente con Japón. Después de diez años de la aplicación de una política comercial con un claro objetivo aperturista y liberalizador, cuyos ejes centrales han sido: aumentar el comercio exterior y la atracción de inversión extranjera directa como elementos dinamizadores del crecimiento económico, es el momento de hacer una evaluación del proceso.[172]

La apertura comercial, que inicia desde mediados de los noventa (1994), cuando el país decide enfrentar una nueva etapa liberalizadora mediante la búsqueda de nuevos negocios en el mercado internacional, arroja en la actualidad cifras de exportación para septiembre de 2010 de $25,301.8 millones de dólares, así como el aumento de la inversión extranjera directa, que en el segundo trimestre de 2010 fue de $7,364 millones de

---

[172] Texto tomado literalmente y en su totalidad titulado *La Clave del Comercio exterior*. Sección de relaciones internacionales del sitio web ProMéxico. Obtenible en http://www.promexico.gob.mx/negocios-internacionales/la-clave-del-comercio-exterior.html. Consultado el 20 de diciembre de 2015 a las 12:07hrs.

dólares. México necesita de los mercados mundiales para poder mantener su estrategia de comercio exterior, pero la vía de las negociaciones bilaterales no ha dado los resultados esperados, ya que expuso a la competencia a muchos sectores que hoy se revelan postergados, especialmente en la agricultura como se demuestra en el caso bien documentado de la cadena agroalimentaria del arroz, en que a las pérdidas de producción, se le ha de sumar las pérdidas en empleo. Se debe de apoyar a las empresas mexicanas a exportar, ya que los ingresos generados por las ventas al exterior permiten dejar a un lado la dependencia histórica al petróleo.[173]

Los sectores ganadores del comercio exterior han sido los relacionados a la inversión extranjera, es decir las empresas transnacionales que han optimizado sus beneficios sobre la base de explotar la principal ventaja comparativa de México: La mano de obra barata. Sin embargo, esta ventaja comparativa ha sido minada con el surgimiento de China como un nuevo centro de producción para industrias intensivas en mano de obra no calificada de bajo costo, pese a la enorme distancia que separa a los Estados Unidos de la China, hay empresas que han movido sus centros de producción a dicho país. De continuar este proceso, la amenaza para México resulta muy seria, sobre todo si hay otros sectores además de la manufactura que se ven amenazados por otras asimetrías reales entre México y

---

[173] *Ibídem*

los Estados Unidos. Por ejemplo, los agricultores mexicanos no poseen el capital, ni subsidios para la producción y la exportación con la que sí cuentan sus homólogos estadounidenses, canadienses, japoneses y europeos. En México el comercio exterior representa un instrumento primordial para lograr el crecimiento económico. Es por lo anterior que la desgravación ha llegado cerca del techo y aún así se analizan la firma de nuevos tratados comerciales con países como Brasil y Corea del Sur. Una alternativa sería la ampliación de aquella oferta exportable basada en el conocimiento y en la agregación de valor, es decir en el crecimiento endógeno atribuido a las empresas locales y enfocadas al comercio exterior, especialmente a las pequeñas y medianas empresas, actores claves en una estrategia de desarrollo productivo que pondere la existencia de redes nacionales entre empresas y entre sectores.[174]

5.1. Los tratados de libre comercio de México.

México se unió al GATT en 1986 y hoy día es un participante activo y constructivo de la Organización Mundial del Comercio. La administración de Fox promovió la creación del Área de Libre Comercio de las Americas (ALCA) y la ciudad de Puebla fue sede interina de las negociaciones.

México ha firmado 13 tratados de libre comercio (TLC) con 43 países:

---

[174] *Ibídem.*

- TLCAN (1994) con los Estados Unidos y Canadá;
- Grupo de los tres o G-3 (1995) con Colombia y Venezuela; éste último terminó el acuerdo en 2006; México anunció su intención de invitar a Ecuador, Perú o Panamá en su lugar;
- TLC con Costa Rica (1995);
- TLC con Bolivia (1995);
- TLC con Nicaragua (1998);
- TLC con Chile (1999);
- TLC con la Unión Europea (2000);
- TLC con Israel (2000);
- TN (2001), con Guatemala, El Salvador y Honduras;
- AELC, Asociación Europea de Libre Comercio, (2001) con Islandia, Noruega, Liechtenstein y Suiza;
- TLC con Uruguay (2004); y
- TLC con Japón (2005)
- TLC con Perú (2012)

México es miembro observador del Mercosur y ha mostrado su interés en ser miembro asociado del organismo, iniciando negociaciones para establecer un TLC con Brasil, Argentina y Paraguay. Hasta 2007 existían negociaciones para un TLC con Corea del Sur, Singapur y Perú. Recientemente República Dominicana ha expresado su intención de firmar un

Tratado de Libre Comercio con México.[175] El parlamento australiano ha mostrado interés en un TLC con México.[176] Asimismo México es miembro del bloque comercial Alianza del Pacífico.[177]

5.2. TLCAN.

El Tratado de Libre Comercio de América del Norte (TLCAN) o más conocido internacionalmente como NAFTA por sus siglas en inglés, es el acuerdo más importante que México ha firmado en términos de la magnitud el comercio recíproco así como por su alcance. A diferencia del resto de los TLC que México ha firmado, el TLCAN es mucho más extenso en ámbito siendo complementado por el Acuerdo de

---

[175] *Embajador de México propone tratado de libre comercio entre su país y República Dominicana* publicado en Indotel, website del Instituto dominicano de las Telecomunicaciones. Obtenible en http://www.indotel.gob.do/index.php/cgblog/2115/Embajador-de-Mexico-propone-tratado-de-libre-comercio-entre-su-pais-y-Republica-Dominicana. Consultado el 23 de diciembre de 2015 a las 12:56hrs.
[176] *Vid: Australia proyecta TLC con Colombia y México.* Publicado en E&N el 21 de mayo de 2012. Obtenible en http://www.estrategiaynegocios.net/ultimahora/451569-330/australia-proyecta-tlc-con-colombia-y-mexico. Consultado el 18 de octubre de 2015 a las 13:34hrs.
[177] MARÍA ESTHER MORALES FAJARDO Y NOELLY KARLA SARRACINO JIMÉNEZ: *Los incentivos económicos de México en la Alianza del Pacífico.* Publicado en *Revista Trimestral de Análisis de coyuntura Económica.* Obtenible en http://www.uaemex.mx/feconomia/Publicaciones/e602/Ano_6_Nu m_2_Abril_Junio_2013_4.pdf. Consultado el 23 de noviembre de 2015 a las 12:55hrs.

Cooperación Ambiental de América del Norte (NAAEC) y el Acuerdo de Cooperación Laboral de América del Norte (NAALC).

El NAAEC establece estándares ambientales unificados para los tres países del NAFTA, para evitar que las compañías se mudaran al país que tuviese las regulaciones ambientales más relajadas. El NAAEC, además, estableció tres organismos: la Comisión para la Cooperación Ambiental de América del Norte (NACEC), un mecanismo para discutir sobre temas ambientales trinacionales, el Banco de Desarrollo Norteamericano (NADB), el cual financia los proyectos para la reducción de la contaminación industrial, y la Comisión para la Cooperación Ambiental Fronteriza (BECC). Las dos últimas han financiado 36 proyectos en México relacionados con al contaminación del agua en las regiones fronterizas. Ya que el NAFTA fue complementado con el NAAEC, es considerado el tratado de libre comercio "más verde", aunque siendo pionero en este rubro, no existen parámetros fijos de comparación.

El NAALC creó un fundamento de cooperación entre los tres países para la resolución de problemas laborales y entre los sindicatos y las organizaciones sociales para mejorar las condiciones laborales. Aunque la mayoría de los economistas argumentan que es difícil medir el impacto directo del NAALC en México, la mayoría concuerda que ha logrado una convergencia en los estándares laborales de

Norteamérica, pero, dadas sus limitaciones inherentes, no ha producido (ni fue diseñado para producir) una convergencia en tasas de desocupación, productividad ni mucho menos en salarios.

Los beneficios generales del NAFTA han sido cuantificados por diversos economistas cuyos reportes se han publicado en diversas instituciones, como las *Lecciones del NAFTA para Latinoamérica y el Caribe*, del Banco Mundial, *El impacto del TLCAN en Norteamérica*, y *Evaluando el TLCAN*, por el Instituto de Economía Internacional. Los tres estiman que el NAFTA ha sido positivo para México cuyas tasas de pobreza han disminuido y cuyos salarios reales han aumentando, aún considerando la crisis económica de 1994. Sin embargo, todos concuerdan que no ha sido suficiente (o lo suficientemente rápido) para producir una convergencia económica, no ha reducido las tasas de pobreza de manera considerable, ni ha logrado que México experimente tasas de crecimiento elevadas. Algunos han sugerido que para beneficiarse realmente del NAFTA, México debe invertir más en educación e innovación, modernizar la infraestructura y la agricultura, así como el sistema tributario. De igual manera, debe seguir pugnando por una reducción de los elevados subsidios que sus socios norteamericanos destinan a la agricultura y/o elevar los subsidios nacionales a este rubro.

El TLCAN es el bloque comercial más grande del mundo. En relación con la cantidad de comercio realizada entre los tres países, existen pocas disputas comerciales, o relativamente pequeñas en términos monetarios. Las disputas se resuelven en paneles diseñados por el NAFTA o en la OMC. Las disputas más significativas son la libre circulación de transportes de carga de México a los Estados Unidos, conflictos con la producción de azúcar, y la continuidad de algunos embargos en frutas o verduras en las que México tenía ventaja comparativa (como el aguacate y el tomate), la mayoría de los cuales ya han sido eliminados.

6. México en el contexto internacional.

La economía es una ciencia social muy cercana a la vida cotidiana, implicada en la manera en que se utilizan los recursos (sean o no monetarios), satisfaciendo necesidades ilimitadas. Los mexicanos diariamente consumen productos para su subsistencia los cuales son el resultado final de una cadena de producción en la que muchas veces están involucrados. De la economía mucho se habla de los datos, mismos en que descansan las aproximaciones y estimaciones sobre los mercados (cualesquiera que sean) pero se llega a descuidar el aspecto humano que es también sumamente importante y trascendental, ya que el dinero por si solo, sólo nos da opciones, y pocas veces se analiza al dinero como aquello que recibe al brindar cierto bien o servicio a los demás; el dinero es desde otro punto de vista, una recompensa por servir a los demás y entre más especializado, útil y singular se sea para los demás, existe la posibilidad de cotizarse mejor y recibir más dinero. México juega un papel cada vez más relevante en el panorama internacional. El incremento demográfico que paulatinamente vivió durante el siglo pasado, junto con la etapa de industrialización y las recientes mejoras de las comunicaciones e infraestructuras, se han reflejado en la economía nacional hasta el punto de que, a nivel global, México llegó a entrar en el exclusivo grupo de países más ricos del mundo por PIB. No obstante, los indicadores del Banco Mundial dejan entrever que todavía queda mucho margen para la mejora, especialmente en el terreno social (la tasa de Internet en México apenas llega al 25 %), en lo relativo a riqueza per cápita (México ocupa el puesto 46º en las economías con mayor renta per cápita del mundo), y sobre todo, en lo referido a la competitividad global. Según el Foro Económico Mundial, México ocupa en 2011 el puesto 66º de los países más competitivos. En la siguiente tabla se puede analizar el contexto socioeconómico de México a partir de datos del Banco Mundial, el Fondo Monetario Internacional y el Foro Económico Mundial:

Capítulo II: Sistema Económico cubano.

1. Breve historia económica anterior a la Revolución.

Al iniciarse la colonización de Cuba en la segunda década del siglo XVI, la isla estaba habitada por comunidades primitivas con diferentes niveles de desarrollo económico y social. De hecho, los mesoindios (siboneyes) se encontraban en una etapa pre-agroalfarero y apoyaban su supervivencia en faenas de caza menor, recolección de vegetales y en la pesca, mientras que los neoindios (taínos y subtaínos) practicaban la agroalfarería y su actividad económica fundamental resultaba la agricultura de la yuca para elaborar casabe, sin descuidar la caza menor, la recolección y la pesca. Los ciboneyes predominaban en la parte occidental del territorio, en tanto que los taínos y subtaínos tenían mayor densidad poblacional en la región oriental.[178]

Entre 1512-1550 los descubrimientos de oro en México y Perú dieron lugar a que la isla de Cuba fuera desestimada como fuente de riquezas minerales debido a la escasez de yacimientos de oro y plata con la que contaba.[179] Esta situación fue lo que propició que, en un principio, Cuba no fuera tan relevante para

---

[178] Tomado de GARCÍA MOLINA, JESÚS MRA.: *La economía cubana desde el siglo XVI al XX: del colonialismo al socialismo con mercado* en *Estudios y Perspectivas* serie publicada por la Unidad de Desarrollo económico de la CEPAL. México. febrero de 2005. P.11.
[179] *Vid*: FRIEDLAENDER, H. E.: *Historia Económica de Cuba,* La Habana. 1944.

España. No obstante, dicha percepción cambió desde que se empezó a percibir la importancia de la isla para el comercio marítimo. Fue a partir de ese entonces que los puertos cubanos se convirtieron en los principales almacenes y puntos de abastecimientos de las flotas antes y después de sus travesías trasatlántica.[180] En 1535 se otorgó la primera licencia para construir y operar un trapiche de azúcar en Cuba, pero fracasó ante la escasez de fuerza de trabajo, elinsuficiente capital y la inexistente protección oficial. De hecho, en 1595 se edificó el primer ingenio en los alrededores de La Habana, pero la agroindustria azucarera no tuvo importancia real hasta el siglo XVIII.[181] Ya entre 1550 y 1700 Cuba se convierte en un punto estrátegico militar significativo para España y otras potencias que ya observaban con recelo la isla. Durante este periodo la actividad económica fundamental de la isla fue la venta de materias primas que eran exportadas al viejo continente. Esta actividad seguía alternándose con la de centro portuario y de abastecimiento de las flotas como parte del itinerario de las mismas desde y hacia Europa.

Aunque el tabaco es un cultivo indígena, a partir de 1610 cobró importancia en la economía cubana por su desarrollo en ricas tierras de alrededor de La Habana. La ganadería bovina y caballar así como la explotación

---

[180] BROWN CASTILLO, GERARDO: *Cuba colonial,* La Habana. 1952. P.12.
[181] Tomado de GARCÍA MOLINA, JESÚS MRA: ob. Cit. P.11. También *vide*: ELY, ROLANDO T.: *La economía cubana entre las dos Isabeles*, La Habana. 1960.

forestal fueron también actividades preponderantes en aquel entonces. Esta última y la ubicación geográfica de la isla facilitaron el desarrollo de la rama de reparación de barcos que posteriormente se transformaría en construcción naval, complementándose así con producciones artesanales de cobre, orfebrería y hojalata. Durante el período 1700-1762 declinó la autonomía de la colonia y ésta se transformó en abastecedora de bienes agrícolas y ganaderos ante el cierre de su comercio internacional. A pesar de tener Cuba excelentes condiciones para el cultivo dela caña de azúcar, se mantuvo al margen de la economía de plantación hasta mediados del siglo XVIII. En esos años se crearon las bases de lo que sería posteriormente el prestigio y la fama mundial del dulce y la rama aromática.[182]

Los problemas monetarios y financieros se plantearon inicialmente en el período posterior a la toma de La Habana por los británicos (1762), ante la ausencia de un sistema bancario que suministrara dinero y documentos de crédito a las actividades productivas en correspondencia con la expansión económica de la época. En realidad, el sistema crediticio apareció tardíamente, ya que las instituciones bancarias demoraron en crearse, por lo que el financiamiento de las actividades productivas fue realizado de forma diversa pero principalmente por comerciantes-refaccionistas con elevadas tasas de interés sobre el capital invertido. Así, por ejemplo, la zafra azucarera

---

[182] Ibídem.

fue financiada por los comerciantes exportadores o por meros financieros (esclavistas, terratenientes u otros) llamados refaccionistas que eran los encargados de suministrar todos los insumos de las fincas y que conformaban una especie de bancos particulares. En cambio, la factoría anticipaba a los vegueros recursos financieros para la adquisición de insumos para el cultivo del tabaco, entre éstos, alimentos para los esclavos.[183]

Como ya habíamos hecho mención en 1762 se produce la toma de la Habana por los ingleses, hecho que evidenció la debilidad de las flotas españolas en el Caribe.[184] Se considera que durante este periodo el sistema económico cubano ganó mucho en organización y seriedad. Ello fue lo que provocó que una vez recuperada la isla por los españoles se prestara más atención sobre las potencialidades económica y de la isla y, de esta manera, se revelaran las potencialidades naturales de esta.[185]

El cultivo de la caña de azúcar ya se conocía en Cuba desde el siglo XVI, pero no fue hasta estos momentos de toma de conciencia de las potencialidades

---

[183] Ibídem.

[184] LAVERY, BRIAN: *The Ship of the Line: The development of the battlefleet 1650-1850*. Tomo I. Londres: Conway Maritime Press.UK. 2003; SYRETT, DAVID: *The Siege and Capture of Havana, 1762*. Londres: Navy Records Society. UK. 1970.

[185] WINFIELD, RIF: *British Warships of the Age of Sail 1714–1792: Design, Construction, Careers and Fates*. Londres: Seaforth. UK. 2007; GREENTREE, DAVID: *Far-Flung Gamble. Havana 1762*. Oxford: Osprey Publishing.2010.

climatológicas, geográficas y atmosféricas de la isla que se empieza a explotar con más seriedad. Es por eso que desde la Toma de la Habana por los ingleses hasta la década del 60 del siglo XIX se incrementan las producciones de azúcar, mieles y ron, cera, aguardiente, maderas preciosas, cobre, entre otras. Otra de las derivaciones de la Toma de la Habana por los ingleses fue la importación de esclavos, pues durante los meses que duró la ocupación inglesa se multiplicó varias veces el número de esclavos importados que ya existían en la isla a la llegada de los británicos. Esta tendencia continuó una vez recuperada la isla por los españoles.[186] Esta segunda mitad del siglo XVIII y primera mitad del siglo XIX también se vio caracterizada por una significativa inmigración de españoles y franceses provenientes de Santo Domingo y Puerto Príncipe respectivamente. En esta oleada migratoria había influido la Revolución Haitiana y la

---

[186] Durante la primera mitad del siglo XIX la economía cubana registró un significativo crecimiento sustentado en las producciones derivadas de la caña de azúcar (azúcar cruda, mieles, aguardiente y ron), tabaco torcido, café, cera, miel de abejas, cobre y maderas preciosas. Cabe destacar que ante los efectos de la revolución haitiana, en el período 1820-1850 Cuba más que quintuplicó la producción azucarera (295.000 toneladas) y casi duplicó su peso relativo en el total del planeta (véase el cuadro 1 del anexo estadístico). Se convirtió así en la primera economía exportadora mundial de azúcar hasta la década de 1870, cuyo producto constituyó el primer bien básico alimentario. Asimismo, durante los primeros 40 años del siglo XIX se transformó en el principal país exportador de café, sólo superado en algunos lapsos por Brasil. La producción y exportación de tabaco en rama y elaborado se expandió considerablemente en este período (véanse los cuadros 3 y 4 del anexo estadístico). Comentario tomado de GARCÍA MOLINA, JESÚS MRA: ob. Cit.

firma del Tratado de Basilea de 1795. Como es evidente, durante todo este proceso de reafirmación del sistema económico cubano el sistema esclavista se fue fortaleciendo hasta mediados del siglo XIX en que comenzó a manifestar crisisi severas.

Por su parte el sistema bancario en Cuba se remonta a esa primera década del siglo XIX en la que se manifestaba el crecimiento económico antes descrito. Fue durante este periodo que se experimentó también un crecimiento del transporte ferroviario y desde el punto de vista social un aumento del mestizaje, pues la población negra en Cuba ascendía a un 58% de la misma. Fue en 1854 que se creó la Caja Real de Descuentos, que pasaría luego a ser el Banco Español de La Habana. En 1857 se fundó el Banco de Cuba en la oriental Ciudad de Santiago. Ya en los inicios de la década de 1860 prestaban servicios unas 15 instituciones financieras y se comenzaba a desarrollar el sistema crediticio con el establecimiento de diversas instituciones como la Caja Agrícola de Cárdenas, el Banco Agrícola e Industrial, la Caja Mercantil de Matanzas y el Banco Mercantil de Santiago de Cuba.[187]

Ya en la segunda mitad del siglo XIX se inicia la "Guerra de independencia cubana" o "Guerra de los 10 años". ello provocó la quiebra de varias instituciones bancarias y una recaída de la economía nacional. No obstante, Cuba siguió fungiendo como un centro clave para la expansión de la flota española en el nuevo

---

[187] Tomado de GARCÍA MOLINA, JESÚS MRA: ob. Cit.P. 15.

mundo. La guerra de independencia cubana fracasó para los mambises cubanos dada la manifestación de varios factores como la falta de unidad, la indisciplina jerárquica y el regionalismo. Esta llegó a su fin en 1878. Posteriormente en Cuba reinó un periodo conocido como "Tregua Fecunda" (1878-1895) que permitió una leve recuperación pero muy insignificante dado que la lucha por la independencia fue retomada en 1895 y duró hasta 1898. Este periodo se conoce históricamente como "Guerra Chiquita." Aquí es importante destacar que ya hacia 1890 el 90 % de la producción de azúcar cubano y sus derivados era exportado hacia Estados Unidos. Ello evidenciaba el grado de dependencia económica tan grande que había contraído el sistema económico cubano con sus vecinos del norte.

El desenlace y desarrollo de la ocupación estadounidense en Cuba se dio a lugar durante la lucha entre Cuba y la dominación colonial española, marcando el inicio de una época en la que desaparecieron de la política de EE. UU. las más débiles huellas de consideración hacia las fuerzas revolucionarias cubanas. A finales de 1897 y a principios de 1898 desaparece por completo la falsa posición de EE. UU. de ayudar la lucha armada cubana y empiezan ya mostrar su verdadero interés por Cuba que no era más que abrirle paso a los inversionistas estadounidenses el mercado cubano, que se consideraba lleno de perspectivas. Estas intenciones quedaron claramente evidenciadas con las negociaciones del Tratado de París (firmado el 10 de diciembre de 1898), [188] en el cual son excluidas las exigencias cubanas y donde los territorios que le eran arrancados a España quedaban bajo el poder estadounidense. [189]

Los combates se realizaron por completo en la costa sur del oriente de Cuba. Los buques estadounidense desembarcaron con un considerable ejército para la ayuda a los mambises. Se expulsaron a los españoles y se logró por completo una independencia.

Aun así existieron graves problemas. Las tropas estadounidenses, que se autoproclamaron liberadoras de Cuba, desfilaron en varias ciudades —incluyendo La Habana— y apenas se mencionó el esfuerzo de los mambises. Esto trajo desacuerdos, como el del general Calixto García, que hizo una carta al general Sheafter. Él mismo había desembarcado con 16 000 hombres a combatir en la bahía de Santiago de Cuba. Avanzó bajo el respaldo cubano por el sur y el este mientras los cubanos retiraron a las fuerzas españolas desde el norte. Éstas contaban con la imponente cifra de 50 000 hombres. Finalmente abandonaron su importante colonia.

---

[188] *Vid*: PLACER CERVERA: GUSTAVO: *El Tratado de París de 1898: La oficialización de una ignominia*. Publicado en Periódico Granma el 10 de diciembre de 2008. Cuba.

[189] Lo referente al proceso de ocupación norteamericana ocurrido entre 1898-1902 tratado en esta obra de aquí en adelante ha sido tomado del artículo *Primera ocupación estadounidense en Cuba* en la enciclopedia ecured y wikipedia. El contenido tratado aquí ha sido corroborada con bibliografía complementaria.

La situación tomaba otro rumbo, la actitud aparentemente desinteresada que hizo EE. UU., se convirtió en una ocupación militar que sometió a Cuba hasta dejarla prácticamente vulnerable sin su protección.

A la entrada del general Word entró en Santiago de Cuba después de la rendición de los españoles ocupantes de la isla y respondiendo este a sus ideas anexionistas se produce el primer acto de soberanía de la ocupación estadounidense, el 13 de diciembre de 1898 el gobierno revolucionario decreta una rebaja de aranceles a los productos estadounidenses que entraban a Cuba, siendo una de las tramas del gobierno estadounidense para la dominación económica de Cuba, pues se trataba de un acto unilateral, ya que los productos cubanos no sufrían ninguna rebaja de aranceles al entrar a EE. UU.

Las tropas estadounidenses igualmente bloquearon los puertos a La Habana. Este acontecimiento hizo un corte de suministros a la ciudad de alimentos y medios básicos, lo que causó descontento. El hecho de una ocupación militar estadounidense hizo que muchos cubanos cambiaran de opinión, como Máximo Gómez.

Junto a la bandera cubana, en el Morro, ondeaba la estadounidense y se escuchó luego de la victoria el himno estadounidense, como si se intentase opacar la cubana.

Desde el 1 de enero de 1899, al iniciarse oficialmente la ocupación militar estadounidense y bajo los temores de que los cubanos continuaran su lucha, unas de las primeras medidas del gobernador militar Brooke (del 6 de enero de 1899) fue el dejar a la población cubana y —más importante aun al ejército libertador sin armas, con el objetivo de quitar toda posibilidad de resistencia al gobierno estadounidense. Para tal hecho se había organizado por parte del ejército libertador una representación que había partido para Washington encabezada por Calixto García Iñiguez quien murió en desempeño de su función, la propuesta del presidente estadounidense McKinley fue de 3 millones de dólares para comprarle a cada cubano su fusil y todas las balas que portaban, en la actual situación en que se encontraban los libertadores cubanos de frustración por ver echados por la borda todos sus intereses y la miseria que existía a causa de la explotación y lucha armada la mayoría apoyaron la acción.

Una de las medidas del gobierno provisional fue la desintegración del Ejército Libertador. Esto resultaba una excusa para tener en sus manos por completo a Cuba y quedar como soberanos libertadores. Se jubilaría a todos sus participantes y se hiciera deshacer el PRC (Partido Revolucionario Cubano, fundado por José Martí). Muchos de estos jubilados eran veteranos de cierta edad que no vivirían mucho tiempo para disfrutar de dicho salario, por lo que no constituía una inversión tan significativa como daría la impresión.

No obstante que William Shafter dirigió a las fuerzas estadounidenses, el mando de la isla lo obtuvo Leonardo Wood, militar estadounidense. Así continuó hasta los primeros años del siglo XX. Se organizaron elecciones para la presidencia del país luego de que de una vez se retiraran las fuerzas estadounidenses. Los candidatos fueron Máximo Gómez, Bartolomé Masó y Tomás Estrada Palma (pues Calixto García falleció en 1898). De ellos fue elegido el último, que tomaría el poder desde 1902 hasta 1906, tras su muerte.

Enmienda Platt (tratado) constituida para una nueva constitución y leyes implantadas para la República de Cuba. Era un conjunto de leyes que en realidad favorecían intereses estadounidenses y creaban dependencia.[190]

El 28 de febrero de 1901, el senador estadounidense Orville H. Platt propone enmendar la Ley de Gastos del Ejército, incluyendo en ésta una cláusula que regulara las relaciones entre el nuevo estado independiente cubano y los Estados Unidos.

Esta enmienda recibe el apoyo del legislativo estadounidense y de la presidencia, tras lo cual el gobernador militar de Cuba entrega la Resolución a la Convención Constituyente.

---

[190] Con este párrafo concluye la reproducción del artículo *Primera ocupación estadounidense en Cuba* en la enciclopedia ecured y wikipedia.

Los representantes cubanos la reciben sin un ápice de agrado, debido a varias de sus condiciones:

- No contempla la jurisdicción única del territorio de la provincia de Cuba bajo dominio español, excluyendo de hecho la Isla de Pinos del resto de la jurisdicción.

Artículo VI: *...la Isla de Pinos será omitido de los límites de Cuba propuestos por la Constitución, dejándose para un futuro arreglo por Tratado la propiedad de la misma.*

- Condiciona el arrendamiento de ciertos servicios.

Artículo VII: *...para poner en condiciones a los EE.UU. de mantener la independencia de Cuba y proteger al pueblo de la misma, así como para su propia defensa, el Gobierno de Cuba venderá o arrendará a los EE.UU. las tierras necesarias para carboneras o estaciones navales en ciertos puntos determinados que se convendrán con el Presidente de los EE.UU.*

- Permite la intervención política y militar:

Artículo III: *...el Gobierno de Cuba consiente que los Estados Unidos pueden ejercitar el derecho de intervenir para la conservación de la independencia cubana, el mantenimiento de un Gobierno adecuado para la protección de vidas, propiedad y libertad individual y para cumplir las obligaciones que, con respecto a Cuba, han sido impuestas a los EE.UU. por*

167

el Tratado de París y que deben ahora ser asumidas y cumplidas por el Gobierno de Cuba.

- Restringe las relaciones exteriores:

Artículo I: *...el Gobierno de Cuba nunca celebrará con ningún Poder o Poderes extranjeros ningún Tratado u otro convenio que pueda menoscabar o tienda a menoscabar la independencia de Cuba ni en manera alguna autorice o permite a ningún Poder o Poderes extranjeros, obtener por colonización o para propósitos militares o navales, o de otra manera, asiento en o control sobre ninguna porción de dicha Isla.*

- Limita la deuda pública:

Artículo II: *...dicho Gobierno no asumirá o contraerá ninguna deuda pública para el pago de cuyos intereses y amortización definitiva después de cubiertos los gastos corrientes del Gobierno, resulten inadecuados los ingresos ordinarios.*

El 8 de junio de 1901, el Secretario de Guerra estadounidense proclama que la ley deberá cumplirse tal cual fue aprobada por el legislativo, no estando el Poder Ejecutivo legitimado para modificarla, de tal manera que esta enmienda se converte en condición *de facto* para la devolución de la soberanía.

Finalmente, el 12 de junio, la Convención decide incorporar esta enmienda a la Constitución, con 16 votos a favor y 11 en contra.

Igualmente importante fue para el esbozo de la economía cubana el Tratado de Reciprocidad comercial.

La principal tarea de Estrada Palma impuesto tras manejos fraudulentos fue formalizar los tratados derivados del apéndice constitucional. El 22 de mayo de 1903, delegados plenipotenciarios de ambos gobiernos firmaron el "Tratado Permanente determinando las relaciones entre la república de Cuba y los EE.UU.", donde se incluían los sietes primeros artículos de la Enmienda Platt, y un octavo referente a la concertación del propio tratado, llamado a ser la "base legal" para la firma de los demás.[191] Con anterioridad, fue firmado el "Convenio de 16-23 de febrero de1903, entre la República de Cuba y los EUA para arrendar a los EEUU (bajo las condiciones que

---

[191] El artículo I del acuerdo de 16-23 de febrero de 1903 establecía:
"La República de Cuba arrienda por el presente a los EEUU por el tiempo que las necesitaren y para el objeto de establecer en ellas estaciones carboneras y navales, las extensiones de tierra y agua situadas en las Isla de Cuba...".Mientras en el artículo tercero del correspondiente tratado de 1934 se señalaba: "En tanto las dos partes contratantes no se pongan de acuerdo para la modificación o abrogación de las necesitaren y para el objeto de establecer en ellas estaciones carboneras y navales, las extensiones de tierra y agua situadas en las Isla de Cuba...".Mientras en el III del tratado de 1934 se señalaba: "En tanto las dos partes contratantes no se pongan de acuerdo para la modificación o abrogación de las estipulaciones del convenio firmado por el presidente de la República de Cuba el 16 de febrero de 1903, y por el presidente de los EUA el 23 del mismo mes y año,... seguirán en vigor las estipulaciones en cuanto a la estación naval de Guantánamo".

habrán de conveniarse por los dos gobiernos) tierras en Cuba para estaciones carboneras y navales", preámbulo para la adopción del 2 de julio de 1903, mediante el cual se reglamenta el arrendamiento. Con respecto al convenio de 16-23 de febrero de ese año, es preciso destacar que gracias a los esfuerzos diplomáticos de cubanos independentistas se logró que los territorios para bases no fueran vendidos o concedidos, sino arrendados, y que La Habana no figurara como territorio para ello, pues de los cuatros enclaves pretendidos (Nipe, Cienfuegos, Guantánamo y Bahía Honda), solo se acordaron las dos últimas, más tarde limitada únicamente a Guantánamo, así como que EEUU ejercerían jurisdicción sobre ellas mientras la ocupasen, pero la soberanía correspondía a Cuba. En esos documentos, incluido el Tratado de Relaciones de 1934 se ha ignorado la temporalidad del arriendo, lo cual constituye un absurdo jurídico al no reconocer el derecho del propietario de algo arrendado a recobrarlo en determinados momentos.[192]

El Tratado de "Reciprocidad Comercial" trajo como consecuencia que el mecanismo total o dinámica de la economía cubana resultaba adaptada a las necesidades del imperialismo norteamericano: el monocultivo azucarero, el latifundio, la falta de

---

[192] *La Neocolonia hasta 1925.* Publicado en la enclopedia CubaEduca. Obtenible en http://historia.cubaeduca.cu/index.php?option=com_content&view =article&id=10300%3Ala-neocolonia-hasta- 1925&catid=405%3Atemas. Consultado el 23 de diciembre de 2015 a las 23:11hrs.

desarrollo y de diversificación de una industria de agricultura nacionales y de un mercado interno serían solamente manifestaciones de este fenómeno central. Los industriales norteamericanos gracias a los aranceles preferenciales concedidos a sus productos, desplazaban los productos europeos (ingleses, francés, alemanes) del mercado cubano, sobre el cual ejercían un control monopólico y, además impedían el desarrollo de una industria nacional que pudiesen competir con sus productos al no existir barreras proteccionistas. Los intereses monopolistas norteamericanos que tenían inversiones en el azúcar cubano podrían exportar a EE.UU. este producto sin padecer los aranceles que protegían el azúcar de los productores estadounidenses y con ventajas considerables sobre otros suministradores internacionales de azúcar al mercado norteamericano.[193]

No es de extrañar que a partir de 1925 se comienza amanifestar un descontento entre los empresarios cubanos debido a las pocas ventajas que aportaba la dinámica comercial del sistema cubano dirigido principalmente en casi un 90% hacia Estados Unidos. Ello provocó una crisis económica y política en la isla. El ascenso de Gerardo Machado a la presidencia en 1925 representa la alternativa de la oligarquía frente a la crisis latente. El nuevo régimen intenta conciliar en su programa económico los intereses de los distintos sectores de la burguesía nacional y el capital

---

[193] Ibídem.

estadounidense, ofrece garantías de estabilidad a las capas medias y nuevos empleos a las clases populares, todo ello combinado con una selectiva pero feroz represión contra adversarios políticos y movimientos opositores. Su programa económico se concentraba en la reducción de inversiones, la política de reducción de zafra (para estimular los precios deprimidos del azúcar en el mercado mundial), la reforma arancelaria, cuyo objetivo era elevar los aranceles a productos extranjeros que se podían producir en Cuba y que se compraban en Estados Unidos como el café, arroz, huevos, carnes y otros, y el famoso Plan de obras públicas, mediante el cual se intenta reducir el desempleo creando puestos de trabajo en obras improductivas y temporales como el Capitolio, la escalinata universitaria, la Carretera Central, etc. En este contexto se va conformando una crisis generalizada, aumentada por la Crisis económica mundial de 1929 a 1933 cuyos efectos en Cuba agravaron la situación existente, crea una situación revolucionaria, el pueblo estaba dispuesto a luchar. Casi todas las facciones de la sociedad se organizan para hacer frente a Machado, desde grupos de derecha como "Unión Nacionalista" dirigido por Carlos Mendieta, de centro como el Directorio Estudiantil Universitario, de izquierda como la CNOC, el Partido Comunista, el grupo Unión Revolucionaria de Antonio Guiteras y el Ala Izquierda estudiantil y hasta grupos de corte fascista como el ABC el cual era un grupo celular armado y secreto, su objetivo era crear un "estado fuerte" que garantizara la armonía social, entre

172

sus líderes se encontraba Jorge Mañach. La mediación del embajador estadounidense Sumner Welles no pudo evitar la caída de Machado pero sí impidió el triunfo popular: Welles le sale al paso a la huelga y apoyado por el ABC e impone como presidente a Carlos Manuel de Céspedes (hijo) que gobernará del 13 de agosto de 1933 al 4 de septiembre de 1933. El 4 de septiembre de 1933 mediante un Golpe de Estado, el sargento Fulgencio Batista destituye a Céspedes. Esta sublevación tiene el apoyo del Directorio Estudiantil y Batista se convierte en Jefe del Ejército con el grado de coronel. Este Golpe de Estado crea el Gobierno de la Pentarquía que durará apenas 6 días desde el 4 hasta 10 de septiembre de 1933. Bajo la autoridad del Directorio Estudiantil y Batista, la pentarquía se transformó en el gobierno de los Cien Días. Este gobierno de los Cien Días, encabezado por Ramón Grau como Presidente y Antonio Guiteras como Secretario de Gobernación, critica y se opone a la Enmienda Platt y toma medidas de marcado carácter popular (aplicación de la jornada laboral de 8 horas, reparto de tierras a los campesinos, legalización de los sindicatos, otorgamiento de la autonomía universitaria, rebaja de la tarifa eléctrica, intervención de la compañía eléctrica estadounidense, etc.).[194]

Con el *Crush* de la bolsa de Nueva York se sacude la economía latinoamericana; pero fue Cuba quien más se sacudió con esta crisis generada en la región. Debemos tener en cuenta que el 80% de sus ingresos

---

[194] Vid: Historia de Cuba. Enciclopedia Ecured y Wikipedia.

de exportación provenían del azúcar y el 75 % se exportaba hacia Esados Unidos. El país estaba fuertemente comprometido con la economía norteamericana y los aranceles eran muy bajos. A ello sumamos que Cuba dependía grandemente de las importaciones de bienes de consumo e inversión. Ya desde los años 20 el precio del azúcar había bajado considerablemente por lo que la entrada de Cuba a la crisis fue con una economía deprimida y con débiles ingresos de exportaciones. Todo esto intensificó la indefensión económica de Cuba y su dependencia a la economía norteamericana. No obstante, la economía cubana debía también su decadencia debido a que Estados Unidos estaba precticando la sustitución de azúcar de caña por azúcar de remolacha.

Al bajar la demanda de azúcar el precio comenzó a bajar y la economía cubana empezó a perder ventaja en términos de intercambio: ahora necesitaba vender más toneladas de azúcar para poder importar del extranjero la misma cantidad de otro producto que antes, es decir: si en 1900 tenía que vender una tonelada de azúcar por cada coche que compraba, en 1950 tenía que vender dos toneladas para poder comprar un coche extranjero.[195] Todas esta crisis y la corrupción del gobierno sumado a las políticas económicas de servidumbre, fue lo que provocó que

---

[195] OXLAD. «Base de datos de la OXLAD» (en inglés). Archivado desde el original el 29 de junio de 2012. Obtenible en https://archive.is/20120629003523/http://oxlad.qeh.ox.ac.uk/. Consultado el 28 de diciembre de 2015.

posteriormente al golpe de Estado de 1952 encabezado por Fulgencio Batista la población mayoritaria del país apoyara a los jóvenes moncadistas liderados por Fidel Castro, ya que las medidas del nuevo gobierno incentivaban la dependencia económica hacia Estados Unidos y la precariedad de la economía nacional. Todo este proceso culminó con el triunfo de la Revolución cubana el 1 de enero de 1959 y la entrada de los guerrilleros a La Habana.

Respecto al periodo comprendido entre 1945 y 1959 mucho se debate sobre la realidad económica de Cuba. Por un lado se dice que la presencia de la mafia, la corrupción y otros flagelos sociales había destrozado la economía cubana conjuntamente a los estragos de la crisis azucarera y la depndencia económica hacia Estados Unidos. Por otro lado, otros consideran y reflejan en diversa bibliografía que la economía cubana realmente, aún con los desaciertos antes mencionados, superaba la de muchos países europeos y se postulaba como uno de los estándares de América Latina. Independiente de la dicotomía que existe en la bibliografía especializada sobre este tema, lo cierto es que las diferencias sociales y económicas entre los mismos cubanos cada vez era mayor y eso se comprobó con la propia huelga general que puso fin a la tiranía batistiana.

2. Historia económica reciente.[196]

Con el triunfo de la Revolución nace prácticamente un nuevo modelo económico en Cuba: El modelo económico socialista cubano. Las primeras ideas, conforme a este, giraron entorno a aterrizar aquellas premisas del alegato de defensa de Fidel Castro conocido como "La Historia me absolverá". Así surge la reforma agraria y se promueve el desarrollo endógeno industrial cubano en sectores como la industria azucarera, minera y energética. Con el propósito de consolidar este nuevo sistema o modelo económico se crea la junta central de planificación en marzo de 1960 y en agosto de ese mismo año se nacionalizan las empresas dedicadas a la explotación energética en el país, las refinerías de petróleo y todo lo referido a la industria azucarera. El objetivo no era otro que ir centralizando la economía y consolidarla sobre la base de la planificación. Por eso, en 1961 se crea el aparato administrativo estatal cubano post revolucionario y se empieza a elaborar el primer plan de desarrollo de la economía cubana. Así, desde el año 1962 se crea el precedente y la tradición socialista en Cuba de crear planes anuales convirtiendo la planificación en el eje constante del desempeño económico y de las

[196] Lo referido en este epígrafe es tomado de AGUILAR AVILÉS, DAGER: *Cuba hoy y Estados Unidos: La dialéctica de sus relaciones bilaterales.* Ed. (proyecto)Editorial Honoris-Europa. Estados Unidos. 2015. P. 11 y ss.

relaciones socialistas de producción en el país.[197] Es entonces sobre la base de estos conceptos que queda instaurado el modelo económico centralizado cubano que respondía a los esquemas existentes en la extinta Unión Soviética basada en balances materiales. Uno de los primeros retos que impuso la realidad cubana a nuestro sistema económico fue el tema de la gestión empresarial que era sumamente deficiente, motivo por el cual en 1964 se somete a revisión. Ernesto Che Guevara en aquellos momentos defendía la idea de establecer un sistema presupuestario a las empresas para de esta forma controlarlas; es decir, otorgarles un presupuesto anual sobre la base de la actividad planificada centralmente. Otra idea era otorgarles metas anuales desde el órgano central y que estas autogestionaran su actividad cubriendo sus gastos con sus ingresos y así estimular la creatividad empresarial. Finalmente fue la primera de estas tesis la que prevaleció. No obstante, en los años sucesivos siguió revisándose dicho modelo económico. A modo de ejemplo podemos decir que la estructura administrativa cubana se redujo considerablemente en apenas 5 años pero, a pesar de ello, los resultados de la economía fueron muy desfavorables porque consecuentemente hubo mucha más circulación de dinero, lo cual provocó

---

[197] Con ello no queremos decir que Cuba sea pionera en el modelo de planificación de la economía, pues este es típico de los países socialistas que ya desde la constitución de la Unión de Repúblicas socialistas Soviéticas lo practicaban y posteriormente comenzó a practicarse igualmente en China.

ineficiencia en la actividad productiva y un déficit en la balanza comercial.

En el primer quinquenio de los años 70 se inicia un segundo proceso de rectificación de errores en aras de modificar el modelo económico cubano. Se inicia la institucionalización del país para fortalecer el aparato estatal, se restablece el principio de distribución con arreglo al trabajo, se eliminan gratuidades y otras medidas de seguridad social, se fortalece el proceso inversionista, se logra un desarrollo más proporcional entre los sectores de la economía y de la esfera social y se restablecen los cobros y el pago, la contabilidad y el costo, así como el presupuesto del Estado. En esta etapa se logra una mayor participación de las masas en la solución de tareas.[198] En los siguientes quince años la economía cubana creció ininterrumpidamente en un promedio de un 5.3%. En ello influyó grandemente el vínculo comercial establecido con el CAME, la creación de las cooperativas agropecuarias y áreas de autoconsumo,[199] así como el mercado libre campesino. Fue a partir de la segunda mitad de la década de los años 80 que se empiezan a percibir determinadas deficiencias en la aplicación de los

---

[198] Es en este periodo que se inician las brigadas de construcción conocidas en Cuba como micro-brigadas. Se fortalece el trabajo juvenil en áreas agrícolas y tareas productivas priorizadas, etc. Al respecto vid: VILLALÓN-MADRAZO, KENIA MARIELLA: *La planificación y el Modelo económico Cubano* en *Anuario Facultad de Ciencias Económicas y Empresariales*. Publicación julio-sept. 2011. P.41.

[199] Un ejemplo de ello fueron la creación de los huertos escolares, organopónicos urbanos, etc.

planes de exportación de cítricos y minerales. En un análisis que se hiciera en ese momento, dígase año 1985 en adelante, se percibió que la producción agrícola y una buena parte de las empresas que estaban llamadas a producir para sustituir importaciones estaban dependiendo de recibir los recursos del exterior.[200] De esta forma disminuyeron los ingresos y los niveles de producción de bienes y, por supuesto, crecieron los desbalances comerciales. Estos balances conllevaron a que a partir de 1986 se iniciara un tercer proceso de rectificación de errores y de competitividad del modelo económico. En esta ocasión el llamado del gobierno cubano a la población fue sobre la base de mayor eficiencia y ahorro. Es en este periodo cuando se inicia un proceso de verificación y análisis constante de la eficiencia del modelo económico cubano evidenciándose entonces que en los años anteriores hubo mucha demora en los proyectos y un movimiento muy significativo de gran cantidad de recursos en sus ejecuciones lo cual conllevó al despilfarro, la lentitud, el divorcio inter-ramal y un gran burocratismo. Por estas razones se crean los llamados "programas de la Revolución" que permitieron un mayor enfoque en determinadas áreas necesitadas de atención. Así se creó el programa alimentario que procuró aumentar la productividad de los derivados del ganado por medio del empleo de tecnología avanzada, el programa de la biotecnología que permitió crear una infraestructura científica en la medicina y el programa

---

[200] VILLALÓN-MADRAZO, KENIA MARIELLA: ob. Cit. P. 41.

de turismo que buscaba estimular la inversión extranjera. Lo nefasto de estas proyecciones fue que antes de que dieran a luz a sus resultados se produjo la caída del campo socialista y entre 1990 y 1992 Cuba vio reducida sus importaciones en un 75%.

Ahora bien, como es evidente, el modelo económico socialista cubano ha transitado durante su historia por momentos de bonanza y de crisis. Para muchos se trata de un sistema que a ciencia cierta y evidente no ha gozado de una estabilidad constante; quizás por presiones externas del bloqueo más largo de la historia impuesto por Estados Unidos a la isla por más de medio siglo y, por otra parte, pudiera ser por los errores administrativos del ejecutivo cubano. Para otros más eclécticos se trata simplemente de ambas causales mezcladas con un poco de fatalismo dado el escenario económico internacional que se respira desde finales del siglo pasado.

No cabe dudas de que el modelo económico cubano tuvo su última época de bonanza, si así pudiéramos llamarle, en la década de los años 80` del siglo pasado en que recibía grandes subsidios de la entonces Unión de Repúblicas Socialistas Soviéticas. Los cubanos que vivimos aquellos años recordamos con añoranza el bajo costo de los productos en los mercados y los servicios en el país, así como lo saturado de los abastecimientos de alimentos racionados (conocidos como las "bodegas" entre los cubanos). También recordamos el gran despilfarro de bienes y recursos que existía en la población como resultado de una conciencia social deformada producto de la abundancia y el exceso de gratuidades. Con la caída del campo socialista Cuba se vio inmersa en un profundo proceso de transformación social y económica caracterizado por constantes reformas que pretendían armonizar los principios socialistas con la cruda realidad que imponía el escenario mundial en el que el gobierno y el pueblo cubano tuvieron que desplegarse desde entonces. Fue este periodo en el que se arreció el embargo contra Cuba, fue declarado el estado de "Periodo especial en tiempo de paz" por el entonces Presidente de los Consejos de Estado y de Ministros Fidel Castro Ruz y muchos países rompieron sus relaciones diplomáticas con el gobierno cubano. A pesar de ello, las reformas introducidas por el gobierno cubano lograron aplacar un poco la crisis, pero infelizmente no pudieron evitar algunas contradicciones que hasta el día de hoy son manifiestas en el ámbito social cubano.[201]

La realidad cubana imponía dos cuestiones a resolver urgentemente por el Partido Comunista como guía político de la sociedad: por un lado, cómo avanzar en una reforma que permita que Cuba siguiera siendo referencia social para la comunidad internacional y, por otro lado, cómo crear un esquema de regulación que, partiendo de una singular combinación entre plan y

---

[201] *Vid*: XALMA, CRISTINA: *Cuba, Reforma económica y modelo Social* en pendienteemigración. Obtenible en http://pendientedemigracion.ucm.es/info/ec/jec10/ponencias/717X alma.pdf consultado el 26 de enero de 2015 a las 12:03pm.

mercado, mantuviera la intervención del Estado como garante del bienestar. Para el primero de estos cuestionamientos se debía, ante todo, garantizar la igualdad de todos los ciudadanos independientemente de su raza, credo, sexo, etc.; ante la ley y en la vida material por medio de igualdad de oportunidades y dotación equitativa de recursos necesarios para el desarrollo humano de cada cubano. Para el segundo cuestionamiento se debía entonces garantizar que cada ciudadano en su actividad económica y profesional personal siguiera dependiendo del Estado[202] y de esta manera pudiera recibir la influencia directa de los agentes formales e informales de control social.[203] Conforme a estas exigencias las primeras

---

[202] Una de las vías que buscaron desde entonces los opositores al régimen imperante en Cuba fue el financiamiento de trabajadores independientes, especialmente en el ámbito intelectual, para de esta forma lograr un divorcio entre la dependencia hacia el Estado altamente centralizado en aquellos momentos y romper así el control social de los agentes formales e informales cubanos.

[203] Por agente formal de control social debe entenderse aquel establecido y legitimado por el Estado para controlar el ámbito social conforme a los intereses que propugna dicho Estado. Estos agentes son utilizados para el Estado ejercer su función política, educativa, comunicativa y hasta represiva. Un ejemplo de estos pueden ser los tribunales de justicia, los órganos policiales, paramilitares, las fiscalías y otras instituciones de control y orden. En cambio los agentes informales de control social son aquellos cuya naturaleza y función fundamental no es la de controlar socialmente pero que pueden ser instrumentos del Estado a la hora de controlar y educar a la sociedad sobre los principios, valores e intereses que dicho Estado propugna. Ejemplos de estos agentes de control informal son la familia, la escuela, los grupos informales, la televisión, etc. Respecto a los grupos informales *vid*: AGUILAR AVILÉS, DAGER.: *El control social y el ordenamiento jurídico una conceptualización desde el objeto de estudio de la*

reformas introducidas fueron la "legalización de la tenencia de dólares", posteriormente sustituida por el c.u.c que circula actualmente paralelamente al peso cubano pero en proceso paulatino de desaparición, y la autorización a los nacionales cubanos para comprar en las tiendas de recuperación de divisas (TRD).

La tenencia de dólares en Cuba ya venía practicándose en el país desde años anteriores de manera clandestina por una gran parte de la población. El objetivo era poder reunir la mayor cantidad posible de dólares americanos para por mediación de un extranjero o un diplomático cubano acreditado en el extranjero poder acceder a las tiendas de divisas donde se vendían productos de mayor calidad y en la cantidad que quisiera el consumidor. La legalización vino a normalizar esta situación tan generalizada en el país al punto que prácticamente la ley penal que prohibía dicha tenencia parecía letra simbólica y muerta. Pudiera decirse que este fue un ejemplo de esos casos en que la realidad, la vida material de la sociedad cubana y sus contextos van por encima de la ley y la transforman sin dejar de ser en sí mismos

---

sociología jurídica, en Contribuciones a las Ciencias Sociales, mayo 2010, www.eumed.net/rev/cccss/08/daa4.htm. *Vid*: AGUILAR AVILÉS, DAGER: *Control Social y Prevención delictiva. Una introducción al tema desde el análisis de los medios de comunicación social,* en Contribuciones a las Ciencias Sociales, mayo 2010, www.eumed.net/rev/cccss/08/daa2.htm . *Vid:* AGUILAR AVILÉS, DAGER: *Fundamentos generales sobre criminología y control social,* en Contribuciones a las Ciencias Sociales, mayo 2010,www.eumed.net/rev/cccss/08/daa10.htm

fenómenos jurídicos que se complementan compleja y dialécticamente. Por su parte, la autorización a los cubanos de acudir a las tiendas en divisa constituyó una reforma marcada fundamentalmente por la necesidad del gobierno de adquirir divisas para estimular la economía nacional. Tras estas medidas se presentaron fenómenos que realmente eran desconocidos para muchos cubanos como fue el caso de la prostitución, el proxenetismo y la desigualdad económica entre unos y otros de manera marcada. Posteriormente el país tomó el turismo como su actividad económica prioritaria y ello acentuó más la situación antes descrita, pues el flujo de extranjeros en la isla creció considerablemente en pocos años. Fue así que en 1994 se autorizan las llamadas "Paladares" que fueron símbolos de lo que se conoció como la apertura de negocios por cuenta propia. La Constitución cubana reformada en 1992 reconoció una nueva forma de propiedad que era la "propiedad personal sobre algunos medios no fundamentales de producción". De esta manera los cubanos podían abrir algunos establecimientos para la venta de comida por cuenta propia y utilizar sus vehículos como transporte público de pasajeros para así apalear la dura situación. La reforma constitucional también abarcó otras nuevas formas de propiedad que son la propiedad de las empresas mixtas y de las cooperativas. A pesar de todo ello el mercado cubano logró salir adelante y garantizar las conquistas alcanzadas en esferas como la educación, la salud, el deporte, entre otras muchas. No obstante, ello no significaba que Cuba se había recuperado de su crisis, simplemente significó que a partir de 1995 el sistema económico cubano comienza a percibir una ligera recuperación. En esta recuperación tuvo un peso importante la promulgación de la Ley 77 de inversión extranjera en 1995 la cual permitió diversificar el comercio tanto geográficamente como en el ámbito mercantil. También se le atribuye a ello la aparición de las casas de cambio de moneda libremente convertibles (CADECAS), la expansión del trabajo por cuenta propia,[204] la creación de los mercados agropecuarios y la creación de las unidades básicas de producción cooperativas (UBPC). En este periodo también se lleva a cabo un proceso de saneamiento financiero con el objetivo de reducir la liquidez monetaria en manos de la población, pues un peso convertible varió su valor de 20 a 120 pesos cubanos en menos de un año natural. A partir de estos años la planificación se concentra en la fijación de los aportes que debían realizar las empresas generadoras de ingresos en divisa estableciéndose formalmente de antemano la cantidad que debía aportarse a la caja central del Estado. La planificación económica ahora se realizaba sobre la base de la planificación del presupuesto y gastos en divisa afianzándose así la planificación financiera. El modelo económico cubano seguía siendo centralizado pero con una planificación más perfeccionada. En 1997 se decide aplicar las experiencias del sistema de perfeccionamiento empresarial de las Fuerzas Armadas al sistema

---

[204] Aunque para aquellos entonces aún era bastante reducido.

empresarial nacional. Manejo el criterio de que ciertamente la década de 1990 fue la más dura para el sistema económico cubano en su historia revolucionaria, pero en cambio, recordó y dio la lección al gobierno cubano de que respecto a la actividad económica nacional y su gestión se debe ser independiente respecto a potencias extranjeras o factores externos. Lo cierto es que, independientemente de ello, desde 1998 Cuba encontró un aliado internacional en Venezuela.

A finales del año 2004 se abrieron para Cuba nuevas posibilidades de inserción internacional en los marcos de la Alianza Bolivariana para los Pueblos de Nuestra América (ALBA) que potenciaron las fuentes de ingresos provenientes de la prestación de servicios, fundamentalmente los servicios médicos a Venezuela y a otros países de la región. Así mismo, se incrementaron de manera sustancial las relaciones comerciales y financieras con otros países, entre los que se destacan China, Vietnam, Rusia, Angola, Irán Brasil y Argelia. Ya desde antes Cuba bajo el mando de Fidel Castro y Venezuela bajo el mando de Hugo Chávez Frías habían estrechado profundos lazos de solidaridad expresados y motivados en la simpatía y amistad entre ambos mandatarios, así como los elementos comunes de ambas sociedades. Se dice que parte de esta amistad estaba motivada por las similares experiencias de vida de ambos presidentes. Castro se convirtió en un héroe nacional en Cuba después de sus fallidos ataques al cuartel Moncada el

26 de julio de 1953, y Chávez dirigió la insurrección cívico-militar de febrero de 1992. Fidel Castro pasó varios años en prisión y luego encabezó una larga guerra de guerrillas de dos años antes de asumir el poder en 1959 y Chávez también llegó al poder después de pasar un periodo en la cárcel y estableció su propio movimiento político. Es de esta manera que en este contexto ambos mandatarios inician un conjunto de declaraciones respecto al camino que debían tomar los pueblos latinoamericanos y de lo inoperante del sistema capitalista para el verdadero desarrollo de los pueblos.[205] En octubre de 2000 Chávez y Fidel Castro firmaron el *Convenio Integral de Cooperación* en las que Venezuela enviaría 53.000 barriles (8.400 m^3) de petróleo a Cuba diariamente y recibiría apoyo técnico en los ámbitos de la educación, la salud, el deporte, la ciencia y la tecnología. Posteriormente en abril de 2005 los dos países firmaron un acuerdo para aumentar el número de trabajadores de la salud en Venezuela a 30.000 e iniciaron los programas de salud que incluían el establecimiento de 1.000 centros médicos gratuitos, la formación de 50.000 personal médico, y el tratamiento

---

[205] En 2005, Chávez dijo que la cooperación entre Cuba y Venezuela es un ejemplo de lo que el Socialismo puede y debe hacer. Mientras que aparece junto con Fidel Castro en una conversación telefónica transmitida por televisión en la que declara que no ve a Cuba como una dictadura; dijo "Es una democracia revolucionaria". Chávez dijo que la democracia promovida por George W. Bush es "una falsa democracia de las élites" y una "democracia de las bombas". Chávez se refiere a Castro como su mentor.

quirúrgico de aproximadamente 100.000 venezolanos en Cuba. Cuba también se ofreció a entrenar a otros 40.000 médicos venezolanos. Mientras tanto, el envío de petróleo desde Venezuela se incrementó a 90.000 barriles (14.000 m ^{3}) por día.[206]Sólo en 2005, 50 mil venezolanos fueron a Cuba para el tratamiento de la vista gratis.

En 2007 los dos países establecieron una empresa conjunta para modernizar la refinería de petróleo de la provincia cubana de Cienfuegos. Venezuela y Cuba se establecieron invertir aproximadamente 800 millones de dólares a $ 1bn en etapa primaria en el programa. De acuerdo con este esquema, el 51% de la cuota de la planta se llevará a cabo por Cuba y el 49% por Petróleos de Venezuela SA (PDVSA).[207]En diciembre de 2007, Chávez asistió a la Cumbre de Petrocaribe en La Habana junto con varios primeros ministros y presidentes de todo el Caribe y América Central donde confirmó todos los acuerdos realizados y los resultados alcanzados en el desarrollo del pueblo venezolano gracias a la ayuda cubana.[208]

---

[206] RICHARD PEET: Geografía de energía: las políticas económicas mundiales . Zed Books. (2007). pp. P.173.
[207] "Venezuela y Cuban acuerdan enlace aceite". BBC News. Reino Unido. Martes 11 de abril de 2006. Consultado el 3 de febrero de 2015 a las 18:26pm. Obtenible en http://news.bbc.co.uk/2/hi/business/4901466.stm
[208] Cuba and Venezuela: Oil and Politics". Sábado 22 de diciembre de 2007. Consultado el 3 de febrero de 2015 a las 18:32pm.

El gobierno cubano supo posteriormente extender los servicios de salud y de otras índoles a otros países de América Latina, Africa, Asia y Europa obteniendo grandes ventajas económicas. A pesar de ello, la economía cubana daba indicios de decadencia y se entraba cada vez más en una de sus más grandes crisis en la historia de la revolución cubana. De lo que no cabe dudas es que desde la desaparición del campo socialista hasta la fecha varios han sido los factores internos y externos que han llevado al modelo económico cubano a su situación actual y que en el año en cuestión se vieron agudizados.

Entre los factores externos más significativos encontramos:[209]

• La existencia de una crisis estructural sistémica.

• Crisis económica, financiera, energética, alimentaria, ambiental a nivel mundial con gran Impacto en los países subdesarrollados.

• Inestabilidad de los precios de los productos que intercambia Cuba, con una economía abierta y dependiente de sus relaciones económicas externas. Por ejemplo, entre 1997 y 2009 las variaciones de precios en las exportaciones y las importaciones produjeron una pérdida neta para el país por 10 mil 149 millones de pesos, en promedio, el

---

[209] tomados de *"Tendencias de la economía cubana actual"* en la red ecured. Obtenible en www.ecured.cu. Consultado el 26 de enero de 2015. A las 04:24pm.

poder de compra de las exportaciones de bienes se deterioró 15 %.

• También afectó a Cuba el recrudecimiento del bloqueo económico, comercial y financiero que ininterrumpidamente por espacio de medio siglo le ha sido impuesto por los Estados Unidos de América.

Entre los factores internos más significativos encontramos:[210]

• baja eficiencia,
• descapitalización de la base productiva y la infraestructura,
• envejecimiento y estancamiento en el crecimiento poblacional.
• Los fenómenos climatológicos en el período causaron elevados daños a la economía. Las pérdidas por 16 huracanes desde 1998 al 2008 se cifraron en 20 mil 564 millones de dólares, y las ocasionadas por la sequía en unos mil 350 millones de dólares, entre los años 2003 y 2005; a las que deberán adicionarse las correspondientes a los años 2009 y 2010, aún sin cuantificar.

• Por otra parte, en cuanto al funcionamiento de la economía, a partir del año 2003, se produjo una elevada centralización de los mecanismos de asignación y utilización de las divisas.
• Desde el año 2005 se evidenciaron las limitaciones de la economía para enfrentar el déficit de

---

[210] *Ibídem.*

190

la cuenta financiera de la balanza de pagos, las retenciones bancarias de transferencias al exterior y el elevado monto de los vencimientos de la deuda; todo lo que significó una gran tensión en el manejo de la economía.

A pesar de ello, en la actualidad la economía cubana describe grandes atrasos, si así pudiéramos llamarle. Ello ha llevado al gobierno cubano a realizar otra rectificación de errores y arrojar lo que se conoce como los lineamientos del Partido Comunista de Cuba[211] para el perfeccionamiento y actualización del sistema económico cubano.[212]

Así en los últimos veinte años la infraestructura física ha sufrido un gran deterioro generando costos superiores de producción en muchos sectores y el fenómeno de los "cuello de botellas" que impiden el aprovechamiento oportuno de determinadas capacidades. Es conocido que durante los picos de

---

[211] *Vid* Anexo I

[212] Se entiende por actualización del modelo económico cubano el proceso mediante el cual se pone a tono, con las circunstancias concretas de los últimos años, el modo de organización y funcionamiento de la economía, la manera, las vías, los mecanismos de construir una economía socialista, como fundamento de la sociedad a la que aspira Cuba, como única alternativa real al capitalismo. DÍAS GONZALEZ, YELENYS; ALEMÁN ZANTANA, SANTIAGO: *La Actualización del modelo económico cubano, un proceso complejo.* Obtenible en la siguiente dirección url: http://bvs.sld.cu/revistas/infd/n1311/infd0413.htm. Consultado el 2 de febrero de 2015 a las 14:07pm

cosecha en la agricultura se generan pérdidas sustanciales debido a la insuficiencia de transporte, embases y capacidades industriales de procesamiento. La agricultura cubana muestra pobres rendimientos en la mayoría de los cultivos fundamentales y el porcentaje de tierras ociosas es elevado. Los rendimientos agrícolas en Cuba pueden ser catalogados de bajos, en comparación con la media mundial y otros países de su entorno geográfico y si se tiene en cuenta el potencial científico dedicado a esta actividad, la situación es aún peor.[213]

Por otro lado, la inexistencia de un esquema de incentivos correctamente diseñado de acuerdo a las características del país ha determinado un grado de subutilización extremo de la tierra en la forma de grandes extensiones que no encuentran un aprovechamiento productivo adecuado, como bien habíamos hecho mención anteriormente. En la práctica, mientras esto sucede, las importaciones de alimentos representan el 80% del consumo doméstico y significan alrededor de la cuarta parte de las importaciones anuales generando tensiones recurrentes en el equilibrio externo y poniendo en peligro la seguridad alimentaria de la nación. Este panorama tiene un efecto devastador sobre las

---

[213] Criterio especializado tomado directamente de TORRES PÉREZ, RICARDO: *La actualización del modelo económico cubano: continuidad y ruptura* en Revista *Temas*, La Habana. Cuba. 08 de junio de 2011. También obtenible en el siguiente linc: http://www.temas.cult.cu/catalejo/economia/Ricardo_Torres.pdf

comunidades rurales, pues la falta de oportunidades para conseguir un ingreso suficiente para cubrir necesidades básicas genera despoblamiento y aumento de la brecha que las separa de las zonas urbanas, con lo cual la heterogeneidad territorial aumenta. El sector terciario en Cuba, a pesar del debate acerca de las economías de servicios, no funciona como un complemento de la actividad productiva, sino evidencia agudas desproporciones de la economía. Su expansión ha dependido casi exclusivamente del crecimiento de servicios sociales y personales prestados a partir de una gran concentración de empleo en esas ramas, cuya actividad transcurre desconectada de las cadenas productivas principales de la economía (43% del empleo en servicios sociales y personales en 2009). Incluso las exportaciones de servicios médicos, el sector exportador líder en la actualidad, genera una gran cantidad de ingresos, pero no crea suficientes derrames que estimulen la economía interna en forma de empleo y demanda intermedia. Por otra parte, los servicios productivos (financieros, legales, técnicos, consultorías, etc.) tienen un escaso desarrollo, que evidencia el bajo nivel de especialización. Esta situación responde en parte a la propia concepción del mecanismo económico caracterizado por una alta verticalidad y rigidez en la estructuración de las cadenas de valor en la economía. Otro aspecto que evoluciona de forma negativa es la articulación productiva. Entre sus causas está la negación del territorio y la localidad como espacios generadores de alternativas de desarrollo; el bajo perfil de sectores que se desempeñan como enlace entre estos y el sistema financiero, las conexiones físicas --especialmente la infraestructura de las TIC (tecnologías de la información y las comunicaciones)-- para compartir conocimientos, la existencia de múltiples elementos generadores de segmentación como la doble circulación monetaria, la estructura y funciones de los OACE (organismos de la administración central del Estado), las formas de propiedad y de gestión, la división político-administrativa, entre otras. Esto último contribuye a reducir el papel del tamaño de mercado relevante para estimular la especialización y el aumento de la productividad. La presencia de múltiples factores que imponen segmentaciones en el mercado interno reduce artificialmente su capacidad de arrastre y debilita notablemente los derrames que se derivan de una actividad económica determinada.[214] A diferencia de economías de servicios típicas, en el caso cubano las relaciones horizontales evidencian un alto nivel de atraso si tenemos en cuenta que la asignación de aquellos recursos que son imprescindibles se realiza de una manera centralizada y discrecional en la mayoría de los casos, por lo que esto da a lugar a la carencia de un sistema financiero sofisticado que permita canalizar al menor costo los recursos temporalmente inmovilizados hacia nuevos proyectos productivos con probada viabilidad económica. Por otra parte, la existencias de dos monedas que una vez

---

[214] *Ibídem.*

fuera una solución de emergencia a la situación del sistema económico cubano ahora se convierte en una traba que, conjugado con una pluralidad de mercados que operan simultáneamente y con un variado sistema de formación de precios y tipos de cambios, provoca que no exista una información fidedigna a partir de la distorsionada información que se obtiene a partir de los diferentes precios.

Teniendo en cuenta que los ingresos externos, factor histórico de estrangulamiento de la economía cubana, muestran un alto nivel de concentración en pocos sectores y empresas, es posible pensar que opera un fuerte canal de redistribución a lo largo de toda la economía que implica la existencia de subsidios cruzados. Estos contribuyen a relajar las restricciones financieras en un grupo de entidades, lo que unido a la escasa autonomía termina afectando la efectividad en el uso de los recursos. A esto se añade que la propia distorsión de precios se refleja en los costos creando empresas con resultados falseados.[215] A ello se le suma que las instituciones operan alejados cada vez más de las tendencias del comercio internacional y de esta manera los precios no pueden actuar como referente para la formación de precios y la realización de inversiones. Por otro lado también debemos hacer referencia al exceso de controles burocráticos a las empresas que, junto a procedimientos de tipo indicativo, restringen injustificadamente la capacidad

---

[215] TORRES PÉREZ, RICARDO: Ob. Cit.

de la empresa de tomar decisiones operativas y estratégicas sobre sus recursos.

En medio de todo esto la población es la más afectada ya que sufre directamente la carencia económica del país y las trabas originadas muchas veces por malas decisiones administrativas, ya sean gubernamentales o no gubernamentales. Pero como es lógico, la sociedad dicta sus propias leyes de desarrollo y estas no se han hecho esperar. Por estas razones, en el año 2011 la máxima dirección del núcleo del Partido Comunista de Cuba convocó a su VI congreso para en ese marco discutir y aprobar los Lineamientos de la Política Económica y Social del Partido y la Revolución cubana. Los lineamientos, que ya venían debatiéndose dentro de la población cubana de forma oficial, fueron aprobados y se conformaron cinco comisiones para su ejecución e implementación.

Estos lineamientos se han ido cumpliendo a cabalidad, aunque a un ritmo bastante lento. No obstante, aún el 2015 y los años sucesivos serán parte del periodo necesario para dicha implementación. Parte de este resultado se aprecia en el resumen económico del año 2014 que hiciera el Consejo de Estado y de Ministros de Cuba ante la Asamblea Nacional cubana durante el proceso de aprobación del presupuesto para el año 2015.[216] Según dicho informe entre las principales

---

[216] Tomado de *Ecured*. Obtenible en www.ecured.cu Consultado el 6 de febrero de 2015 a las 21:00 H.

proyecciones para el próximo año señaló que el Plan presupuestario está dirigido, en lo fundamental, a potenciar al máximo las reservas internas de eficiencia; a dirigir los recursos hacia la reanimación de sectores fundamentales como la industria manufacturera; al crecimiento de las inversiones, encaminado sobre todo a la actividad productiva y de infraestructura; y a mantener los servicios sociales básicos en niveles similares a los últimos años.

Según informó la ministra de finanzas y precios, en el 2014 se estimaba concluir con un crecimiento del Producto Interno Bruto (PIB) de 1,3 %, inferior al 2,2 previsto. Señaló también a la industria azucarera y manufacturera entre las actividades que más inciden en ese incumplimiento.

"Para el 2015 se proyecta un incremento del PIB ligeramente superior al 4 %, con lo cual se revierten las moderadas tasas anteriores y la tendencia a la desaceleración de los últimos años". Los mayores resultados estarán en sectores como la industria manufacturera, la construcción, el comercio, la agricultura, la ganadería y la silvicultura.

En el presente año (2015) se planifican gastar 2 194 millones de dólares en la importación de alimentos, lo que representa 137 millones de dólares más que en el 2014. Se estiman mayores importaciones de harina y frijol de soya, trigo y papa para semilla. En tanto, se reducirán las compras en el mercado internacional de arroz, frijol y maíz, a partir de superiores volúmenes alcanzados en la producción nacional.

Por otro lado, el plan de portadores energéticos cubre las necesidades demandadas por la economía, sin deteriorar los índices de consumo. Sobre la participación de las fuentes renovables de energía en la generación total del país se supo que se proyecta llegar a un 4,6 %.

En el tema de las inversiones, informó que ascienden a 7 159 millones de pesos, superior en 1 595 millones al estimado de ejecución del 2014. "Las inversiones productivas alcanzan un 57,1 % y las de infraestructura 17,7 %".

La circulación mercantil minorista en ambas monedas crece; mientras continúa el reordenamiento de la actividad del comercio mayorista en las empresas seleccionadas.

Sobre el empleo y salario, el Ministro de Economía explicó que al cierre del 2014 se estimaba que la ocupación se comporte un 2 % por encima de lo planificado, en lo fundamental por el incremento del empleo en el sector no estatal. El salario medio creció 9,1 % debido a la aplicación de los aumentos salariales en los sectores de Salud y Deportes, así como en la inversión extranjera durante el último trimestre del año.

Para el 2015 la ocupación total mantiene un comportamiento similar. El sector estatal disminuye 2,6% y el no estatal crece 7,4 %, principalmente por el paso a nuevas formas de gestión en la gastronomía y los servicios. Se estima un crecimiento de los ingresos en un 6 % y de los gastos en un 10 %, lo que resulta en un déficit de 5 563 millones de pesos.

En el 2015 se adoptarán varias medidas para fortalecer el control sobre indisciplinas como la subdeclaración de ingresos por ventas y servicios de los trabajadores por cuenta propia, sobre todo en el arrendamiento de viviendas, la no información de la totalidad del personal contratado en actividades que concentran más empleados, la evasión del impuesto sobre el transporte terrestre y el ejercicio ilegal de actividades económicas. Además, continuará la aplicación de los beneficios financieros aprobados al sector empresarial, con el fin de incrementar la productividad y la eficiencia. En consonancia con ello, se han ido reduciendo de manera notable los financiamientos del Presupuesto del Estado para subsidiar pérdidas.

Finalmente la ministra de finanzas y precios Pedraza Rodríguez precisó que según el cronograma de implementación de la Ley Tributaria en el 2015 se aplicará el impuesto del 2 % sobre las ventas mayoristas y se extenderá a todos los municipios la Contribución Territorial para el Desarrollo Local.

Como es habitual también en este periodo del año, Marino Murillo Jorge, jefe de la Comisión Permanente para la Implementación y Desarrollo, hizo un resumen sobre la implementación de los Lineamientos aprobados por el VI Congreso del Partido Comunista de Cuba. Consideró que "se están realizando tareas en extremo complejas, con impactos en la población, que requieren constante capacitación de cuadros y funcionarios, además de un sistemático proceso de seguimiento, fiscalización y control". Puntualizó que "se evalúan los resultados parciales obtenidos, con vistas a enmendar a tiempo errores que puedan afectar transitoriamente a parte de la población o dar una idea equivocada de los objetivos de la actualización". Según reseñó, se continúa trabajando en la propuesta de conceptualización del Modelo Económico y Social Cubano de Desarrollo Socialista; y fueron aprobadas las Bases para la elaboración del Programa de Desarrollo Económico Social del país a largo plazo. "Paralelamente se han aprobado políticas y proyecciones en actividades principales como las fuentes renovables de energía, la atención a la dinámica demográfica, así como la inversión extranjera y la Cartera de Oportunidades de Negocios".

Dijo que la tarea más importante del periodo ha sido la preparación de condiciones para la eliminación de la dualidad monetaria y mencionó el cobro en CUP(pesos cubanos) en las tiendas que antes lo hacían solo en CUC, lo que se seguirá extendiendo de forma progresiva en todo el país. Acerca de la entrega de créditos a la población, se informó que hasta octubre se han otorgado 378 000 créditos por un monto de 3 231 millones de pesos. De ellos, 63 % para acciones constructivas; 35 % destinado a agricultores pequeños; y el 2 % a trabajadores por cuenta propia, cooperativas no agropecuarias y la compra de equipos de cocción. "A pesar de estos resultados, aún es insuficiente el empleo de las potencialidades de esta política como un mecanismo para activar la economía", concluyó.

Entre otros temas, se refirió al perfeccionamiento del sistema empresarial cubano, para cuya autonomía se han aprobado medidas como la ampliación y flexibilización de objetos sociales; la definición del encargo estatal y las facultades para comercializar sus excedentes; la vinculación del salario a los resultados y la eliminación de los límites administrativos para su incremento; así como las nuevas relaciones financieras con el presupuesto del Estado. Informó más adelante que se ha autorizado la creación de 498 cooperativas; de ellas, han sido constituidas 329 y actualmente están en fase de evaluación 300 nuevas propuestas. Asimismo, al cierre de septiembre, se registran más de 476 000 personas acogidas al trabajo por cuenta propia.

El Consejo de Ministros abordó también el tema de la vivienda en nuestro país y aprobó medidas que ayudarán a ir dando soluciones a este complejo asunto.

Entre ellas se encuentran las modificaciones del Reglamento sobre el otorgamiento de subsidios a personas naturales para realizar acciones constructivas en sus viviendas, pues luego de un año de su puesta en marcha han surgido nuevas situaciones cuyas soluciones deben incorporarse para la correcta ejecución de lo dispuesto, consideró Leonardo Andollo Valdés, segundo jefe de la Comisión Permanente para la Implementación y Desarrollo. A partir de este momento, por ejemplo, los Consejos de la Administración Municipal del Poder Popular realizarán, como mínimo, dos convocatorias anuales para la recepción de las solicitudes de subsidios por parte de la población, de acuerdo con el financiamiento disponible. Los resultados de este proceso se darán a conocer públicamente. Otra de las medidas está relacionada con la legalización de la vivienda y el reconocimiento del derecho perpetuo de superficie a los damnificados por eventos climatológicos, que actualmente estén construyendo en lugares autorizados. De esta forma se favorecerán alrededor de 20 000 personas que iniciaron la construcción de su vivienda sin la documentación establecida. Además, a partir de ese momento, tendrán la posibilidad de solicitar un subsidio. Igualmente, se aprobó el traspaso de viviendas estatales en ejecución para su terminación por esfuerzo propio, dando prioridad a damnificados por fenómenos meteorológicos, albergados y casos sociales.

Los miembros del Consejo de Ministros aprobaron también una nueva política para la transmisión de la propiedad de las viviendas asignadas por el Estado o células básicas construidas con subsidios, pues se han detectado ventas de este tipo de construcciones que desvirtúan el propósito de solucionar los problemas habitacionales. Se ha dispuesto, por ejemplo, la obligación de ingresar al presupuesto del Estado el monto del subsidio otorgado, cuando el propietario venda o done la vivienda en los primeros quince años a partir de su adquisición. Cuando ocurra lo mismo con las viviendas asignadas por el Estado en régimen de propiedad, se tendrá que ingresar el valor de la construcción de la vivienda, considerándose para ello los precios del mercado minorista. En el caso de las células básicas construidas con subsidios se devolverá también el total de lo subsidiado.

Finalmente, quedó aprobado un nuevo valor referencial, con relación al mercado, para aplicar a la transmisión de viviendas por donación y compraventa. Según se supo, se mantiene el impuesto del 4 %. La medida se adopta ante la subdeclaración de ingresos, tanto de vendedores como compradores quienes declaran un precio menor al del acto real de compraventa. Además, se están enmascarando compras como donaciones, lo cual también constituye evasión fiscal.

Con esta decisión se definen variables para la determinación del valor referencial como la cantidad de dormitorios, la tipología constructiva, las facilidades urbanísticas, la importancia de los asentamientos, y la existencia de garajes, patios y jardines.

De todo lo hasta aquí expresado se infiere que entre las perspectivas futuras de la economía cubana también se encuentran las siguientes:

-       El reconocimiento de que, dado el nivel de desarrollo de las fuerzas productivas, la heterogeneidad en las formas de propiedad es una necesidad ineludible.

-       La operación y desarrollo de formas no estatales es funcional al desarrollo económico y representa una oportunidad de dinamizar la actividad de sectores con alto grado de deterioro. En ese camino, se crea un espacio, desde el Estado, para otorgarles legitimidad, estableciendo un marco legal para la interacción entre entidades de distinta procedencia, a la vez que se ponen en práctica algunos mecanismos de apoyo financiero y legal.

-       El estímulo a entidades de pequeña y mediana dimensión (EPM), si se estructura adecuadamente con otros objetivos estratégicos puede hacer una contribución importante en tres de las dimensiones más importantes del desarrollo, como son el progreso de los territorios, la creación de empleo productivo y la mejoría del ingreso. A esto se suma que serviría para formalizar una parte no despreciable de la actividad económica que hoy transcurre en el mercado negro, mejorando los ingresos del presupuesto estatal.

- Es indispensable resolver en el menor plazo posible la insuficiencia de los mercados de insumos y factores, los que permitirían avanzar aún más en este mismo objetivo.

- Establecimiento de controles administrativos de forma discrecional.

El gobierno cubano necesita aún aumentar la producción y la calidad de los servicios para aterrizar de una vez y por todas los lineamientos trazados. Si bien que los ha ido ejecutando cabalmente como se había planificado, también es cierto que una inyección de dinero urgente sería a corto plazo el oxígeno que solucionaría el problema de la actualización del modelo económico que tanto se pretende en Cuba. A pesar de la promulgación de una ley de inversión extranjera la administración cubana no ha avanzado mucho. Cuba necesita atraer alrededor de dos mil a dos mil quinientos millones de dólares en inversión extranjera,[217] cifra bastante difícil cuando la campaña internacional de desprestigio al gobierno cubano como

---

[217] *"Cuba aprueba la Ley de invesión extranjera para atraer capital"* publicado el domingo 30 de marzo de 2014. Consultado el 3 de febrero de 2015 a las 00:21 am. Obtenible en http://www.espanol.rfi.fr/americas/20140330-cuba-aprueba-la-ley-de-inversion-extranjera-para-atraer-capital

socio comercial es bastante elevada en los países europeos y del primer mundo. A ello sumamos el temor de los inversionistas ante figuras jurídicas como las expropiaciones forzosas. Entre los retos a enfrentar por el gobierno cubano respecto a la inversión extranjera como alternativa más rápida y efectiva para el desarrollo económico nacional,[218] podemos mencionar:

- Alcanzar un grado de credibilidad y una aceptación de las condiciones que le aseguren un nivel de inversión extranjera significativo. Para esto necesita un nivel de transparencia en cuanto a sus cuentas en cada empresa, lo que pondrá al descubierto ante los empresarios interesados, situaciones de ineficiencia y de corrupción.

- Propiciar un ambiente en el que convivan en armonía la forma de propiedad estatal y las "formas de gestión no estatal", con las diferentes y ventajosas oportunidades de la inversión extranjera.

- Cumplir puntualmente los compromisos con los inversionistas extranjeros y asegurar que los beneficios obtenidos sean invertidos en la economía cubana de manera que pueda garantizarse la sostenibilidad del

---

[218] GALVEZ CHIÚ, KARINA: *La Nueva Ley de Inversión Extranjera, Retos e impacto* en Revista Socio-cultural *Convivencia*. Sección economía. Obtenible siguiendo el siguiente linc: http://www.convivenciacuba.es/index.php/economa-mainmenu-56/1093-la-nueva-ley-de-inversion-extranjera-retos-e-impactoConsultada el 3 de febrero de 2015 a las 01:44am

actual sistema, con el fin de disminuir la dependencia de Venezuela y de la diáspora cubana.

De igual manera si lo vemos desde el otro lado, el de los inversionistas extranjeros, ellos también tienen retos que enfrentar entre los que encontramos:[219]

- Decidir si invertir, según la Ley de Invesión Extranjera cubana, en alguna empresa estatal en quiebra, o si invertir según las condiciones del puerto del Mariel, que es una zona de desarrollo especial con un régimen especial.

- Encontrar las oportunidades reales de inversión que hay en Cuba.

- Resolver el problema de la falta de mercado entre la población cubana. En Cuba, el mercado es limitado pues el poder adquisitivo de los cubanos está muy por debajo de lo necesario. Es muy probable que pase un tiempo antes de que todos los cubanos tengan acceso a los resultados de estas inversiones.

- Enfrentar el problema de la fuerza de trabajo que continúa siendo un asunto pendiente de la ley de 1995. El gobierno cubano mantiene su derecho a escoger la fuerza de trabajo para cualquier empresa y pagar el salario de la misma. Los empresarios pagarán lo que

---

[219] *Ibídem.*

acuerden al gobierno cubano y este pagará a los trabajadores en moneda nacional una cantidad pre establecida por disposiciones legales. Aunque para muchos se trata solo de una cuestión de intereses, pues una fuerza de trabajo mal pagada no produce todo lo que potencialmente es capaz de producir; no debemos descartar que también existe un trasfondo ético-socialista en estas medidas y que el pueblo cubano ratificó en las reformas constitucionales de 1992 y de 2002.

Ahora bien, ello no quiere decir que la ley de inversión extranjera cubana sea un fracaso, pero sí es de destacar que no ha tenido el impacto en la comunidad internacional que el gobierno cubano esperaba. Una futura reforma, al respecto, se considera que debe tener entre sus facilidades y regulaciones:

• Reformar la Constitución para introducir el derecho pleno a la propiedad privada sobre medios no fundamentales de producción.

• Modificar o elaborar nuevos códigos mercantil y civil, que recojan y regulen en estos dos ámbitos las consecuencias de esa nueva realidad económica y constitucional. Por ejemplo, que ofrezcan un marco amplio, moderno y respetuoso de la libre voluntad de las partes en la esfera de obligaciones y contratos civiles y mercantiles (compraventas, hipotecas, *joint ventures*, etc).

• Promulgar una ley de sociedades mercantiles, que posibilite la creación y funcionamiento, así como la venta, fusión o disolución de sociedades anónimas, de responsabilidad limitada, entre otras.

• Crear o modernizar, según sea el caso, los registros mercantiles y de la propiedad (se ha avanzado significativamente en el ámbito registral de patentes y marcas). Modernizar y reforzar la red de notarios públicos.

• Establecer un marco legal para la existencia de un sistema bancario libre que pueda prestar a privados y empresas para sus proyectos de inversiones.

• Permitir la existencia de un mercado de valores que posibilite la financiación de las empresas mediante la venta de acciones o la emisión de bonos.

• Ampliar más la red de convenios bilaterales suscritos por Cuba en materia de inversiones, alcanzando a un mayor número de países desarrollados

En resumen podemos decir que a partir del año 2015 Cuba debe concentrarse en dos aspectos fundamentales de su economía como solución a todos los problemas sociopolíticos que actualmente padece:

Fomentar la producción nacional de alimentos, incentivar la inversión extranjera y sustituir importaciones por exportaciones para consecuentemente, con todo ello, incrementar la calidad de vida de la sociedad cubana de la manera más inmediata posible y aterrizar de manera más rápida los lineamientos trazados por el Partido Comunista. Lo cierto es que hasta ahora la solución inmediata que se pretende pudiera estar en manos de los inversionistas norteamericanos fundamentalmente si Cuba restableciera sus relaciones diplomáticas comerciales con Estados Unidos y se levantara el embargo a la isla por parte de este último. Así se reduciría a menos de la mitad el tiempo necesario para aterrizar los lineamentos en la sociedad cubana. En este contexto el gobierno cubano debe replantearse su diferendo hacia Estados Unidos y reconocer que el mismo materialismo histórico obliga a un acercamiento estratégico hacia Estados Unidos, pues las condiciones están creadas para ello hoy más que nunca de ambas partes. Ello se traduce además en que el restablecimiento de relaciones comerciales con Estados Unidos es una necesidad real del gobierno cubano que de no acatarla a tiempo puede tener consecuencias peores y nefastas para el modelo económico cubano y la propia economía y geopolítica norteamericana.[220] No obstante a ello, no podemos obviar que el gobierno cubano con el apoyo de la mayoría de su pueblo ha subsistido, contra todos los pronósticos, al bloqueo más largo conocido en la historia de la humanidad y ello lo ha hecho sin la presencia de Estados Unidos. Con ello queremos decir que no dudamos de la capacidad del gobierno cubano y su pueblo para subsisitir y mantener sus principios

---

[220] La necesidad a la que hacemos mención aquí no es la mera necesidad de carencia y deseo de obtener algo, sino a la necesidad como categoría filosófica de la dialéctica, es decir, como aquello que resulta inevitable en las condiciones actuales de ambos países.

políticos sin el comercio con Estados Unidos, pero en los momentos actuales dicho acercamiento se torna inevitable y muy provechoso.

3. Sectores económicos.

3.1. Turismo

A mediados de la década de 1990 el turismo superó al azúcar, desde antaño el principal sostén de la economía cubana, como fuente principal de divisas.[221] El turismo figura de manera importante en el plan de desarrollo del gobierno cubano, y un alto funcionario lo describió como el "corazón de la economía".[222] La Habana dedica recursos importantes a la construcción de nuevas instalaciones turísticas y la renovación de estructuras históricas para el uso del sector turístico.[223] Aproximadamente 1,7 millones de turistas visitaron Cuba en el 2000, generando unos 19.000 millones de dólares en ingresos brutos; pero las esperanzas del gobierno con respecto al crecimiento prolongado de este sector no se vieron materializadas debido a la

---

[221] COLECTIVO DE AUTORES: *"Efectos y Futuro del Turismo en la Economía Cubana"*. Enero de 2005. Páginas 30-40.
[222] COLECTIVO DE AUTORES. *"Efectos y Futuro del Turismo en la Economía Cubana"*. Enero de 2005. Página 77. Leer más: http://www.monografias.com/trabajos64/etapas-desarrollo-turismo-cuba/etapas-desarrollo-turismo-cuba3.shtml#ixzz3vj4Sfg3S
[223] Ayala Castro, Héctor: *Memoria descriptiva general del origen, evolución y perspectiva del turismo en Cuba*, Universidad de la Habana, Cuba.1994

declinación de la economía mundial en el 2001 y los efectos negativos sobre el turismo regional después del 11 de septiembre. Las cifras finales para el 2001 reflejan un crecimiento insignificante en la cantidad de turistas y ningún cambio en los ingresos brutos para el 2000. Esta situación cambió en el transcurso del decenio.

Figura #1: Estacionalidad de Cuba en el año 2001

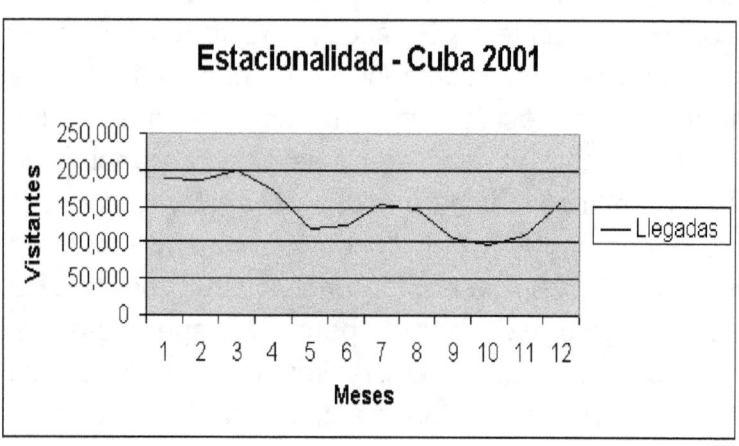

Respecto a los presentes datos vide: http://www.monografias.com/trabajos64/etapas-desarrollo-turismo-cuba/etapas-desarrollo-turismo-cuba3.shtml#ixzz3viu8uplo

Tabla #5: Resultado de arribo de visitantes a Cuba en el periodo 2001/2002

MERCADOS	ACUMULADO			Dif.	CUOTA PARTICIP.	
	2001	2002	2002/2001		2001	2002
CANADA	350426	348468	99,44%	-1958	19,75%	20.72%
ALEMANIA	171881	152662	88,82%	-19219	9.68%	9.05%
ITALIA	159423	147750	92,68%	-11673	8.98%	8.76%
ESPAÑA	140125	138609	98,92%	-1516	7.89%	8.22%
FRANCIA	138765	129907	93,62%	-8858	7.81%	7.70%
REINO UNIDO	94794	103741	109,44%	8947	5.34%	6.15%
MEXICO	98495	87589	88,93%	-10906	5.55%	5.19%
ARGENTINA	40964	9389	22,92%	-31575	2.30%	0.55%
MERC PRINCIPAL	1194873	1118115	93,58%	-76758	67.33%	66.31%
PORTUGAL	30215	27117	89,75%	-3098	1.70%	1.60%
SUIZA	29536	25530	86,44%	-4006	1.66%	1.51%
HOLANDA	23488	27437	116,81%	3949	1.32%	1.62%
BELGICA	18757	21211	113,08%	2454	1.05%	1.25%
AUSTRIA	17832	16673	93,50%	-1159	1.00%	0.98%
COLOMBIA	22355	15802	70,69%	-6553	1.25%	0.93%
RUSIA	14416	10653	73,90%	-3763	0.81%	0.63%
CHILE	13579	12512	92,14%	-1067	0.76%	0.74%
VENEZUELA	16375	10977	67,04%	-5398	0.76%	0.65%
BRASIL	9498	7067	74,41%	-2431	0.53%	0.41%
GUATEMALA	4405	4213	95,64%	-192	0.24%	0.24%
UCRANIA	4029	3695	91,71%	-334	0.22%	0.21%
MERC EN DESAR.	204485	182887	89,44%	-21598	11.52%	10.8%
SUECIA	6110	4581	74,98%	-1529	0.34%	0.27%
NORUEGA	5640	5493	97,39%	-147	0.31%	0.32%
DINAMARCA	4502	4509	100,16%	7	0.25%	0.26%
FINLANDIA	2544	2903	114,11%	359	0.14%	0.17%
ESCANDINAVOS	18796	17486	93,03%	-1310	1.05%	1.03%
JAPON	7247	7101	97,99%	-146	0.40%	0.42%
GRECIA	6253	5878	94,00%	-375	0.35%	0.34%
POLONIA	6260	5304	84,73%	-956	0.35%	0.31%
CHINA	6066	4366	71,97%	-1700	0.34%	0.25%
TURQUIA	2481	2815	113,46%	334	0.13%	0.16%
NUEVOS MERC.	28307	25464	89,96%	-2843	1.59%	1.67%
OTROS MERCADOS	328080	342210	104,31%	14130	18.48%	20.29%
TOTAL	1774541	1686162	95,02%	-88379	100,00%	100,00%

Fuente: Fundamentos del Turismo. Martín Fernández, Ramón

En 2008 se alcanzó la cifra de 2,3 millones de turistas y los ingresos per cápita también aumentaron.[224] La construcción de hoteles y otras infraestructuras turísticas se disparó en 2005,[225] y se ha mantenido el crecimiento de la llegada de turistas en medio de la crisis mundial, aunque los ingresos han disminuido un tanto. Cuba se ha convertido en el principal destino después de Europa Occidental para los turistas canadienses, llegando en 2008 a 818.246 turistas, y tiene una importante cuota del mercado español, italiano y británico.

El Ministerio de Turismo (MINTUR) es el organismo estatal rector del Sistema de Turismo, en el que participan otras entidades del país. El MINTUR elabora la política y controla su aplicación en las entidades que administran directamente las propiedades del sector. Cuba cuenta, además, con una nueva facultad en la Universidad de La Habana, dedicada a los estudios sobre el turismo, Facultad de Turismo.

---

[224] Vid: GUTIÉRREZ CASTILLO, ORLANDO; GANCEDO GASPAR, NÉLIDA: *Cuba: Una Década de Desarrollo Turístico* en Harvad Review of Latinoamérica.   Obtenible   en http://revista.drclas.harvard.edu/book/cuba-una-decada-de-desarrollo-turistico. Consultado el 29 de diciembre de 2015 a las 16:56hrs.
[225]

Para llevar adelante el desarrollo integral del turismo en Cuba se ha estructurado un sistema formado por entidades hoteleras (Habaguanex S.A., Islazul, Horizontes, Grupo Gaviota, etc.) y extrahoteleras (Rumbos, Cubatur, Transtur, Turarte, etc.), así como otras de carácter autónomo e independiente, que asumen funciones de apoyo al resto.

Desde el 2008 se permite la entrada y uso de instalaciones turísticas a los ciudadanos cubanos. Ello ha contribuido grandemente a los ingresos en concepto de *turismo nacional*. Respecto al turismo tradicional internacional el Ministerio del Turismo en Cuba declaró en 2015 que durante el 2014 Cuba había recibido 3 millones de visitantes, lo cual representaba un 5,3% más que el año anterior. Esta cifra se traducía en 2 500 millones de dólares.[226] Durante el 2015 el turismo ha crecido paulatinamente Entre los países que más turistas aportan a la Mayor de las Antillas, se encuentran Canadá, Inglaterra, España, México, Francia e Italia, reflejo de los esfuerzos que hace la nación por mejorar la oferta en los polos más importantes de este destino caribeño. Un reciente informe de la Oficina Nacional de Estadística e Información (ONEI) indica que en el primer semestre del 2015 arribaron al archipiélago 2 194 134 personas, lo que representa un

---

[226] GRANT, WILL: *¿Está Cuba preparada para una "invasión" del turismo de Estados Unidos?*. Publicado en BBC Mundo el 4 de mayo de 2015. Obtenible en http://www.bbc.com/mundo/noticias/2015/05/150429_economia_c uba_auge_turismo_ms. Consultado el 30 de diciembre de 2015 a las 01:35 hrs.

incremento del 17 % en relación con el pasado año.[227] De igual manera El turismo de cruceros por el Caribe, una de las modalidades en alza en la actual temporada, ha traído unos 20.000 visitantes en 2015. Especialmente en la mitad y segundo semestre.[228] Durante el 2016 y en adelante Cuba sigue apostando por un turismo sustentable en lo económico, ecológico y social; es decir, por un turismo sano. Según establecen las autoridades cubanas en la estrategia hacia el *turismo internacional,* como actividad económica priorizada en estos momentos en Cuba, no se pretende, por tanto, de aprovechar una oportunidad de carácter cortoplacista asociada al factor "curiosidad" que pudiera despertar Cuba ni tampoco de asumir un "mal necesario" en el seno de una sociedad socialista, versiones manejadas por algunos analistas al vislumbrar la impresionante dinámica del sector.[229]

3.2 Agricultura en Cuba.

Cuba en el período anterior a 1914 se dedicaba principalmente a la exportación de un único producto: el azúcar. Este producto es original de África y fue

---

[227] *Vid: Turismo crece a buen ritmo.* Publicado en periódico Granma el 8 de septiembre de 2015 23:09:28.
[228] Vid: *Cuba ha recibido unos 20.000 turistas en cruceros durante 2015.* Publicado el Martes, 29 de Dic de 2015 por la agencia EFE en el jornal *El Expertador.* Obtenible en http://www.elespectador.com/noticias/elmundo/cuba-ha-recibido-unos-20000-turistas-cruceros-durante-2-articulo-595225. Consultado el 30 de diciembre de 2015.
[229] GUTIÉRREZ CASTILLO, ORLANDO; GANCEDO GASPAR, NÉLIDA: ob. Cit.

introducido en América por los ingleses en el siglo XVII. Requiere altas temperaturas durante su crecimiento (27° C), mucha luz solar y abundantes precipitaciones (1500 mm anuales). Crece en suelos de topografía plana, profundos y bien drenados.[230] El proceso que utilizaban los cubanos para obtener azúcar consistía en comprimir las cañas cortadas mediante rodillos, extrayendo el líquido dulce que contienen en su interior. A continuación cocían el jugo lentamente logrando su reducción por medio de la evaporación del agua, hasta alcanzar la densidad y concentración deseadas (melaza). De ésta se obtenían los panes de azúcar y de su molienda el azúcar comercial. Las cañas de azúcar eran recogidas por los cubanos manualmente y con la única ayuda de las vacas. De esta manera transportaban en grandes carruajes de madera las cañas de azúcar hasta el lugar donde las iban a transformar. Finalmente, una vez producido el azúcar, éste era transportado por las vacas en grandes bidones de madera hasta los puertos. En 1835 surgió el primer ferrocarril en Cuba, hecho que les permitió avanzar un poco en su actividad económica, aunque seguía siendo insuficiente.[231] Llegó de los primeros del mundo y la red construida no articuló el territorio y no sirvió para crear un mercado. A pesar de ello pudieron

---

[230] Radio Santa Cruz: *Se inaugura en Cuba el primer ferrocarril de Iberoamérica».* Archivado desde el original el 8 de septiembre de 2012. Obtenible en el sitio web de la emisora depositado en el linc https://archive.is/20120908105036/http://www.radiosantacruz.icrt.c u/efemerides/se-inaugura-cuba-primer-ferrocarril-iberoamerica.htm.
[231] Ibídem.

transportar el azúcar y ganar en tiempo. Antes les costaba mucho más trasladar su producción.

Desde el derrumbe de la URSS, el azúcar, que ha sido el sostén económico de la isla durante casi toda su historia, atraviesa tiempos preocupantes. En 1989, la producción superaba los 8 millones de toneladas, a mediados de la década de 1990 había caído hasta llegar a alrededor de 3,5 millones de toneladas.[232] Una combinación de variables, tales como los métodos ineficientes de la siembra y el cultivo, la administración mediocre, la escasez de repuestos y la pobre infraestructura de transporte frenaron la recuperación de este sector.[233]

En junio de 2002 el gobierno anunció su propósito de llevar a cabo una "transformación amplia" de este sector en declinación, con la llamada *Tarea Álvaro Reynoso*. El plan propone igualar la producción azucarera con los precios mundiales y cerrar casi la mitad de los centrales azucareros, despidiendo a más de 100.000 trabajadores, quienes serían readiestrados en otras profesiones y recibirían empleos nuevos.[234]

La producción azucarera lleva cinco años de crecimiento sostenido a un promedio del 13% anual. A

---

[232] EUROSUR.ORG: «*Anuario del comercio justo*». *Archivado desde el original.* Obtenible enhttps://archive.is/20120629003528/http://www.eurosur.org/EFTA /c8.htm. consultado el 12 de noviembre de 2015 a las 23:34hrs.
[233] AGUILAR AVILÉS, DAGER: ob. Cit. *(Cuba hoy y estados Unidos.....).*
[234] *Ibídem.*

la par se desarrollan proyectos de producción de alcoholes, energía eléctrica y alimento para la ganadería.[235]

En los últimos años ha aumentado la diversificación agrícola hacia sectores como las frutas y las hortalizas. En Cuba se dan muchas frutas tropicales como la piña, guayaba, anón, mamey, papaya, etc. La mayor parte de la producción agrícola de Cuba (60%), es realizada por los campesinos privados y por los cooperativistas. El café es un producto bien dado en Cuba, gracias a un relieve montañoso donde se siembra en el suelo con sombra, principalmente en las sierras. La exportación de café es de aproximadamente 8000 toneladas.[236] El tabaco manufacturado se le conoce como habano y es vendido a un alto costo mundialmente; en 2007 las exportaciones llegaron a los 400 millones de dólares estadounidenses.[237]

En la época invernal donde las temperaturas son más frescas es posible cultivar intensivamente gran variedad de hortalizas y vegetales como la lechuga, la

---

[235] FERNANDO RAVSBERG: *El deshielo entre La Habana y Washington potencia el viejo motor económico de la isla.* Publicado en el jornal *El Público.* Obtenible en http://www.publico.es/internacional/deshielo-habana-y-washington-potencia.html. Consultado el 30 de diciembre de 2015.
[236] Nodo50. Nodo50 «Economía de Cuba». Consultado el 25 de octubre de 2009. http://www.nodo50.org/cubasigloXXI/economia/castellon4_310503.pdf+Nodo50
[237] Terra. «Cuba, único país del mundo con desarrollo sostenible, según WWF.». Archivado desde el original el 29 de junio de 2012. Consultado el 2 de noviembre de 2015.

acelga, zanahoria, rábanos, etc. En un nuevo proyecto para autoabastecer a las ciudades y pueblos se creó la llamada "Agricultura urbana y suburbana", que utiliza cultivos protegidos y semiprotegidos, para tener cosechas de verduras en la época veraniega donde el calor es sofocante.[238]

La agricultura se encuentra en la actualidad parcialmente mecanizada, debido a que muchos de los implementos son de origen soviético y están en mal estado, aunque se ha tratado en los últimos años de dar un nuevo impulso a la mecanización, sobre todo de los regadíos. Por otro lado, en Cuba no son muy utilizados los insecticidas químicos y en su lugar son utilizados los de origen animal y vegetal, incluyendo la lombricultura (uso de lombrices) para fertilizar los suelos. Este tipo de prácticas han colocado a Cuba como el único país del planeta con un desarrollo sostenible según la WWF.[239]

3.2.1. Reformas de Raúl Castro.

En el 2006, con el inicio de un nuevo periodo de Cuba con Raúl Castro como Presidente de los Consejos de Estados y de Ministros, se introducen paulatinamente un conjunto de reformas encaminadas a modernizar o

---

[238] Nodo50. Nodo50 «Economía de Cuba». Consultado el 25 de diciembre de 2015. http://www.nodo50.org/cubasigloXXI/economia/castellon4_310503.pdf+Nodo50
[239] Terra. «Cuba, único país del mundo con desarrollo sostenible, según WWF.». Archivado desde el original el 29 de junio de 2012. Consultado el 2 de noviembre de 2015.

actualizar el modelo económico y político cubano. Con ello queremos decir que con Raúl Castro Cuba ha experimenado el mayor númerode reformas intensas en su historia como país socialista. Entre las reformas más importantes introducidas por el gobierno cubano se encuentran:[240]

Reforma migratoria: La reforma migratoria, una de las medidas más populares de Raúl Castro, entró en vigor el 14 de enero de 2013 y puso fin a engorrosos trámites que el Gobierno imponía a los cubanos para poder viajar. Entre otros, eliminó el "permiso de salida", amplió de 11 a 24 meses el tiempo en que un cubano puede permanecer en el exterior por motivos particulares y facilitó la entrada temporal de emigrados, incluso de algunos que abandonaron "ilegalmente" la isla.

Limitación de mandatos políticos: El presidente Raúl Castro anunció la limitación de mandatos políticos y estatales a un máximo de dos periodos consecutivos de cinco años en el VI Congreso del Partido Comunista de Cuba (PCC, gobernante y único) en abril de 2011. En la primera Conferencia Nacional del PCC celebrada en enero de 2012, Castro ratificó la decisión y precisó que una vez "definida y acordada" esa política se

---

[240] La información de estas 10 primeras medidas enunciadas aquí ha sido tomado de *Las diez reformas más destacadas de Raúl Castro*. Publicado en Diario Libre el 23 de febrero de 2013 a las 12:00am.   Obtenible en http://www.diariolibre.com/noticias/las-diez-reformas-ms-destacadas-de-ral-castro-EMDL372701. Consultado el 1 de enero de 2016 a las 13:34hrs.

podría iniciar su "aplicación paulatina" sin esperar por una reforma de la Constitución.

"Cuentapropismo": La ampliación del trabajo privado a 178 actividades comenzó el 25 de octubre de 2010 como uno de los ajustes principales de la "actualización" socialista, con la novedad de que particulares pueden contratar asalariados. Según cifras oficiales, hasta diciembre de 2012 se habían acogido al empleo autónomo casi 400.000 cubanos, un 80 por ciento de ellos ya sindicalizados.

Reducción de plantillas estatales: La reducción de las plantillas estatales "infladas" fue anunciada en 2010 como "reajuste" laboral para superar la crisis económica del país y hasta 2015 se deben eliminar de forma progresiva unos 500.000 puestos de trabajo. Cinco ministerios (Industria Azucarera, Agricultura, Construcción, Salud Pública y Turismo) arrancaron con el reajuste en enero de 2011, año en que se eliminaron 140.000 empleos estatales, y para 2012 se anunció la supresión de unos 110.000.

Compraventa de casas y vehículos: La autorización de la compraventa de automóviles y viviendas entre cubanos fue decretada por el Gobierno en octubre y noviembre de 2011 y puso fin a décadas de prohibiciones o limitaciones en la isla para ese tipo de traspasos, marcados por las ilegalidades. La medida mantiene restricciones ya que los cubanos no pueden poseer más de una casa de residencia ni comprar autos nuevos en entidades comercializadoras.

Ley Tributaria: La nueva Ley Tributaria entró en vigor el 1 de enero de 2013 para dar integralidad a la política fiscal y con la incorporación de siete tributos de carácter aduanero, sobre las utilidades, ventas, servicios, utilización de mano de obra, propiedad de viviendas e ingresos personales. La ley complementa la "actualización" socialista y los esfuerzos por rescatar la cultura fiscal que prácticamente eliminó la revolución de 1959, aunque se ha determinado que algunos impuestos (como el de ingresos personales) sólo se aplicarán cuando cambien las actuales condiciones económicas del país.

Créditos bancarios: La nueva política crediticia vigente desde el 20 de diciembre de 2011 permite la financiación bancaria en pesos cubanos al sector no estatal para dinamizar el trabajo autónomo, la producción agropecuaria y la rehabilitación de viviendas. Durante el primer año de la medida el Banco Central concedió más de 130.000 créditos a particulares, más del 90 por ciento destinado a acciones relacionadas con la construcción.

Entrega de tierras agrícolas en usufructo: La entrega de tierras ociosas en usufructo fue decretada por Raúl Castro en julio de 2008 para dinamizar la agricultura y reducir las costosas importaciones de alimentos. En diciembre de 2012 se amplió el límite de extensión de parcelas a entregar y se permitió la construcción de viviendas en esos terrenos. Alrededor de 1,5 millones de hectáreas de tierras estatales fueron entregadas a unos 176.000 usufructuarios (la mayoría nuevos agricultores) hasta noviembre de 2012, sin que el Gobierno haya ofrecido aún cifras del beneficio económico de la medida.

Cooperativas no agrícolas: El cooperativismo no estatal, un tipo de gestión que durante años solo se permitió en el sector agropecuario, se extendió a partir del 11 de diciembre de 2012 a unas 47 actividades económicas del trabajo privado, como transporte, gastronomía y otros servicios técnicos y personales.

Acceso a hoteles, telefonía movil y electrodomésticos: En marzo de 2008 comenzaron las primeras reformas de Raúl Castro con el anuncio de que los particulares cubanos podrían comprar teléfonos celulares móviles, un servicio hasta entonces solo permitido para empresas, funcionarios y extranjeros. También fue levantada la prohibición que impedía a los cubanos alojarse en los hoteles para turistas, y se autorizó por primera vez la venta libre de ordenadores, y la de electrodomésticos restringidos desde 2003.

Reforma de la Ley de Seguridad Social: En enero de 2009 se reformó la Ley de Seguridad Social elevando la edad de jubilación a 60 años para las mujeres y 65 años para los hombres. También éste año se ha eliminado el tope salarial, autorizado el pluriempleo y restablecido el cobro por resultados.[241]

Acceso libre a internet: En el año 2009 el gobierno de Castro permitió a los cubanos acceder a Internet, en las oficinas de correos del país, aunque se han presentado algunos problemas de carácter técnico, debido a que el embargo estadounidense impide la conexión rápida, lo que quedaría solucionado al terminarse en 2011 un cable submarino entre Venezuela y la isla.[242]

3.2.2 Tierras en usufructo.

La Constitución de la República en su artículo 16 establece que el Estado organiza, dirige y controla la actividad económica nacional conforme a un plan que garantice el desarrollo programado del país, a fin de fortalecer el sistema socialista y satisfacer cada vez mejor las necesidades materiales y culturales de la sociedad y los ciudadanos, y en su artículo 19 dispone que el Estado apoya la producción individual de los agricultores pequeños que contribuyen a la economía nacional. Por su parte, la Ley No. 59, Código Civil, de 16 de julio de 1987, establece en su artículo 211 que el Estado puede entregar en usufructo bienes de propiedad estatal a personas naturales o jurídicas en

---

[241] *Vid*: «*El Gobierno de Raúl Castro autoriza el pluriempleo en Cuba*. Publicado en www.Gerencia.com». Consultado el 1 de enero de 2015 a las 13:34hrs.
[242]

los casos y con las formalidades previstas en las disposiciones legales, y en su Disposición Final Primera dispone que sin perjuicio del carácter supletorio de este Código, se rigen por la legislación especial, entre otros, todo lo concerniente al régimen de posesión, propiedad y herencia de la tierra y demás bienes destinados a la producción agropecuaria y forestal. También el Decreto-Ley No. 125, Régimen de posesión, propiedad y herencia de la tierra y bienes agropecuarios, de 30 de enero de 1991, establece en su Artículo 3 que la tierra propiedad del Estado podrá ser entregada en usufructo y que tal entrega debe ser aprobada por el Ministerio de la Agricultura, oído el parecer de la Asociación Nacional de Agricultores Pequeños y del Ministerio del Azúcar cuando corresponda.

Todas estas disposiciones legales intentan regular y resolver una situación actual en Cuba dada por diferentes razones. Se trata de que un porcentaje considerable de tierras estatales están ociosas, por lo que se hizo necesario la entrega de tierras en usufructo a personas naturales o jurídicas, con el objetivo de elevar la producción de alimentos y reducir su importación.

Con la promulgación del *Decreto-Ley No.259 sobre la entrega de tierras ociosas en usufructo* Se autoriza la entrega de tierras estatales ociosas en concepto de usufructo a personas naturales o jurídicas, las que serán utilizadas en forma racional y sostenible de conformidad con la aptitud de uso del suelo para la producción agropecuaria.

El usufructo concedido es por un término de hasta diez (10) años y podrá ser prorrogado sucesivamente por términos de hasta diez (10) años para las personas naturales y por el término de veinticinco (25) años para las personas jurídicas que podrá ser prorrogable por otros veinticinco (25) años. En el caso de las personas naturales, el usufructo concedido es a título personal, independientemente de que otros familiares o personas se incorporen al trabajo de la tierra, obliga al usufructuario a desarrollar la actividad fundamental para la cual fue entregada y le da derecho a su disfrute, uso y a percibir los frutos de ésta, así como a realizar las obras, reparaciones e instalaciones necesarias para la conservación y aprovechamiento de las tierras.

El usufructo concedido es intransferible y no puede ser cedido o vendido a terceras personas. Excepcionalmente, cuando el usufructuario por razones comprobadas de edad o enfermedad, cuyo padecimiento le impida permanentemente seguir trabajando y administrando las tierras, podrá solicitar la extinción del usufructo a su nombre y proponer la persona aspirante al nuevo usufructo, de entre aquellos que la hayan trabajado de forma permanente y estable.

El límite máximo a entregar a personas naturales sin tierras es de 13.42 hectáreas. En el caso de quienes posean tierras, en propiedad o usufructo, podrán incrementarlas hasta completar 40.26 hectáreas.

Son objeto de entrega en usufructo las tierras siguientes:

- las estatales ociosas administradas por empresas estatales;
- las ociosas en usufructo de granjas estatales y unidades básicas de producción cooperativa;
- las abandonadas por más de seis (6) meses por usufructuarios y por entidades estatales u otras, a las cuales se concedió el usufructo para autoabastecimiento de sus trabajadores, y;
- las ociosas en usufructo de cooperativas de producción agropecuaria o de créditos y servicios.
- las situadas en el perímetro urbano previstas para el desarrollo o ampliación de pueblos o ciudades, y;
- las previstas para planes de desarrollo agropecuario.
- El término por el cual se entregan está sujeto al inicio de las actividades de desarrollo previstas y contará con la aceptación del usufructuario, estableciéndose la prohibición de efectuar construcciones permanentes.

Ahora bien. El gobierno cubano prohibe la entrega en usufructo de las tierras siguientes:

a) las ubicadas en áreas declaradas protegidas y las que se encuentren en proceso de declaración;

b) las que se encuentren sin uso por razones topográficas o de preservación del medio ambiente;
c) las destinadas para fines de la defensa del país;
d) las que se encuentren arrendadas al Estado por los agricultores pequeños;
e) las que deben ser preservadas por su relación con hechos históricos o del patrimonio cultural, y;
f) otras que por interés estatal se decidan.

Tienen la posibilidad de adquirir tierras en usufructo:

a) las granjas estatales, las unidades básicas de producción cooperativa y las cooperativas de producción agropecuaria;
b) las cooperativas de créditos y servicios, según lo establecido en la ley;
c) las entidades estatales no agropecuarias y otras instituciones, para destinarlas al autoabastecimiento de sus trabajadores;
d) otras personas jurídicas constituidas conforme a la ley que excepcionalmente se autoricen, y;
e) las personas naturales cubanas, con capacidad legal, que se encuentren aptas físicamente para el trabajo agrícola, cumplan los requisitos establecidos y las tierras que soliciten se encuentren disponibles para su entrega.

La extinción del usufructo concedido a personas jurídicas procede por las causas siguientes:

a) por solicitud de la entidad usufructuaria al no poder continuar con la utilización racional y sostenible del área;

b) por abandono de la actividad productiva en el área objeto de usufructo por más de seis (6) meses;

c) por la no utilización racional y sostenible de las tierras;

d) por la infracción continuada, previa advertencia, de las medidas de protección y conservación del medio ambiente que debe observar o aplicar;

e) revocación por causas de utilidad pública o interés social, expresamente declarada por Resolución del Ministro de la Agricultura o instancias superiores del Gobierno;

f) por extinción de la persona jurídica, y;

g) por vencimiento del término de concesión.

La extinción del usufructo concedido a personas naturales procede por las causas siguientes:

a) por renuncia expresa del usufructuario;

b) por incapacidad total o muerte del usufructuario;

c) por incumplimiento continuado de la producción contratada, previo dictamen de los especialistas;

d) por la no utilización racional y sostenible de las tierras;

e) por la infracción continuada, previa advertencia, de las medidas de protección y conservación del medio ambiente que debe observar o aplicar;

f) por actos que contravengan el fin por el que se otorgó el usufructo;

g) por abandono durante un período superior a seis (6) meses de la actividad productiva en la tierra usufructuada;

h) revocación por causas de utilidad pública o interés social, expresamente declarada por Resolución del Ministro de la Agricultura o instancias superiores del Gobierno;

i) por la transmisión ilegal del usufructo a terceras personas, y;

j) por conclusión del término concedido.

3.2.3. Sustitución de importaciones.

En síntesis, sustitución de importaciones es toda aquella producción de bienes materiales o de servicios que logrados nacionalmente eviten recurrir al mercado internacional a adquirirlos, lo cual implicaría gastos en divisas frescas o apelar a créditos.[243]

La sustitución de importaciones es una de las prioridades de la economía cubana actual debido a los cambios que se están produciendo en la isla y la crisis mundial imperante. Esta tarea involucra a muchos centros productores de bienes y servicios del país que deben conocer la importancia de elevar la producción

---

[243] Tomado de VÁZQUEZ MONTES DE OCA, MICHAEL: *Sustitución de importaciones y fomento de exportaciones.* Publicado en http://www.monografias.com/trabajos91/sustitucion-importaciones-y-fomento-exportaciones/sustitucion importaciones-y-fomento-exportaciones2.shtml#ixzz3w1woukX6. Consultado el 3 de enero de 2016 a las 23:34hrs.

nacional. Para buena parte de la población, e incluso muchos de los propios laborantes que intervienen en la tarea, esta resulta empeño de la macroeconomía y que en realidad no se palpa. Claro que no es así, y el producto de la sustitución de importaciones se reincorpora a la sociedad por numerosas vías. [244]

La sustitución de importaciones en Cuba y el fomento de las exportaciones enfrentan serios obstáculos que parecen insalvables pero que tienen solución, algunos de los cuales son;[245]

- Las exportaciones de bienes aún no sobrepasan, como promedio, la tercera parte de las importaciones de bienes, lo que constituye un peso que gravita seriamente sobre la balanza comercial, la balanza de pagos, la obtención de créditos externos y la capacidad de pago de los mismos.
- La organización aún deficiente de estas actividades a nivel gubernamental y empresarial lo que conspira contra su prioridad real.

---

[244] Tomado de MAZORRA LUIS, MANUEL: *Importancia de sustituir importaciones en la economía cubana actual*. Publicado en el sitio informativo digital Cuba Headlines en Español. Obtenible en http://www.cubaheadlines.com/es/2012/04/01/34925/importancia_de_sustituir_importaciones_en_la_economia_cubana_actual.html. Consultado el 24 de diciembre de 2015. A las 21:35hrs.
[245] VÁZQUEZ MONTES DE OCA, MICHAEL: Ob. Cit.

- La centralización aún excesiva de la toma de decisiones para la solución de los problemas que se presentan de manera cotidiana.
- Niveles de Importaciones insostenibles, sobre todo de alimentos
- Insuficientes niveles de producción
- Falta de una estimulación importante y diferenciada para las instituciones, empresas y trabajadores que participan en estas actividades.
- Problemas de financiamiento a los eslabones de la cadena productiva y de comercialización
- Dificultades en la obtención de los insumos necesarios
- Deficiente calidad de muchas de las producciones
- Niveles de precios poco competitivos
- Problemas con los envases y embalajes
- Problemas con la transportación interna y externa
- Desconocimiento de los mercados actuales y potenciales

Perspectivas

Las perspectivas a corto y mediano plazo no son las mejores mientras se mantenga el bloqueo económico de los Estados Unidos y las tirantes relaciones políticas con la Unión Europea que no crean un clima favorable al comercio y dificulta el acceso a ventajas comerciales en las negociaciones bilaterales y multilaterales.Sin embargo, existen mercados y posibilidades de comercialización que deben ser más trabajados.El recrudecimiento del bloqueo norteamericano y las tendencias imperantes en la economía mundial con el control casi absoluto que ejercen sobre ella las grandes corporaciones transnacionales más el incontenible crecimiento de los precios del petróleo, sus derivados y los productos manufacturados han llevado al comercio exterior cubano nuevamente a una situación de dependencia no deseada pero inevitable. Todas estas variables suponen un cambio dramático en caso de encontrarse petróleo en gran escala, lo que significaría no solo la posibilidad de ahorro de importaciones por más de las dos terceras partes de las mismas sino también la de incrementar las exportaciones sustancialmente.

No obstante, Cuba no debe cifrar sus objetivos en esta perspectiva sino en la mas sólida de continuar ampliando su comercio de servicios y la exportación de productos agroalimentarios cada vez con mayor valor agregado, maquinarias y equipos para esta industria, productos médicos y biotecnológicos, producciones de la industria ligera y básica además de los tradicionales, limitando racionalmente el crecimiento de las importaciones. Desde luego que estos criterios son polémicos y actualmente siguen en constante debate dentro de la isla.

3.2.4 Precios.

Nota, para valorar la dinámica de los precios en Cuba actualmente tomaremos como punto de referencia los

234

productos agrícolas y la carne que son los que más demanda la población.

Las mejoras de los precios al productor privado han incentivado algunas producciones como la leche y los frutales. Existe un programa para autoabastecer al país de leche de vaca y eliminar las importaciones de este alimento en polvo. Al cierre de 2009 se autoabastecían de leche 66 municipios de los 169 que tiene el país, en un proyecto especial que abarcó en 2009 unas 6000 bodegas (el 56%), exceptuando la capital del país.[246]

Lo que no es negable es que el costo de los productos que la familia cubana adquiere en los mercados agropecuarios subió paulatinamente desde 2009 al 2014; sin embargo, en el primer semestre de 2014 el comportamiento de esos precios, a nivel de país, quedó, como tendencia, por debajo del ritmo que llevaban años atrás.[247] La ralentización en esos gastos (Costo de productos agrícolas en los mercados y la cantidad que las familias deben desembolsar mínimamente en ellos diariamente) en el primer semestre fue consecuencia, en primer lugar, del incremento en 17,6 por ciento del índice de

---

[246] Diario Juevntud Rebelde Digital. «*Ligero aumento de la producción de alimentos*». Consultado el 3 de enero de 2015. http://www.radionuevitas.icrt.cu/index.php/cuba/860-ligero-aumento-de-la-produccion-de-alimentos-.htm

[247] Tomado de TAMAYO, RENÉ: *Los precios se desaceleraron en el primer semestre (II y final).* Publicado en *Juventud Rebelde* el 18 de Octubre del 2014 19:56:03 CDT. Obtenible en http://www.juventudrebelde.cu/cuba/2014-10-18/los-precios-se-desaceleraron-en-el-primer-semestre-ii-y-final/. Consultado el 2 de enero de 2016 a las 12:03hrs.

volumen de la producción agropecuaria (excluye caña de azúcar y patios y parcelas) entre enero y junio con respecto a similar período anterior, según cifras preliminares de la Oficina Nacional de Estadísticas e Información (ONEI). Lo interesante de ese fortalecimiento fue su disparidad. Como mismo unos cultivos subieron —el plátano, las hortalizas y los tubérculos y raíces, excluyendo la papa—; otros cayeron, como el tomate, la cebolla, el pimiento y los cítricos. Eso lo convierte en un hecho normal, no sorpresivo. Lógico y reproducible. Unas producciones suben; otras bajan. Es la dinámica. En el primer semestre de 2014 la cotización promedio de la tonelada mixta de productos agrícolas y cárnicos en el mercado agropecuario se desaceleró. Según nuestros cálculos, en las tres principales formas de comercialización (la estatal —MAE—, los puntos de venta, y los mercados de oferta y demanda —MAOD), las tarifas subieron cuatro por ciento con respecto a igual período anterior. El precio promedio de una tonelada de rubros agrícolas (indicador aplicable de forma idéntica a una libra cuando hablamos en términos porcentuales) se encareció 2,8 por ciento con relación al primer semestre de 2013, temporada en que el agromercado se puso «letal»: el valor de estos productos subió 21,7 por ciento con respecto a igual período de 2011 (no encontramos en el sitio www.onei.cu la publicación correspondiente a 2012). La cesta agrícola contiene viandas, hortalizas, arroz, maíz —en grano, tierno molido y mazorca—, granos, cítricos y frutas no cítricas, según metodología de la ONEI, cuya serie *Ventas en el mercado agropecuario, correspondiente al* período *enero-junio 2006-2014* es la base para nuestros estimados. A nivel nacional la cotización promedio de la tonelada cárnica, en tanto, disminuyó 12,3 por ciento. Esta cesta la componen el cerdo —en pie, en piezas, asado, derivados y manteca—; el ovino/caprino —en pie y sacrificado—; las aves —en pie y sacrificadas— y otras carnes. ¿Y cómo es posible que si la tasa de la cesta agrícola subió 2,8 por ciento y la de la cárnica cayó 12,3 por ciento, el precio promedio de la tonelada mixta muestre un crecimiento de cuatro por ciento? Al incorporar al valor de la tonelada agrícola el de la cárnica, el precio conjunto crece. Hay, empero, otras maneras de mirar el asunto. Si bien en el primer semestre de 2014 en los MAE, los puntos de venta y los MAOD el precio promedio de la canasta agrícola y cárnica tuvo ese comportamiento, el grupo de los 15 productos más vendidos aportó un elemento más negativo. Quizá este dato acerque mejor al lector a la realidad. El precio de esta cesta creció en la etapa que estamos analizando 7,2 por ciento con respecto a igual período anterior. No obstante, esa cotización estuvo por debajo de los estimados para los primeros semestres de 2013 y 2012, cuando el incremento de precios anduvo sobre el 20 por ciento. Los 15.., una de las tablas de la ONEI hasta 2011 en sus ediciones *Ventas en el mercado agropecuario..,* agrupa los principales componentes de la mesa cubana. No por gusto representan alrededor del 70 por ciento de la facturación en estos espacios. La componen arroz y granos; cerdo en pieza, carne de carnero y de chivo, aves; papa, boniato, plátano y

237

calabaza; ajo y cebolla; tomate y col; y naranja y frutabomba.[248]

La caída en el precio promedio de la tonelada de carne ya se había verificado en enero-junio de 2013, cuando las tarifas se contrajeron 4,2 por ciento con respecto a la etapa de 2011. Para quienes van al mercado y la libra de bistec cada día es más cara, insisto —como en el otro artículo— en que el valor promedio de la carne no distingue ni en piezas —bistec, recorte, derivados, manteca, hueso—, ni entre Miramar o Mantilla, Pilón o Guamuta. Es una sumatoria nacional. Solo da tendencias. ¿Y por qué bajó tanto el precio de la carne en el agromercado? Primero, por lo primero. Porque creció la producción nacional y también —como efecto— la oferta en las placitas, en específico el puerco, cuya carne y derivados son los más vendidos y demandados en estos escenarios. En el primer semestre de 2014 la entrega a sacrificio de cerdo en pie a los diferentes destinos ascendió a 97 900 toneladas (en números redondos). Subió 11,6 por ciento con respecto a enero-junio de 2013, cuando la producción ya había aumentado 25,8 por ciento en comparación con el período precedente. El 2012 no solo tuvo un mal primer semestre, sino también el año: los porcicultores enviaron a matadero casi 11 por ciento menos que en 2011, según consta en la colección digital *Sector agropecuario. Indicadores seleccionados*, de la ONEI. Como mismo la entrega de puercos a sacrificio creció, sus ventas en físico en los

---

[248] *Ibídem.*

MAE, los puntos de venta y los MAOD también fueron para arriba. Entre enero y junio de 2014 se pusieron en anaquel 3 407,4 toneladas en las variantes de en pie, en piezas, asado, derivados y manteca. La oferta creció 42 por ciento con respecto al primer semestre de 2013, cuando mostró una discreta escalada de 3,2 puntos, un ascenso ligero pero propicio, tomando en cuenta que en 2011 —y al parecer en 2012— el cochino «se perdió» del agromercado. La segunda respuesta a la caída en el precio promedio de las carnes está en que tales comercios no son la principal fuente de abasto de la población. Antes están la libreta, las tiendas recaudadoras de divisas, el mercado paralelo de Comercio Interior y otras opciones. Como no hay pescado, lo que más las personas consumen —cuando carne hay— es pollo, menos cara que las demás... Y picadillo, sea cual sea la oferta que haya en las tiendas. Una tercera interpretación sobre la «rara» caída de los precios de la carne en el mercado agropecuario está en que no reciben tanta presión por parte de las formas no estatales de gestión gastronómica.

Desde el 2015 el gobierno cubano ha incentivado el control sobre el ganado y los precios agrícolas y de las carnes. Especialmente en los entes privado para evitar el mercado paralelo d eprecios que actualmente es visible en la isla, aunque ha decaído mucho durante el 2015. No obstante, los altos precios siguen siendo un gran problema en la isla ya que los ciudadanos muchas veces se quejan de que los productos suelen ser hasta

10 veces más caros que en muchos países del primer mundo y con una calidad mucho menor.

3.3 Industria pesquera.

La industria pesquera se desarrolla fundamentalmente en La Habana, Manzanillo y Matanzas. La producción de la acuicultura marina es generalmente pequeña, con un máximo de producción de 300 toneladas. La producción de la acuicultura de agua dulce está más desarrollada, en el año 2000 rondó las 90 mil toneladas.[249] Entre las especies fundamentales que se pescan se encuentran el dorado, la lubina, la claria o pez gato, las tencas y las tilapias.[250] También se cultivan y pescan moluscos, crustáceos como camarones, langostas para la exportación y calamares.[251]

3.4 Minería.

Cuba, además, aunque no tan desarrollada como otras industrias, posee importantes minas, principalmente las de níquel (34,4% de las reservas mundiales), cobalto y

---

[249] DIARIO GRANMA: «Infrome a la Asamble Nacional, de la Comsión Económica». Consultado 1 de enero de 2016. Obtenible en http://www.granma.cu/documento/espanol00/052-e.html+Granma
[250] Ibídem.
[251] Mar Cuba: «Productos congelados.». Consultado el 22 de octubre de 2009. Obtenible en http://www.marcuba.com/caribex/text_productos_congelados.htm. Consultado el 1 de enero de 2016

cobre, entre otras.[252] Los principales yacimientos de níquel se encuentran en el municipio de Moa, provincia de Holguín y en la provincia de Guantánamo (aunque en menor escala). Este producto de hecho se ha convertido en una importante base económica cubana.

El gobierno afirma que aumentará la producción de níquel a 80.000 toneladas al año, lo que lo hará una fuente poderosa.[253] Durante la década de 2000 se están llevando a cabo programas para modernizar este procedimiento de extracción y constituye una importante reserva mundial.[254] Incluso se afirma que con la construcción de una cuarta empresa niquelífera la producción ascenderá a 100.000 toneladas. Igualmente, China intenta firmar acuerdos de cooperación para la extracción de este mineral.[255]

---

[252] Vid: *Níquel: No van lejos los de "alante"*. Artículo publicado y obtenible en https://archive.is/20120629003545/http://cubaalamano.net/sitio/pro mocion/enfniq.htm#selection-35.0-35.39. Consultado el 1 de enero de 2016 a las 23:04hrs
[253] El País. *«La SPRI renovará equipos de las minas de níquel en Cuba.»*. Archivado desde el original el 29 de junio de 2012. Consultado el 2 de enero de 2016 a las 01:23hrs.
[254] Radio Habana Cuba. «El níquel cubano busca la eficiencia energética». Consultado el 2 de enero de 2016. http://www.radiohc.cu/espanol/comentarios/febrero07/comentario2 1feb1.htm
[255] Area Minera. «China invertirá en la producción de ferro-níquel de Cuba». Obtenible en http://web.archive.org/web/20090814071951/http://www.areaminer a.com/Contenidos/Noticias/2004/4125.act. Consultado el 23 de diciembre de 2015 a las 23>56hrs.

241

El cobalto es otro mineral extraído en el oriente cubano, aunque también es extraído en provincias como Villa Clara. Cuba cuenta con el 26% de las reservas mundiales (segunda mayor) produce aproximadamente el 10% de este mineral a nivel mundial y la mayor parte la exporta a China.[256] Respecto a este asunto, Cuba firmó acuerdos con Canadá.[257] Al igual que con el níquel, se encuentra cooperando con China y explorando nuevas reservas de este mineral en el norte del oriente cubano.[258] Cuba también produce 400.000 toneladas anuales de acero en las industrias de La Habana y Las Tunas. Por su situación geográfica, Cuba extrae sales marinas del mar Caribe. Ha hecho de ellas un nuevo producto, que es exportado al mercado internacional y empleado en el consumo. La producción es aproximadamente de 250.000 toneladas en total. Las más importantes salineras están enclavadas en Puerto Padre y Guantánamo, ambas en la zona oriental del país.[259]

---

[256] Ministerio de la Industria Básica de Cuba. «MINBAS». Archivado desde el original el 29 de junio de 2012.

[257] Granma Internacionmal.: *«Suscribe Cuba acuerdo de expansión con empresa canadiense Sherrit.»*. Archivado desde el original Granma internacional el 20 de septiembre de 2012. Obtenible en el siguiente linc: https://archive.is/20120920193412/http://www.granmai.cubasi.cu/e spanol/2005/marzo/vier4/11sherrit.html. Consultado el 23 de diciembre de 2015 a las 11:48hrs.

[258] *Ibídem.*

[259] Solvisión. *«Recuperada producción salinera del país»*. Archivado desde el original el 17 de septiembre de 2012. Obtenible en el siguiente linc: en https://archive.is/20120917114400/http://www.solvision.co.cu/inde

El petróleo es un recurso que aún tiene poca producción, según The World FactBook en su edición 2006 son extraídas y procesadas aproximadamente 4000.000 de toneladas anuales equivalentes de petróleo y gas (70.000 b/d sobre el 48% del consumo interno). Las reservas probadas están en torno a los 243 millones de barriles de petróleo y de 67.890 millones de metros cúbicos de gas (estimados del 2006). Este rubro tiene grandes perspectivas de crecimiento: debido a recientes estudios sismológicos se estiman grandes reservas en el Golfo de México y Cuba ha concedido licencias a grandes transnacionales para la búsqueda del preciado mineral, lo que ha despertado grandes expectativas de desarrollo y a la vez protestas de grupos ecologistas. Se extraen fundamentalmente en las provincias de La Habana (Canasí, Yumurí, Jaruco, Puerto Escondido) y Matanzas (Cárdenas y Varadero).[260]

También es procesado el petróleo en Cuba mediante refinerías encontradas en cuatro provincias. La primera en La Habana, la segunda en Santiago de Cuba, la tercera en Cienfuegos y la última en Sancti Spíritus

---

x.php?option=com_content&view=article&id=1509:-recuperada-produccion-salinera-del-pais-&catid=1:guantanamo&Itemid=2. Consultado el 13 de diciembre de 2015 a las 23:56hrs
[260] Degerencia.com. «*Cuba obtuvo "resultados alentadores" en búsqueda de petróleo en golfo de México.*». Archivado desde el original el 20 de septiembre de 2012. Obtenible en el siguiente linc: https://archive.is/20120920193410/http://www.degerencia.com/act ualidad.php?actid=15794 . Consultado el 23 de diciembre de 2015 a las 23:09hrs.

(Cabaiguan); esta última se dedica fundamentalmente a la producción de aceites básicos para la industria. Además es procesado el petróleo importado de Venezuela a la isla en cumplimiento del tratado de PetroCaribe. La zeolita y la sílice son abundantes y se ha comenzado un proceso de industrialización para extraer estos minerales que en 2009 son exportados a países del área como México o Colombia.[261] En 2010 fueron iniciados los trabajos de construcción de una nueva planta de ferroniquel, que llegará en 2013 a producir más de 68 000 toneladas anuales, las labores están a cargo de la empresa mixta cubano-venezolana *Quality S.A.*

3.5 Construcción y maquinaria

El rubro de la construcción en Cuba consiste en la elaboración de materiales de construcción como cemento y ladrillos y en la remodelación y reparación arquitectónica.

Para esta última se encuentra la UNAICC, encargada de proyectos de restauración y construcción.[262] Los materiales de construcción son producidos en

[261] Diario Granma. «Ascendente interés por zeolita cubana en Europa y América». Archivado desde el original el 30 de noviembre de 2015
[262] UNAICC. «Objetivos.». Archivado desde el original el 29 de junio de 2012.

Artemisa, Mariel, Matanzas, Camagüey, Nuevitas, Cienfuegos y Santiago de Cuba.[263]

Cuba posee pequeñas industrias de construcción de maquinarias, entre ellas algunas hidráulicas y sencillas que facilitan el trabajo laboral.[264] Las principales industrias de construcción están en La Habana (la capital), en Santa Clara, Sancti Spíritus, Camagüey Holguín y Santiago de Cuba.[265] Además se elaboran instrumentos y maquinarias agrícolas en las regiones de Holguín (*véase Empresa de Implementos Agrícolas de Holguín y Empresa 60 Aniversario de la Revolución de Octubre en Holguín*), Ciego de Ávila, Matanzas y La Habana. Se han presentado proyectos de reapertura de producciones de KTP. Es muy importante en la recuperación económica del país, pues en su decadencia perdió importantes fábricas, entre ellas las automotrices de ómnibus y tractores.

En industria naval, Cuba se asoció con Venezuela para construir un astillero.[266] También se producen barcos en el astillero de Santiago de Cuba. Hay astilleros además en Matanzas y La Habana. Son conocidas las

---

[263] Revista Bohemia. «Sumarios en Cuba.». Archivado desde el original el 30 de noviembre de 2015. Obtenible en el linc: http://www.bohemia.cu/2006/abr/01/SUMARIOS/ENCUBA/constru ccion1.html. Consultado el 21 de diciembre de 2015 a las 12:44hrs.

[264] Cuba Industria. «Oportunidades de Inversión / Industria Pesquera.». Archivado desde el original el 20 de septiembre de 2012.

[265] *Ibídem.*

[266] Cubanet: *«Cuba y Venezuela construirán astillero».* Archivado desde el original el 29 de junio de 2012.

empresas estatales Fábrica Claudio Arguelles de La Habana y la Industria Automotriz de Guanajay.

3.6. Industria alimentaria.

En la industria alimentaria se destacan los refrescos y maltas, Bucanero, Tukola, tropical island, entre otros.[267] Se producen lácteos, confituras (las más importantes son producto de La Estrella y de la empresa cubano-italiana Papas & Co.), conservas, lácteos (incluidos el yogur de soya repartido en las Escuelas Secundarias Básicas y el dado a los menores por la libreta de abastecimiento), cárnicos, aceite (también dado en la libreta de abastecimiento), refrescos (destacándose Ciego Montero), jugos (destacándose Tropical) y dietéticos.[268] Parte de esta industria se basa en la agricultura, como, por ejemplo, en la elaboración de jugos, donde hay grandes siembras de las frutas requeridas.

El arroz es muy consumido por los cubanos y, de igual manera el trigo. Los frijoles y los garbanzos y chícharos son también muy producidos y populares entre los cubanos. Por otro lado se encuentran las carnes de cerdo y carnero como las preferidas en la culinaria cubana y los embutidos también.

---

[267] Cuba Industria. «Oportunidades de Inversión / Industria Pesquera.». Archivado desde el original el 20 de septiembre de 2012.
[268] Ibídem.

3.7 Industria textil y poligráfica.

Constituye la industria de papel y su impresión. Las principales productoras de papel se encuentran en La Habana, Matanzas y Santiago de Cuba. La producción textil (de tejidos, hilos y telas) se encuentra más bien en la región occidental del país, exceptuando Holguín. Las empresas productoras son de La Habana, Bauta, Alquízar, Matanzas, Güines y Holguín. Desde hace algunos años se ha experimentado.

3.8 Transporte.

Cuba posee una desarrollada red vial para el transporte automotor que alcanza 52 202 km, de los cuales están pavimentados 17 212 km. De ellos, 11 450 son vías clasificadas como de interés nacional, incluyendo 654 km de autopistas y 400 km de otras vías expresas multicarriles y 1435 de la Carretera Central. Esta red abarca todas las provincias y ciudades del país.

El transporte en Cuba se ha visto deteriorado debido al envejecimiento y rotura de antiguos medios y la dificultad para la adquisición de nuevos de ellos por el embargo económico, financiero y comercial de Estados Unidos y la crisis económica a la que ha estado sujeto el país. Desde 2006 se han programado grandes planes para su mejoramiento integral.

En las urbes es común ver aún automóviles estadounidenses de finales de la década de 1950. En las décadas de los años 1970 y 1980 se importaron vehículos procedentes de países socialistas, siendo muy populares los de las marcas Lada, Moskvitch y Volga. Para distribuir estos a los usuarios particulares se creó un mecanismo de asignación por prioridades, priorizando a profesionales y a trabajadores destacados. A partir de 2012 se ha liberalizado la compra-venta de automóviles entre ciudadanos.[269]

A partir de los años 90 se han comenzado a importar automóviles europeos y asiáticos modernos. Es común encontrar vehículos de marcas europeas, como Peugeot, Citroën o Mercedes-Benz, y asiáticas, como Toyota, Mitsubishi, Hyundai, Kia, aunque la inmensa mayoría son de propiedad estatal (taxis, autos de alquiler para el turismo o autos de empresas). En la década de 2000, se produjo el desembarco en la isla de automóviles de manufactura china, con marcas como Chery.[270]

El país posee también una extensa red de ferrocarriles con 8193 km de longitud que alcanza todas las capitales provinciales y los principales puertos. La empresa estatal encargada de la red ferroviaria es (Ferrocarriles de Cuba). Para el transporte público aún se emplean trenes de hace más de veinte años aunque al país están llegando nuevos equipos de China e Irán.

---

[269] Ladaamercia.com. «Lada Latinoamérica». Archivado desde el original el 30 de noviembre de 2015. Obtenible en http://www.ladaamerica.ru/informacion/sep2003.htm.
[270] Autocity.com. «Llegan los autos chinos.». Archivado desde el original el 20 de septiembre de 2012

Existen servicios de trenes desde La Habana a Pinar del Río y a Guantánamo, atravesando todo el país.

La aviación de Cuba es relativamente poco utilizada en el ámbito nacional aunque existen una decena de aeropuertos con vuelos regulares hacia La Habana. Los aeropuertos internacionales más importantes radicanen La Habana, Varadero, Holguín y Santiago de Cuba. Las compañías aéreas nacionales son Cubana de Aviación, Aerogaviota, AeroCaribbean, Aero Varadero y Aerotaxi.

El transporte por ómnibus es el más utilizado; existen dos empresas estatales a cargo de esta actividad: Viazul, que opera en peso cubano convertible (CUC) y *Astro* que opera en peso cubano (CUP). Ambas empresas cuentan con modernos ómnibus marca Mercedes-Benz y Yutong. Estas empresas se desempeñan a nivel interprovincial principalmente. En el transporte distrital y urbano se utilizan otros medios.[271] Los autobuses rígidos se pueden observar en las principales ciudades mientras los autobuses articulados principalmente en la Habana. Los populares "Camellos" se fueron retirando progresivamente pero aún se les puede observar haciendo rutas medias, como por ejemplo el que hace ruta Jaguey Grande - Matanzas. Para comunicar pequeños centros urbanos

---

[271] Hi Cuba. Hi, Cuba «Destinos». Obtenible en http://www.hicuba.com

se utilizan minibuses algo deteriorados por el tiempo.[272] En 2014 se inauguró un puerto de contenedores que demando una inversión de 700 millones de dólares y fue construido por la empresa brasileña Odebrecht en Mariel.[273]

3.8.1 Energía.

Para evitar las deficiencias de la electricidad producidas en las termoeléctricas, donde se lleva el combustible ya refinado, el gobierno cubano invirtió en la reparación de generadoras de energía. Una de ellas fue la más moderna y eficiente del país, la Termoeléctrica de Cienfuegos, la cual a 2009 está siendo reparada para lograr un mejor funcionamiento.[274] Así también ocurre en otras como la de Santiago de Cuba, en la que se controlan las emisiones tóxicas a la atmósfera.[275] También se ha realizado una importante inversión en construcción de emplazamientos de grupos electrógenos diésel y Fuel

---

[272] Radio La Primerisima. «Cuba: de los «camellos» a los autobuses articulados chinos». Archivado desde el original el 29 de junio de 2012.

[273] http://web.archive.org/web/http://www.swissinfo.ch/spa/suiza_y_el_mundo/internacional/Brasil_apuesta_a_despegue_de_economi a_de_Cuba_con_nuevo_puerto_de_contenedores.html?cid=37813 952

[274] Diario 5 de septiembre. «*Modernizarán Termoeléctrica de Cienfuegos.*». Archivado desde el original el 30 de noviembre de 2015.

[275] Cuba Solar. «*Evaluación de las emisiones gaseosas e impacto ambiental de una termoeléctrica cubana.*». Archivado desde el original el 20 de septiembre de 2012.

Oil diseminados por todo el país, eliminando casi por completo los apagones de los años 90.

El programa de ahorro de energía cubano conocido como "Revolución Energética" vendió con facilidades de pago a los núcleos familiares equipos electrodomésticos de cocina como refrigeradores, ollas de presión eléctricas, cocinas eléctricas, etc. para evitar el gran consumo de gas natural y otros combustibles como el keroseno.[276] Como parte de este programa también se arreglaron postes eléctricos y cables de alta tensión para la distribución de la electricidad, se instalaron nuevos generadores y esto hizo que fueran prácticamente eliminados los ya familiares apagones. Este programa convirtió a Cuba en el primer país del mundo en sustituir las bombillas incandescentes por bombillas de bajo consumo, ejemplo seguido después por países como Australia, Venezuela o Argentina.[277]

Existen lugares muy intrincados del país en los cuales no fue posible llevar la luz eléctrica. No obstante, se recalcó que toda escuela tenía que tener un televisor, video y computadoras. Para obtener electricidad con la cual abastecer estos aparatos, se recurrió a la energía fotovoltaica. Esta forma de obtención de energía radica en el almacenamiento de los rayos solares y su

---

[276] TeleCinco. «Ollas a presión subvencionadas en Cuba en el Día de la Mujer.». Archivado desde el original el 20 de septiembre de 2012.
[277] Cuba Información. «*Cuba, Australia y la bombilla de la imaginación.*». Archivado desde el original el 29 de junio de 2012.

transformación en electricidad. Esto se lleva a cabo en paneles solares, que se han hecho muy comunes principalmente en la región de Guantánamo.

Cuba cuenta con cuatro grandes parques eólicos como obtención de energía alternativa. Uno de ellos se encuentra en la Isla de la Juventud, en ampliación hasta 2009.[278]

En la región central de Cuba, en Ciego de Ávila, existe otro parque de menor amplitud que se encuentra en ampliación.[279]

Siendo el más reconocido y constituido por varios parques, el de Gibara, Holguín, posee una enorme capacidad.[280] Se les fueron dados los últimos ajustes y ya comenzó a producir sus primeros Megawats.[281]

El cuarto, que cuenta con seis aerogeneradores de la tecnología china *Goldwind*, en Punta Rasa, también

[278] Diario Juventud Rebelde: *«Inauguran Parque Eólico Experimental Los Canarreos en Isla de la Juventud.»*. Archivado desde el original el 20 de septiembre de 2012.
[279] Revista Bohemia. *«Construyen nuevo parque eólico en zona central de Cuba.»*. Consultado el 1 octubre de 2015. http://www.bohemia.cu/2008/01/03/2-aeolico1.html.
[280] Habana UPEC. «El parque eólico de Gibara sometido a ajustes técnicos.». obtenible en. http://www.habanaupec.cubasi.cu/feb+8/04parque.htm
[281] Agencia Prensa Latina S.A. «Construye Cuba segundo parque eólico en oriente del país.». Archivado desde el original el 20 de septiembre de 2012.

cerca de Gibara comenzó a producir a principios de julio de 2010.[282]

4. La inversión extranjera.

Para mantener la economía a flote, La Habana busca activamente la inversión extranjera, lo cual a menudo resulta en la formación de empresas conjuntas en las que el gobierno cubano posee la mitad del capital, así como contratos de administración de instalaciones turísticas o el financiamiento de la zafra. Un nuevo marco legal, dispuesto en 1995, les permite a los propietarios extranjeros tener mayoría en las empresas colectivas con el gobierno cubano. En la práctica, la mayoría propietaria extranjera en las empresas colectivas es casi inexistente. Hacia finales del 2000, operaban en Cuba casi 400 empresas conjuntas, lo cual representa inversiones, por parte de 46 países, de entre 42 y 45 mil millones de dólares, aunque prácticamente el 70% de las mismas no podrían considerarse inversiones extranjeras de acuerdo con el estándar internacional, ya que operan fuera del país. Gran parte de estas inversiones son préstamos o contratos de administración, suministros o servicios que, en las economías occidentales, normalmente no se consideran inversiones de capital.

Como parte de la actualización del modelo económico cubano, la inversión extranjera en Cuba se orienta a la

---

[282] Diario Granma. http://web.archive.org/web/http://www.granma.cubaweb.cu/2009/0 6/11/nacional/artic15.html. Archivado desde el original

diversificación y ampliación de los mercados de exportación, el acceso a tecnologías de avanzada, la sustitución de importaciones, la obtención de financiamiento externo, la creación de nuevas fuentes de empleo, la captación de métodos gerenciales y la vinculación de la misma con el desarrollo de encadenamientos productivos, así como al cambio de la matriz energética del país mediante el aprovechamiento de fuentes renovables de energía.

La inversión de capitales extranjeros se rige por la Ley no. 118 "Ley de la Inversión Extranjera", de 29 de marzo de 2014, en vigor desde el 28 de junio del mismo año.[283]

El marco legal que incluye normas complementarias a la Ley fue publicado en la Gaceta Oficial no. 20 Extraordinaria, de 16 de abril de 2014.

Incluye, el Decreto no. 325/2014 del Consejo de Ministros, las Resoluciones no. 46 y no. 47 de 2014 del Banco Central de Cuba (BCC), la Resolución no. 16 de 2014 del Ministerio de Trabajo y Seguridad Social (MTSS), así como las resoluciones no. 128 y no. 129 de 2014 del Ministerio del Comercio Exterior y la Inversión Extranjera (Mincex).

---

[283] Lo referente a la ley de inversión extranjera de Cuba de 29 de marzo de 2014 ha sido tomado del sitio web de la página web oficial de la Cámara de Comercio de la República de Cuba. Obtenible   en http://www.camaracuba.cu/index.php/es/negocios/inversion-extranjera-en-cuba. Consultado el 5 de diciembre de 2016 a las 03:31hrs.

El 24 de mayo de 2014 se adoptó el Acuerdo no. 7567 del Consejo de Ministros que delega en los ministros del Comercio Exterior y la Inversión Extranjera, y del Turismo, la aprobación y autorización de los contratos de asociación económica internacional que tengan por objeto la administración productiva y de servicios y la prestación de servicios profesionales, así como los de administración hotelera respectivamente.

En relación a la ejecución de inversiones en Cuba, debe tenerse en cuenta que en la Gaceta Oficial Extraordinaria no. 5 de 23 de enero de 2015 fue publicado el Decreto no. 327 Reglamento del Proceso Inversionista y sus normas complementarias, cuyo propósito es regular los elementos esenciales del proceso inversionista, en correspondencia con la actualización del modelo económico.

En el artículo 2.1 de este Decreto se señala lo siguiente:

ARTÍCULO 2.1. Las empresas mixtas, las partes de los contratos de asociación económica internacional y las empresas de capital totalmente extranjero, una vez constituidas al amparo de la legislación vigente para la inversión extranjera, para emprender procesos inversionistas en el territorio nacional, aplican el presente Decreto en lo que corresponda y con las precisiones previstas en este.

Para la definición de un proyecto de inversión extranjera que sea de interés económico para Cuba, el inversionista extranjero podría optar por seleccionar uno de los proyectos presentados en la Cartera de Oportunidades que más se ajuste a sus posibilidades e intereses económicos, o realizar una propuesta de proyecto específico no contemplado en la mencionada Cartera,

4.1 Las remesas.

Las remesas familiares de dinero desde el extranjero desempeñan un papel importante en las cuentas públicas de Cuba, y suponen entre 800 y 1.000 millones de dólares por año para una economía de 18.000 millones de dólares. La mayoría de las remesas provienen de familiares en Estados Unidos, a quienes la ley estadounidense permite enviar a la isla hasta 1.200 dólares cada año. Esto proporciona acceso a dólares a casi un 60% de la población cubana.

En 2009 el presidente de Estados Unidos, Barack Obama, permitió que todos los cubanoamericanos viajen y envíen remesas a Cuba sin restricciones. Además, posibilitó que las empresas de telecomunicaciones negocien con la nación caribeña, en medio del proceso de diálogo que viven los dos Estados desde la asunción a la presidencia de Obama.[284]

---

[284] Cincodias.com. «Obama elimina restricciones de remesas y viajes a Cuba.». Archivado desde el original el 20 de septiembre de 2012. Obtenible siguiendo el siguiente lic en https://es.wikipedia.org/wiki/Econom%C3%ADa_de_Cuba#Las_re mesas. Consultado el 3 de enero de 2016 a las 12:32hrs.

En el 2015 las remesas familiares a Cuba desde Estados Unidos sumaron más de dos mil millones de dólares el pasado año, según el embajador Ronald D.Godard, del Departamento de Estado para Asuntos Hemisféricos.[285]

5. Ciencia y tecnología.

Desde el inicio de la colonia en Cuba, han existido científicos dedicados a tales temas que han contribuido con sus estudios al conocimiento de la naturaleza en Cuba. Muchos de ellos fueron coleccionistas y biólogos que donaron sus colecciones que ahora se exponen en los Museos de Historia Natural de este país.

El gobierno de Cuba en el siglo XXI ha dedicado un mayor empeño a las ciencias como la botánica, la zoología y la geología. En ellas se desarrollan científicos reconocidos actualmente que han realizado nuevos logros e investigaciones. Muchos de estos temas han sido también muy conocidos entre la población a través de los cursos como Universidad para Todos de Naturaleza Geológica de Cuba y Bosques de Cuba. En ellas, mediante videos y diapositivas explicados por especialistas, se muestran temas tan importantes de Cuba como los demás.

---

[285] ALFONSO, PABLO: *"Remesas familiares a Cuba suman $2,000 millones"*. Publicado en Martínoticias.com. Consultado el 3 de enero de 2016 a las 03:41hrs.

Cuba contó con figuras ilustres de la medicina y biotecnología cuyos descubrimientos hoy aún son aplicables. Entre ellos se encuentra Carlos J. Finlay, que luchó contra la fiebre amarilla. En la actualidad este sector cuenta con un gran desarrollo, con centros de gran prestigio como el de Ingeniería Genética y Biotecnología, el de Hemo-Derivados y el Centro de Inmunología Molecular, todos localizados en el Polo Científico del oeste de La Habana. Estos centros cuentan con grandes logros en vacunas, como la Pentavalente, de la cual Cuba es el único país del Tercer Mundo y segundo de todo el planeta en poseerla (solo después de Francia). El Heberprot-P, un potente agente cicatrizante desarrollado en Cuba, se exporta ya a 19 países que lo han autorizado. Cuenta además con vacunas contra la Hepatitis B y el tétanos, con el interferón y con importantes ensayos clínicos en el área del cáncer.[286]

Cuba se destaca enormemente en el sector de la sanidad gracias a la dedicación y profesionalismo de los cada vez más médicos graduados. Algunos de los mayores logros están en la biotecnología, en la elaboración de medicamentos y vacunas. Luego del periodo especial, con el embargo económico sobre Cuba, la misma comenzó a producir y perfeccionar los medicamentos y vacunas con el objetivo de evitar su escasez en el país. Además se aplica como medio alternativo la medicina verde, usada antes que los

---

[286] NNC. «*Ciencia en Cuba*.». Archivado desde el original el 20 de septiembre de 2012.

medicamentos actuales. Las vacunas son distribuidas a la población joven, gracias a productos elaborados contra enfermedades prácticamente erradicadas.[287]

En cuanto a la informática, en febrero de 2009 comenzó a desarrollarse en Cuba una distribución GNU/Linux creada por profesores y alumnos de la Universidad de Ciencias Informáticas.[288] Se espera que esta distribución, llamada Nova, reemplace paulatinamente al software privativo. También Cuba posee ordenadores en todos los centros educacionales, desde el nivel primario hasta el universitario; en este último se cuenta con conexión a internet e intranet, como por ejemplo Infomed, un sitio de la rama de la medicina. Se estima que solo el 1.7% de la población tiene acceso a internet, según el gobierno por las restricciones impuestas por el bloqueo de Estados Unidos, según los disidentes, es porque el gobierno no permite que el pueblo tenga acceso a un medio de información libre.

Ministerio de Ciencia, Tecnología y Medio Ambiente, es el organismo cubano encargado de dirigir, ejecutar y controlar la política del Estado y el Gobierno en materia de ciencia, tecnología, medio ambiente y uso de la

---

[287] La Asociación Médica del Caribe (AMECA-CMA). «La Asociación Médica del Caribe (AMECA-CMA)». Archivado desde el original.
[288] Ecualug. «Una nueva distro Nova Linux (Cubana)». Archivado desde el original el 28 de junio de 2012. https://archive.is/20120628204357/http://www.ecualug.org/2009/02/13/blog/jonas/una_nueva_distro_nova_linux_cubana.

energía nuclear, propiciando la integración coherente de estas en el desarrollo sostenible del país.[289]

Además de las atribuciones comunes a todos los organismos de la administración central del estado, tiene las atribuciones y funciones específicas siguientes:[290]

- Proponer y evaluar la estrategia y las políticas científica y tecnológica en correspondencia con el desarrollo económico y social del país, estableciendo los objetivos, prioridades, líneas y programas que correspondan y dirigir y controlar su ejecución.

- Dirigir y controlar el proceso de elaboración, ejecución y evaluación de los programas de investigación científica y de innovación tecnológica.

- Promover y facilitar la participación de la comunidad científica en la elaboración y evaluación de las estrategias y políticas de ciencia y tecnología.

- Proponer la estrategia y las políticas a seguir para el proceso de elaboración del plan y el presupuesto de ciencia e innovación tecnológica en correspondencia con las prioridades aprobadas.

---

[289] Tomado del artículo *Ministerio de Ciencia Tecnología y Medio Ambiente* publicado en enciclopedia Ecured. Obtenible en www.ecured.com. Consultado el 5 de enero de 2016 a las 13:48hrs.
[290] Ibídem.

Distribuir y controlar, según el caso, la ejecución del presupuesto aprobado para las prioridades nacionales, ramales y territoriales.

- Dirigir, coordinar y controlar, según el caso, el proceso de integración de los factores científico, tecnológicos, productivos y otros, en la generación y utilización de conocimientos científico-técnicos, a través de los polos científicos, los frentes temáticos y otras formas de integración que se establezcan relacionadas con actividades priorizadas. Coordinar la integración de otros factores como las Brigadas Técnicas Juveniles, la Asociación Nacional de Innovadores y Racionalizadores y el Forum de Ciencia y Técnica.

6. Nivel de vida.

El nivel de vida al final de la década de 1990 permanecía por debajo del de 1989. Los precios más bajos para el azúcar y el níquel, las alzas en el precio del petróleo, la disminución del turismo después del 11 de septiembre de 2001 y el devastador huracán de noviembre de 2001, crearon entre todos nuevas presiones económicas para el país y amenazaron con anular las mejoras logradas a mediados y finales de los años 1990. La escasez de alimentos y combustible empeoró radicalmente.

La recuperación económica que empezó, con el nuevo siglo, continuó hasta elevar el PIB, primero con la inversión en el turismo y luego por los avances en la medicina, software, servicios y níquel. Fue posible por el aumento de los salarios, la distribución de mayor número de productos por libreta de abastecimiento y posteriormente con un intenso programa en la agricultura (fundamentalmente la caña y la industria ganadera) el aumento de la producción para el autoconsumo. Conjuntamente con el progreso se iniciaron los servicios nacionales de CUBACEL (celulares) y el acceso a cualquier hotel que una vez fue dedicado solamente al turismo. Además se autorizó la tenencia y venta de computadoras, reproductores de DVD y otros electrodomésticos. El transporte mejoró en 2008, fundamentalmente en La Habana.[291] Como mismo fue la modernización de los equipos de suministro de energía eléctrica y el combustible por medio de PetroCaribe, eliminándose los apagones desde 2007 con la *Revolución Energética*, que repartió a créditos diferentes insumos de cocción, y bombillos ahorradores haciendo de Cuba el primer país en el mundo en realizar esta llamada "revolución verde", seguida después por Australia, Europa y Argentina, entre otros países.[292] Desde 2005, debido al ingreso

---

[291] El Universo. *"Las reformas de Raúl Castro dan Esperanza a la población"*. Archivado desde el original. Obtenible siguiendo el siguiente   linc: https://archive.is/20120629003544/http://www.eluniverso.com/200 8/03/30/0001/14/E3D25BE395AC4ECFB6305EDBD0E91A9D.asp x
[292] PEDROSO, AURELIO: *Cuba sepulta apagones y aparecen fantasmas lumínicos* en *America Económica*. «Reportaje». Archivado desde el original el 29 de junio de 2012. Linc: https://archive.is/20120629003539/http://www.americaeconomica. com/numeros4/354/reportajes/pedroso354.htm

del país en diferentes organismos regionales como el ALBA, el crecimiento del PIB se disparó, manifestándose de esta forma:

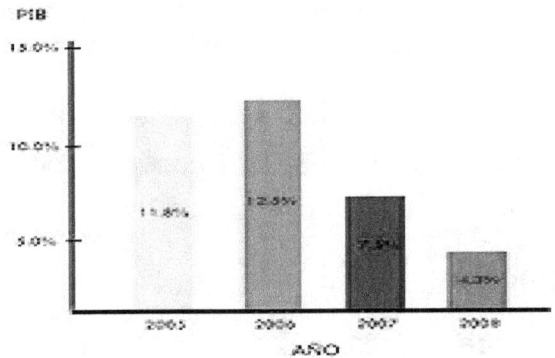

Comportamiento del crecimiento económico reciente.[293]

El crecimiento estimado para 2008 era mayor (de alrededor del 7%) y se comportó así en el primer semestre, con alrededor del 6%. Sin embargo, el paso por el país de tres poderosos huracanes hicieron que solo creciera en la cifra previamente expuesta. Ese mismo año fue autorizado el pluriempleo para palear el envejecimiento poblacional, que en Cuba es similar al de naciones de Europa.[294] El informe del PNUD sobre

[293] CePEC. «*Centro para la Promoción del Comercio Exterior de Cuba - CEPEC*». Archivado desde el original el 20 de septiembre de 2012.
[294] Agencia de Noticias Xinhua. «*ESPECIAL: Pluriempleo, respuesta cubana a crisis económica.*» obtenible en el siguiente linc:
https://archive.is/20120920193459/http://www.spanish.xinhuanet.c

calidad de vida y desarrollo humano sitúa a la isla en 2009 en el lugar 51 del planeta con más de 0,8 puntos, y como el quinto mejor país para vivir de América Latina, con una esperanza de vida de 78,5 años y una alfabetización del 99,8%, por encima de países vecinos como México, Costa Rica o Bahamas.[295]

En 2009 la Unicef, confirmó que en el país existía un 0% de desnutrición infantil.[296] Estas cifras y logros se han mantenido aún hasta el 2016.

7. Recesión global.

En 2009 a pesar de la recesión mundial la economía creció un 0,8% en el primer semestre y un 2% aproximadamente en el segundo, lo que redondeó en un 1.4% al final del año.[297] Esta situación internacional afectó al país con grandes problemas de liquidez monetaria, conduciendo a una cadena de impagos a

om/spanish/2009-07/01/content_900700.htm#selection-605.0-605.58. Consultado el 3 de enero de 2016 a las 23:5hrs.
[295] NR Zacatecas. «*México debajo de cuba en desarrollo humano.*». Obtenible en el siguiente linc: https://archive.is/20120629003544/http://ntrzacatecas.com/noticias/mexico/2009/10/06/mexico-abajo-de-cuba-en-desarrollo-humano/.Consultado el 4 de enero de 2016 a las 10:45hrs.
[296] Agencia Pulsar. «*UNICEF confirma que en Cuba no hay desnutrición*» obtenible en el linc correspondiente: https://archive.is/20120629003544/http://www.agenciapulsar.org/n ota.php?id=16475
[297] El Informador.com.mx. «*Economía cubana crece 1.4% en el 2009*». Obtenible siguiendo el siguiente linc: https://archive.is/20120920193516/http://www.informador.com.mx/ economia/2009/164411/6/economia-cubana-crece-14-en-el-2009.htm. Consultado el 5 de enero de 2016 a las 23:51hrs.

empresas extranjeras, el mayor exponente fue la disolución de la corporación Cubalse, una gigante paraestatal, que poseía decenas de tiendas, y centros comerciales en toda la isla, sus trabajadores fueron reubicados en las corporaciones Cimex y TRD.[298] Sin embargo gracias al crecimiento de sectores como la agrícultura (4,5%), el transporte (4,6%) y los servicios (4%) y a pesar de que el sector industrial decreció un (2%) y el comericio promedio un (0%) de crecimiento, el país se mantuvo fuera del grupo que sufrió recesión y desempleo generalizado.[299]

8. El bloqueo.

El bloqueo económico que los Estados Unidos impusieron sobre Cuba (lo que en EUA se conoce como *el embargo*) es un bloqueo económico, comercial y financiero que sigue en vigencia desde el 7 de febrero de 1962 y es el bloqueo de mayor duración en la historia moderna.[300]

---

[298] Agencia Pulsar. «*UNICEF confirma que en Cuba no hay desnutrición*». Obtenible en https://archive.is/20120629003544/http://www.agenciapulsar.org/n ota.php?id=16475. Reconsultado el 5 de enero de 2016 a las 23:57hrs.
[299] El Economista de Cuba: «*El reto para el 2010 no es menor. Las condiciones previsibles demandarán mayor esfuerzo y dedicación*». Obtenible siguiendo el siguiente linc en https://archive.is/20120629003548/http://www.eleconomista.cubaw eb.cu/2009/nro371/discurso-marino.html
[300] TINET. «Bloqueo estadounidense contra Cuba». Obtenible en https://archive.is/20120629003542/http://www.tinet.cat/~mgm/amig os1493.htm. Consultado el 3 de enero de 2015 a las 12:03hrs.

Los inversionistas están restringidos por la ley estadounidense de Libertad y Solidaridad Democrática Cubanas (LIBERTAD), que impone sanciones a aquellos que "trafiquen" en bienes expropiados de propiedad de ciudadanos estadounidenses. Hasta agosto de 2002 se les ha impedido ingresar en Estados Unidos a 18 ejecutivos de dos compañías extranjeras. Más de una docena de empresas han abandonado Cuba o han cambiado sus planes de inversión allí debido a la amenaza de sanciones de acuerdo con la *Ley LIBERTAD*. Este sistema de sanciones incluye, varias regulaciones y trabas comerciales, entre otras están que: un barco de cualquier país que toque puerto cubano, no puede anclar en EE.UU. hasta pasados seis meses de su visita a la isla, a los Estados Unidos además no puede entrar ningún producto de Cuba, ni manufactura alguna elaborada en cualquier país con algún tipo de producto cubano, tampoco ninguna empresa del mundo está autorizada a vender al país caribeño, cualquier producto que tenga más de un 10% de componentes norteamericanos, so pena de sanciones económicas para la empresa o sus ejecutivos.[301]

Este bloqueo o embargo es un tema en el que casi todos los países sostienen que dichas sanciones económicas contra Cuba son inútiles y

[301] Semanario Trabajadores Digital. *«En lastre por el bloqueo»*. Consultado el 4 de enero de 2016. Obtenible en http://www.trabajadores.cu/materiales_especiales/coberturas/el-mundo-contra-el-bloqueo/en-lastre-por-el-bloqueo

contraproducentes. En 2008, tras diecisiete victorias consecutivas a favor de la isla, el bloqueo que en el mundo se conoce como "embargo", fue condenado por 187 países y solo apoyado por Estados Unidos, Israel y Palaos.[302] La victoria diplomática del gobierno cubano en contra del bloqueo económico ha sido constante hasta el 2016. No obstante, en esta nueva etapa de relaciones bilaterales entre Cuba y Estados Unidos, una de las condicionantes del gobierno cubano ha sido el cese del bloqueo económico.

9. Cuba en el contexto internacional

La economía en Cuba pasa por un período de recuperación, después del llamado "Período especial en tiempo de paz" en el que las reformas llevadas a cabo impactaron directamente en todos los sectores económicos. En el año 2008 acompañando a la crisis global, Cuba sufrió el paso de dos huracanes que destrozaron cerca del 20% de su Producto Interior Bruto en el ámbito agrícola. El turismo fue uno de los sectores clave en este contexto, ya que se ha convertido junto a la agricultura en los dos pilares que sustentan el PIB del país. Un dato destacable es la tasa de crecimiento, que en el intervalo 2000-2010 se observa una contracción del 62.7%, aunque este dato no hace justicia a los excelentes años de crecimiento

---

[302] El Nuevo Diario. «Contundente condena mundial en la ONU al embargo contra Cuba».obtenible en https://archive.is/20120629003552/http://www.elnuevodiario.com.n i/internacionales/60417. Consultado el 22 de diciembre de 2015 a las 13:06hrs.

que presentó en el 2005 (11.2%) y 2006 (12.1%). Para el período 2000-2008 la evolución de su Producto Interior Bruto fue del 98.9% escalando hasta los 60 mil millones de dólares. Actualmente en el año 2016 Cuba ha experimentado un acercamiento económico con estados Unidos, como resultado del restablecimiento de las relaciones diplomáticas. También se experimenta un acercamiento interesante con Rusia, China y Brasil como principales socios individuales. La promulgación d euna nueva ley de inveersión extranjera procura posicionar a Cuba como un destino turístico preferido del Caribe y un polo atractivo para los inversionistas extranjeros. Especialmente los provinientes de Estados Unidos y Europa, Rusia, China y Brasil.

Capítulo III: Sistema económico de República Dominicana.

1. **Historia.** 1.1 Economía en el siglo XX. **2 Actividad empresarial.** 2.1 El sector minero. **3 Año 2003. 4 Año 2004.** 5 Año 2005. **6 Estadísticas para 2010. 7. Año 2011. 8. Año 2012. 9. Año 2014. 10. Año 2015. 11.Transporte marírito y aereo. 12. República Dominicana en el contexto internacional.**

1. Historia.

La Historia de la Economía de República Dominicana es muy similar a la de sus pares caribeños, especialmente Cuba y Puerto Rico. El triste episodio de la colonización española y el exterminio de los indígenas, la importación masiva de esclavos africanos y la implantación de un despiadado sistema esclavista, así como sistema económico servil a la metrópolis española marcan el *iter* primario de la historia económica dominicana. Por estas razones, en este capítulo intentaremos abordar dicha historia a partir del siglo XX.

1.1 Economía en el siglo XX.

Después de la segunda mitad del siglo XIX y principios del siglo XX, América Latina se desarrolló a base de exportaciones de materias primas a Europa y a los Estados Unidos. El crecimiento de estas economías, al basarse en el comercio internacional de bienes y servicios, podía sufrir consecuencias por factores exógenos. Y así fue, durante la primera mitad de siglo se dieron tres grandes crisis a nivel mundial que cambiarían la economía global, y dentro de esta la de la República Dominicana. Las tres crisis fueron: I Guerra Mundial (1914-1919), Gran Depresión (1929-1933) y la II Guerra Mundial (1939-1945).

Si analizamos el impacto de estas crisis, según la base de datos Oxlad de R. Throp, podemos decir que sin lugar a dudas la crisis que más impacto tuvo fue la primera Guerra Mundial. Aunque América Latina no participó directamente en ella, tuvo sus repercusiones en sus países, ya que se seguía comerciando con los países en guerra. Las operaciones comerciales (importaciones y exportaciones) se dispararon, pero en los años de posguerra cayeron en picado. A la República Dominicana le costo recuperarse.[303]

Pero, con la Gran Depresión o Crack del 29, las importaciones, exportaciones e impuestos aduaneros empezaron a caer otra vez, hasta llegar a niveles de principio de siglo.[304] Ya que, los países en crisis eran los principales compradores de los dominicanos, y estos no tenían dinero en este momento.

Finalmente, con la II Guerra Mundial, se dispararon las exportaciones de los dominicanos, ya que muchos países Latino Americanos tenían recursos para vender a los países en guerra.[305]

A continuación, hablaremos del proceso de ISI (Industrialización por Sustitución de Importaciones) en la República Dominicana, que se dio entre los años 1950 y 1980. Podemos decir que principalmente esta política económica que fue aplicada en toda Latinoamérica, y tenía como principal objetivo invertir en industria para empezar a producir los bienes de

---

[303] *Vid*: base de datos Oxlad de R. Throp: Obtenible en http://moxlad-staging.herokuapp.com/home/es. Consultado el 6 de enero de 2016 a las 13:57hrs.
[304] Ibídem.
[305] *Ibídem.*

consumo que se importaban. Para eso había que hacer una gran inversión en bienes de capital e intermedios. La industrialización que se dio en Latinoamérica fue bastante forzada por el gobierno, y esto se notó a lo largo del proceso. En la República Dominicana fue el dictador Rafael Leónidas Trujillo Molina el que impulso esta política mayormente.

Podemos decir que el éxito de la ISI en parte pasaba por conseguir depender menos de las exportaciones. La República Dominicana consiguió bajar su dependencia respecto a las exportaciones. Por ejemplo, en los primeros años de la ISI, las exportaciones bajan considerablemente de un 30% aún 17,9%. Pero sin lugar a dudas, en los años que menos se dependió de las ventas al extranjero fue en 1967 con un 12,2%. A partir de 1950 la República Dominicana llegó a superar el 25% de exportaciones respecto al PIB, este fue su máximo en 1961 y 1975.[306] Las políticas ISI consisten principalmente en reducir las importaciones de bienes de consumo, para eso habría que invertir en bienes intermedios y de capital del extranjero. En los 60 las importaciones de bienes de consumo curiosamente crecieron, pero en la segunda mitad de los 70 se mantuvieron siempre en niveles por debajo del 20%. En consecuencia las compras de bienes intermedios a compañías extranjeras aumentaron, ya que ellos producían los bienes de consumo a través de estos los bienes de capital.[307] En

---

[306] *Ibídem.*
[307] *Ibídem.*

los datos que nos proporciona Oxlad, podemos ver que los años con más importación de bienes de capital es entre 1968 y 1972 más o menos.

Durante la mayor parte de los años de la ISI el déficit de los dominicanos estuvo presente debido al endeudamiento que creo la inversión (financiada con gasto público) en este proyecto. Los primeros años se tuvo el déficit más alto de las tres décadas, pero rápidamente parece que se recuperó, aunque esto duro muy poco. A los pocos años se volvió a niveles de déficit entre el 1% y el 4%. En 1975 parece que la economía se recuperó pero rápidamente volvió al endeudamiento. Por lo tanto, podemos decir que la inversión en industrializar el país no les salió muy rentable a los dominicanos.

Si analizamos el valor añadido de la industria en proporción al PIB,[308] podemos decir que este creció durante las tres décadas (aunque se mantuvo entre el 10% y el 17,5%). De todos modos en 1965 el VA tuvo una gran caída debido a la Guerra Civil Dominicana que duro desde el 24 de abril hasta el 3 de septiembre de este mismo año. Fue entonces cuando los dominicanos llegaron al nivel de 1,63% de valor añadido industrial.

En la segunda mitad del siglo XX. se dio el fenómeno económico de la deuda externa. La resumiremos brevemente. La deuda externa es el total de deudas

---

[308] *Ibídem.*

que un país tiene con entidades financieras extranjeras. En consecuencia de la subida del petróleo (1973 y 1979) empujada por la OPEP (Organización de Países Exportadores de Petróleo), los bancos estadounidenses empezaron a llenarse de petrodólares que procedían de los países exportadores de petróleo, principalmente de la península Arabia. Estos decidieron invertir su dinero en préstamos a los países subdesarrollados. Ya que como acreedores querían sacar beneficio de aquellos petrodólares, y que mejor que prestárselo a países que jamás saldrían de una deuda. Los países pobres aceptaron esos préstamos con tipos de intereses variables, que fueron tan variables que llegaron a subir hasta un 20%. En consecuencia la deuda que los países en vías de desarrollo tenían cada vez era más grande, y los países no podían hacerles frente. En el año 1982 fue cuando México se declaró insolvente y aquí apareció la crisis de la deuda. Los tipos de interés subieron rápidamente, y las economías endeudas se tuvieron que "apretar el cinturón".

Por otra parte los millones de dólares que se les había prestado a estos países, no se utilizó para desarrollar al pais, entre otras cosas por corrupción política. Por lo tanto, la deuda los empobreció más, ya que antes eran pobres pero por lo menos no debían dinero. Se usaron varias políticas económicas a nivel mundial, pero estas no han tenido éxito. La deuda sigue existiendo una década después del periodo analizado a continuación.

Si hablamos de la evolución de la deuda externa como % del PIB. Podemos decir que en los dos países entre 1971 y 1984 tenían una deuda entre el 20% y 40% más o menos. Es decir si el PIB es de 100 u.m. la deuda que tienen con el exterior es de 20 u.m., 40 u.m. ... En este periodo los % crecieron pero no demasiado.[309] Sin embargo, en 1985 la deuda en relación al PIB dominicano aumento hasta un alcanzar un 74%. Se mantuvo en estos niveles hasta 1988 y a partir de aquí creció a pasos agigantados llegando al máximo de las tres décadas. A partir de ahí empezó a disminuir, ya que el PIB aumento bastante, aunque hay que decir que la deuda en términos monetarios seguía aumentando aún más pausadamente.

Por otra parte, si comentamos la evolución de la deuda externa en relación a las exportaciones, según los datos del Banco Mundial, podemos decir que los dominicanos solo pudieron hacerle frente a su deuda con las ventas al exterior que hacia entre los años 73 y 76 y a partir del 93.[310]

Con la crisis de deuda de los años 80, la inversión extranjera como % del PIB en la República Dominicana disminuyo hasta llegar al nivel 0. Pero sin embargo, no podemos decir que hubo fuga de capitales (no se llevaron el dinero del país), como si paso en muchos

---

[309] Vid: base de datos Banco Mundial. Obtenibles en http://datos.bancomundial.org/. Consultado el 6 de enero de 2016 a las 14:04hrs.
[310] *Ibídem.*

países africanos más tarde.[311] El PIBpc dominicano también se vio afectado en esta crisis, pero este se recuperó y a partir de los 90 empezó a ser bastante creciente.

Luego de la recesión económica durante la segunda mitad de los 80 y principios de los 90, durante la cual el PIB se contrajo un 5 % y la inflación alcanzó un 100%, la República Dominicana entró en un período de crecimiento moderado y disminuyente inflación hasta 2000-2002, luego del cual, la economía entró en recesión. En el producto interno bruto sectorial en los años de "bonanza" (principalmente entre 1996 y 1999) se muestra que los sectores que más contribuyeron con los resultados positivos fueron electricidad, gas y agua con una variación promedio anual del 10.6%; construcción con un 16.95%; por último transporte, almacenamiento y comunicaciones con un 11.32%. La inversión interna bruta (en el PIB por tipo de gasto) fue la que contribuyó mas con este indicador. Por otro lado la balanza de pagos se mantuvo, aunque negativa) relativamente estable debido a que las importaciones y exportaciones crecieron en una proporción similar, así como también la balanza de servicios. La tasa de desempleo, la variación de los precios al consumidor y del tipo de cambio tuvieron un comportamiento estable durante estos años.[312] A partir del año 2000, a raíz de

---

[311] *Ibídem.*
[312] Tomado de *Quirós Rodríguez, Roberto y Rojas, Susana: La Crisis Económica de la Republica Dominicana del año 2003.*

los incidentes del 11 de septiembre en los Estados Unidos, se inicia el retroceso en la economía de República Dominicana, cuyos efectos se van a ver reflejados a partir del año 2001. Los sectores de la industria manufacturera y la construcción caen estrepitosamente. Las exportaciones pierden un considerable dinamismo y empiezan a variar negativamente. Además, la balanza de servicios inicia un retroceso importante que dan al traste con la balanza de la cuenta corriente.

Para minimizar estos efectos el Gobierno aumentó el gasto, con el fin de compensar la baja demanda externa, sin embargo, como lo indica la CEPAL en su informe del estudio económico de América Latina y el Caribe de 2003: "Pero, como esta última no se reactivó en la medida esperada, los ingresos del exterior siguieron siendo escasos y el petróleo se encareció, surgieron signos de desajustes macroeconómicos no sostenibles que llevaron a frenar la política expansiva y acentuar la restricción monetaria, lo que elevó considerablemente las tasas de interés. Además, se modificó la política cambiaria, sustituyendo las intervenciones en el mercado cambiario por medidas indirectas. En otro orden, las tarifas de la electricidad y los combustibles se ajustaron, lo que tuvo un

Obtenible en http://www.auladeeconomia.com/articulosot-13.htm. Consultado el 6 de enero de 2016 a las 17:24hrs.

considerable efecto en la inflación de los precios al consumo". [313]

En el Año 2001: El gobierno toma la medida de aumentar el gasto en una tasa de variación del 14.9% en relación al año 2000. Cabe resaltar que este incremento del Gasto público fue en su gran mayoría para aumentos de salarios y creación de nuevos puestos en el sector público y en menor grado para inversión. Esta política expansiva fue tomada en principio para alivianar la tendencia negativa de la balanza de pagos, esperando la situación externa cambiara sin embargo esto no sucedió. Sin bien es cierto esta medida puede ayudar a corto plazo a equilibrar la balanza de pagos. Bajo nuestro criterio las exportaciones se hubieran reactivado con un incentivo que en este caso bajar los impuestos a las mismas y no sólo enfocarse al gasto como única medida, tomando en cuenta que el problema era la baja de las exportaciones.[314]

En el Año 2002: Como esta medida expansiva no tuvo el efecto deseado y mas bien en el 2002 se inicia un procedo inflacionario importante por el gobierno, éste decide disminuir el gasto y sustituir el sistema cambiario, lo que originó mas incertidumbre e hizo que la inflación y el tipo de cambio se dispararan. Bajo nuestra opinión este cambio de política no fue la mejor decisión del gobierno. Si bien es cierto la medida del

---

[313] *Ibídem.*
[314] Ibídem.

gasto público no actuó como se esperaba nos parece que la política expansiva tuvo que haberse mantenido utilizando el mecanismo de disminución de los impuestos para incentivar las exportaciones, no cambiando la política de un año a otro y peor aún estableciendo un sistema cambiario diferente al que se estaba utilizando como medida para frenar la inflación, que en todo caso pudo optar por medidas monetarias como la venta de bonos o aumentos del encaje mínimo legal cuya percepción ante la población es menor que afectar el sistema cambiario. Se puede decir que el pasar de sistema cambiario en donde el mercado fue el que determinó libremente el precio de las divisas, en un ambiente de incertidumbre generó que la volatilidad del tipo de cambio puede generara inestabilidad de precios y en donde la depreciación del colón pueden causó estragos en los estados financieros de los bancos que quebraron (esto sumado a la mala administración, tema sobre el cual no se profundizará en el presente trabajo).[315]

En el 2003: Quiebran tres bancos y el gobierno decide hacer una fuerte emisión monetaria para absorber TODAS las pérdidas de las tres entidades bancarias y pagar A TODOS los ahorrantes el MONTO TOTAL de los depósitos. Estas medidas adoptadas por el gobierno fueron las que detonaron la crisis con las consecuencias negativas anotadas anteriormente. Hay tres acciones importantes que se hubieran podido

---

[315] *Ibídem.*

adoptar para mitigar los efectos de la crisis. La primera hubiera consistido en eliminar el sistema de bandas cambiarias y reestablecer al menos por un tiempo el sistema anterior, esto para bajar la incertidumbre con respecto al tipo de cambio. Otro punto importante hubiera sido que solo se compensara el límite establecido por el código monetario y financiero de RD$500.000 por depositante y no todo como fue la errada decisión del gobierno; eso sin contar que también se incluyeron a los depositantes del offshore, según el informe del estado de la economía 2003-2004. También el gobierno hubiera vendido las carteras de crédito y otros activos a bancos del país con el fin de tener más liquidez para hacer frente a las pérdidas. El resto se hubiera asumido de la forma que se hizo con la emisión monetaria.[316]

A pesar de un creciente déficit comercial, el turismo y las remesas han ayudado a obtener reservas en moneda extranjera. En la actualidad, las remesas provenientes de EUA, Europa y otros países, constituyen parte de la economía nacional.

Según el Informe Nacional de Desarrollo Humano del Programa de Naciones Unidas para el Desarrollo, PNUD, República Dominicana 2005,[317] establece que este país se ha insertado en la economía mundial de manera social y políticamente excluyente, conociendo

---

[316] *Ibídem.*

[317] Vide datos estadísticos siguiendo el siguiente linc: https://www.cia.gov/library/publications/the-world-factbook/rankorder/2188rank.html

tasas de crecimiento económico promedio anual en los últimos años por encima del 5%. Sin embargo, el carácter excluyente del modelo económico que se ha impuesto, no ha traducido este crecimiento al bienestar de la población. Al contrario, señala el Informe, República Dominicana, en el año 2002 era el país número 13 (de un total de 177 en el mundo) que menos había aprovechado para mejorar el posicionamiento en el Índice de Desarrollo Humano (IDH). Con esto se puede hablar de un fracaso de las élites políticas de los últimos 50 años en conducir a su población a estados de bienestar y seguridad. Por igual, el Informe deja claramente establecido, que el problema de la economía dominicana no es de inserción en mercados, sino de estrategias de competitividad que debieran estar asociados al bienestar de su población.

El Informe establece que la "causa principal de la pobreza dominicana y del bajo desarrollo humano relativo no es la falta de financiamiento y de recursos económicos, sino el escaso compromiso con el progreso colectivo del liderazgo nacional y empresarial durante las últimas décadas y la ausencia de un pacto social y de empoderamiento de los sectores mayoritarios de la sociedad dominicana".

En diciembre de 1996, el entonces entrante presidente Leonel Fernández, presentó un paquete de reformas - incluyendo la devaluación del peso, reducción en las tarifas de importación e incremento en el precio de los

281

combustibles - en un intento de crear una economía orientada al mercado que pueda competir internacionalmente.

Entre 2000 y 2004, el gobierno de Hipólito Mejía, introdujo cambios que impactaron a la economía dominicana. Relegación de reformas que estaban en curso, desaceleración de la oferta exportable (algo que ya había comenzado en el anterior gobierno de Fernández), y sobre todo, la crisis cambiaria y bancaria (el tercer banco y grupo financiero del país: el BANINTER; y dos grupos financieros bancos más, conocieron una quiebra que ascendió a cerca del 15-20% del PIB anual), unido a la corrupción administrativa generalizada y asociada a estas quiebras, y debido a la acentuación de la crisis del sector eléctrico, compendian un cambio de naturaleza nunca vista en la economía dominicana. La magnitud de la crisis hizo colapsar sectores completos de la economía, y se estima, que entre un 12 a un 15% de la población pasó de ser pobre a muy pobre o indigente. Esto significa cerca de 2 millones de personas. Aunque la economía ha comenzado a crecer bajo la nueva administración de Fernández que se inició en agosto de 2004, construcción, turismo y telecomunicaciones son los sectores que están a la vanguardia.[318]

---

[318]ALBURQUERQUE, RAFAEL: *Logros y desafíos de la política social del gobierno del presidente del gobierno del presidente Leonel Fernández* . Publicado el 25 de noviembre de 2010 en el gabinete de coordinación de políticas sociales de la presidencia de República dominicana. Obtenible en

Sin embargo, no hay que olvidar lo sostenido por el Informe Nacional de Desarrollo Humano 2005 del PNUD/RD, cuando señala que el modelo actual de turismo no constituye, a pesar de su vigor, una propuesta sostenible, y que si el mismo "no se modifica, se agota". Por lo cual, queda como asignatura pendiente en el país, que el liderazgo nacional discuta a fondo cuál será esa modificación que hay que hacerle a este sector pujante de la economía dominicana.

Según el citado Informe, las *externalidades negativas* relacionadas con: la inseguridad ciudadana, el detrioro medioambiental (que va desde desmonte de áreas protegidas, destrucción de hábitats de especies endémicas, hasta el uso de fuentes de agua para propósito de desechos y destrucción de manglares y de ámbitos marinos), la especulación inmobiliaria, y sobre todo, la exclusión de la población dominicana y su valor agregado al contexto de la actividad turística, son factores de mediano y largo plazo que "harán insostenible en el tiempo esta actividad". Más aún, con la fuerte competencia que el mismo entraña en el ámbito caribeño.

Resultó paradójico, irónico y sorprendente en el ámbito nacional e internacional, que apenas a dos meses de publicado el Informe del PNUD, en el que se demostraba técnicamente la inviabilidad de este

---

http://www.sisalril.gov.do/pdf/publicaciones/logros_y_desafios.pdf.
Consultado el 24 de diciembre de 2015 a las 08:45hrs.

modelo de turismo a largo o mediano plazo, bajo el subtítulo en el capítulo III de "El Turismo: Si No se Modifica, Se Agota" el propio Ministerio de Turismo (Secretaría de Estado), lanzara una campaña internacional de promoción turística en la cual, su eslogan principal dice: *"República Dominicana: Lo tiene todo".*

La actual administración está trabajando para incrementar la capacidad de producción de energía eléctrica, pieza clave para el crecimiento económico continuado, aunque su problema principal no es de generación sino de financiamiento. La compañía eléctrica estatal, fue privatizada, luego de numerosos retrasos. Proceso que se había iniciado en la pasada Administración de Fernández, y que en la de Mejía, tomó forma y se ejecutó, no sin infundirle su particular sello a dicha ejecución.

Sin embargo, luego de múltiples retrasos, posponiéndose soluciones, de préstamos internacionales (Banco Mundial y otros), la superación del déficit del suministro energético, parece estar aún muy lejana. El Acuerdo de Madrid, mediante el cual, el país re-compró las empresas distribuidoras de energía, y se planteó a largo plazo el pago de las deudas en el sector eléctrico (al 2015), no dejan mentir respecto al hecho de que las medidas actuales, son apenas un paliativo a la difícil situación del sector.

2. Actividad empresarial.

En la actualidad la Economía de la República Dominicana es la novena economía más grande de América Latina después de Brasil, México, Argentina, Colombia, Venezuela, Chile, Perú y Ecuador. Es un país en vía de desarrollo de ingreso medio altos según el Banco Mundial, dependiendo, principalmente, de la agricultura, el comercio exterior, los servicios, la minería, la industria y el turismo. Aunque el sector servicios ha sobrepasado a la agricultura como el principal proveedor de empleos debido, sobre todo, al auge y crecimiento del turismo y la industria, la agricultura todavía se mantiene como el sector más importante en términos de consumo doméstico y está en segundo lugar (detrás de la minería) en términos de exportación. El turismo aporta más de US$4.000 millones al año. La industria y turismo son los sectores de mayor crecimiento. Las remesas de los ciudadanos dominicanos viviendo en el exterior se estiman en unos US$3.000 millones por año.

En República Dominicana la constitución y todo lo relativo a las sociedades comerciales dominicanas está reglamentada por la Ley 3-02 de Registro Mercantil y el Código de Comercio Dominicano.

Por lo general las sociedades comerciales comunes en República Dominicana y la que a su vez presenta mejores ventajas operativas son las compañías por acciones CxA. En esta los accionistas solo se responsabilizaban al aporte suministrado, en lo referente a las obligaciones contraídas por la sociedad.

La nacionalidad de los accionistas no es un obstáculo según las leyes de República Dominicana para poder constituir una compañía. El Código de Comercio tiene entre los requisitos para la incorporación de sociedades o compañía por acciones que el mínimo en cuanto al número de accionistas sea de siete.

2.1 El sector minero.

La economía de la República Dominicana ha sufrido las consecuencias de la reducción de la producción del sector minero, pasando de un aporte medio anual al PNB del 4,5 % en el periodo 1975-88, a tan solo el 1,8 % en el periodo 2000-02. Esto se ha debido fundamentalmente al cierre de las minas de bauxita de Pedernales en 1991 por agotamiento de reservas, al cierre temporal de la mina de oro de Pueblo Viejo en 1999 y a los paros temporales de la explotación de los yacimientos de níquel de Falconbridge por las fluctuaciones internacionales de los precios.

La empresa minera Placer Dome va a acometer la reanudación de la explotación minera de Pueblo Viejo de Rosario Dominicana, pero el Estado Dominicano debe hacerse responsable de la mitigación de los impactos ambientales de las pasadas explotaciones, en cuyo apoyo acude la Unión Europea con una serie de proyectos entre los que se encuentra este Plan de Gestión de Aguas.

Por otro lado, la situación actual de los precios de los metales es muy favorable para la explotación estable por parte de Falconbridge.

Una consecuencia importante de la reducción de producción minera ha sido la pérdida de ingenieros de minas y geólogos obligados a dedicarse a otras actividades o a emigrar.

La República Dominicana ha sido sede de la industria minera más antigua de América. Tuvo sus incios durante las primeras expediciones dirigidas por Cristóbal Colón en el siglo XV. Incluso, en las ruinas de la Villa de La Isabela, en la provincia de Puerto Plata, existe un museo con ejemplares de las herramientas originales usadas por los españoles en las primeras excavaciones de carácter minero que hicieron en la zona y, por naturaleza, fueron las primeras en América. No debemos obviar que la mayoría de nuestras ciudades más antiguas (*Santo Domingo, Santiago, La Vega*; por mencionar a tres) tuvieron su inicio debido a los descubrimientos de depósitos de oro en varios ríos importantes de la isla.

En 2010,[319] el sector tuvo una producción de RD$2,698 millones (US$71 millones), lo cual equivalía a tan sólo

---

[319] Lo referente a la minería de República Dominicana en lo que resta de este epígrafe corresponde y fue tomado de *El sector minero en República Dominicana*. Publicado en *El Economista dominicano*.   Obtenible   en https://economistadominicano.wordpress.com/2011/12/05/el-sector-minero-en-republica-dominicana/. Consultado el 6 de enero de 2016 a las 10:49hrs.

el 0.1% del PIB. Esta participación queda muy atrás cuando se toma en cuenta que en el período 2000-2007, el aporte del sector al PIB promedió 0.81%, registrando la máxima participación porcentual (2.3%) en 2006 y 2007. Inclusive, los mejores tiempos de la minería dominicana fueron las décadas de los 70s y los 80s del siglo XX, cuando la participación porcentual en el PIB promedió 4.6% y 3.6%, respectivamente. Sin embargo, hay expectativas que el aporte sectorial al PIB registre una recuperación significativa con el reinicio de la explotación de la mina de oro de Pueblo Viejo, a partir de 2011.

El aporte de la actividad minera al empleo es apreciable; en 2007 generó alrededor de 6,000 empleos directos. En adición a unos 2,500 empleos directos que suma la pequeña minería, se estima que el sector en su conjunto aporta alrededor del 0.2% del empleo total nacional y cerca del 2.6% del empleo industrial. Las remuneraciones del personal ocupado en el sector minero son superiores en un 12% al promedio nacional debido a los factores de riesgo y distancias asociados al desarrollo de esta actividad.

Las provincias donde la producción minera ha tenido un impacto significativo, tanto en creación de riqueza como de empleos, han sido *Monseñor Nouel*, *Sánchez Ramírez* y *Pedernales*; aunque existen explotaciones en otras provincias.

La industria minera dominicana está constituida, principalmente, por las actividades extractivas de: Ferroníquel, Oro,Plata, Cobre, Yeso, Sal, Arcilla, Minerales industriales (caolín, feldespato, arenas silíceas y otras)

Además, incluye las actividades de pequeña minería y minería artesanal:

Rocas calizas, Yeso, Larimar, Ámbar, Lajas

Mas otros minerales no concesibles por la Ley Minera, principalmente arena y grava. Sin embargo, los rubros con mayor peso en el valor agregado de la actividad minera son *ferroníquel, arena, grava y gravilla, yeso, piedra caliza* y *mármol*.

En 2005, el posicionamiento mundial de República Dominicana en producción de los principales minerales fueron los siguientes:

- *Níquel:* La posición 9 entre 20 países
- *Yeso:* La posición 42 entre 80 países
- *Oro:* La posición 65 entre 87 países
- *Plata:* La posición 43 entre 60 países
- *Sal:* La posición 89 entre 104 países

La República Dominicana carece de reservas probadas de petróleo que sean comercialmente viables. Esto se debe a la ausencia de una política de exploración de hidrocarburos consistente al igual que la carencia de informaciones geológicas que permitan evaluar con mayor precisión el potencial petrolífero y la selección de áreas más prometedoras. A pesar de ello, el año pasado fue descubierto un yacimiento petrolero en las inmediaciones de Higüey, en la región Este del país, aunque se desconoce la cantidad. En las inmediaciones de Azua también se han descubierto pozos petrolíferos desde la Era de Trujillo, aunque no en cantidades que valgan la pena explotar.

Las empresas más importantes que formaron parte del sector y actualmente están fuera del mismo fueron:

- Rosario Dominicana: Inició sus operaciones en 1975 con una planta de molienda y lixiviacion de minerales oxidados de oro y plata para producir doré. Concluyó sus operaciones comerciales en 1999, tras una producción total de 5.5 millones de onzas de oro y 25.2 millones de onzas de plata. Tuvo una máxima producción en 1981 de 412,992 onzas de oro y 2,061,813 onzas de plata. Sus ingresos totales de por vida operacional ascendieron alrededor de US$2,000 millones.

- Alcoa Exploration Company: Inició sus operaciones en 1959 con exportaciones de bauxita cruda de grado metalúrgico y cerró sus operaciones comerciales en 1985. Tuvo una producción promedio de por vida operacional de 1 millón de toneladas por año e ingresos totales de aproximadamente US$220 millones.

Las empresas más importantes que actualmente forman parte del sector minero dominicano son:

- Falconbridge Dominicana (Falcondo): De capital canadiense, inició su producción comercial en 1972 con una planta pirometalúrgica para producir ferroníquel. Desde entonces ha tenido una producción máxima en 1977 de 32,581 toneladas de níquel y una producción mínima en 1982 de 5,668 toneladas de níquel, mas una producción normal anual de 28,000 toneladas de níquel en ferroníquel. Sus ingresos totales hasta el 2005 rondaban los US$5,500 millones. Sus reservas minerales en 2005 ascendían a 54.4 toneladas métricas con 1.19% níquel y empleaban a 1,564 personas permanentes, 165 temporeros y alrededor de 400 contratistas.

- Barrick Gold: De capital canadiense, se espera que inicie su producción comercial en 2011 con la explotación de la mina Pueblo Viejo en la provincia de Sánchez Ramírez; adquirida de la antigua empresa estatal *Rosario Dominicana*. Se estima que requería una inversión estimada entre US$2,700 millones y US$3,000 millones para una producción estimada de 750,000 onzas a 800,000 onzas de oro por año, con una vida útil de 25 años. La mina tiene reservas probadas de 22.4 millones de onzas de oro, 88 millones de onzas de plata; 2,600 millones de libras de zinc y 358 millones de libras de cobre. Tiene ingresos promedio estimados de US$65 millones por 4 años y US$50 millones por año en el resto de la vida de la mina.

3. Año 2003

La República Dominicana experimentó un gran crecimiento económico en los 90 hasta una recesión económica en efecto de los fraudes bancarios (más de 89.000 millones de pesos, equivalentes a US$4.900 millones), destacándose el fraude del Banco Intercontinental (BANINTER), (RD$55.000 millones, equivalentes a US$3.100 millones), y una fuga de capitales de las reservas internacionales del Banco Central Dominicano.

El déficit total llegó cerca de los US$7.000 millones (RD$125.000 millones); representando cerca más de un tercio del PIB del 2002. Añadiéndose a esto surgió una especulación respecto a los índices reales, que sobrepasó un 130% en el 2003 respecto la moneda nacional, debiéndose esta a una fuga de más de 1.500 millones de dólares (aumentando el déficit de medio circulante a cerca de 5.500 millones), y una inflación cerca del 42%; comprimiendo más aún el PIB del 2003, que finalmente decreció un 1%. Fue la Crisis Bancaria más imponente del 2003, y considerando las proporciones de las demás, respecto al PIB, esta crisis amparó el mayor fraude bancario en la historia contemporánea de la República Dominicana.

4. Año 2004

Durante el 2004, la economía registró un repunte importante al crecer aproximadamente un 2.0%, lo que de acuerdo a las autoridades es una clara señal del proceso de recuperación que se registra desde mediados de año, y se evidencia en el crecimiento de 1.4% para el período enero-septiembre y 3.3% para el período octubre-diciembre.

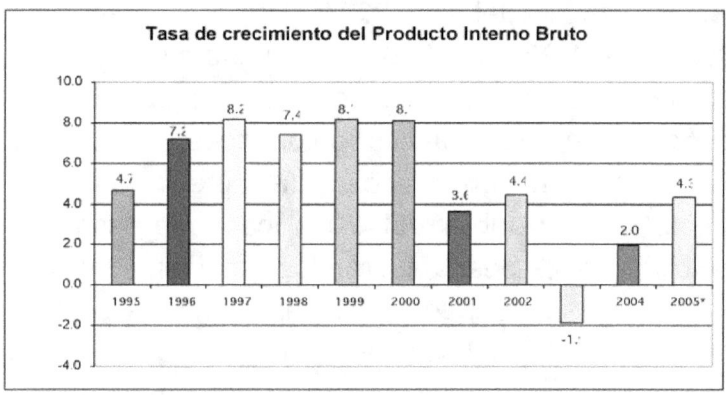

-*Estadística expuesta en el sitio web de la cámara de comercio y producción de Santiago. República Dominicana.*[320]

No obstante, todavía se sentía la secuela de la crisis económica que se originó el año anterior y se produjo una inflación de 28.74%. Debido a un cambio en la política económica producido con la llegada de las nuevas autoridades gubernamentales desde mediados del 2004, y a un nuevo acuerdo firmado con el Fondo Monetario Internacional (FMI), se ha logrado reducir la

---

[320] Obtenible en http://www.camarasantiago.com/txt/economia.htm.

293

tasa de inflación, al punto que la inflación acumulada durante los primeros cinco meses del año 2005 no llega al 1%. Desde el año 2003, continuando con el deslizamiento de la tasa de cambio que se había comenzado a experimentar desde el año anterior y agudizado con la crisis registrada en el 2003, se llegaron a tasas de hasta 39.74 por un dólar, promediando al final de año 29.06, asimismo continuó la depreciación del peso con respecto al dólar durante la primera mitad del año 2004, llegando a tasas de hasta 50 por 1. Ya a partir de la segunda mitad del año y gracias a la confianza depositada por los agentes económicos en las nuevas autoridades, el tipo de cambio comenzó un proceso de apreciación para terminar en diciembre del 2004 con una tasa por debajo de los 29 pesos, lográndose mantener estable en la actualidad, cuando ya ha transcurrido la primera mitad del 2005. La Inversión Extranjera Directa solo representó $613.0 millones de dólares en el 2003 y una cifra similar en el año 2004, $645.1 millones de dólares, representando un importante descenso con respecto a los años anteriores. Para el año 2004 el promedio ponderado anual de la tasa pasiva fue de 32.65%, para mayo del 2005 el promedio de la tasa de interés se encontraba en 28.15%.[321]

---

[321] Tomado del sitio web de la cámara de comercio y producción de Santiago. República Dominicana. Obtenible en http://www.camarasantiago.com/txt/economia.htm. Consultado el 6 de enero de 2016 a las 18:50hrs.

Ahora bien, en lo que respecta al número de habitaciones disponibles, en el 2004 esta cifra llegó a 58,932. De igual forma la llegada de turistas por vía área en el 2004 llegó a 3,783,628.

Después de México, la República Dominicana es el país latinoamericano con una mayor cantidad de empresas de zonas francas. Para el año 2004 el número de estas ascendió a 587 empresas, ubicadas en 53 parques industriales, dichas empresas emplean alrededor de 170,000 personas. Podemos decir que las zonas francas representan un sector clave para la economía nacional, las cuales aportan alrededor del 80% de las exportaciones del país. Logrando valores exportados ascendentes a US$4,400 millones para el año 2004.[322]

En los últimos años se puede apreciar que las empresas de zonas francas han pasado por un estado de diversificación de sus actividades comerciales, dando cabida a otros sectores que ocupaban una escasa participación en años anteriores. Durante el año en cuestión (2004) la tasa de crecimiento en materia de comunicación fue de un 18.3%, reafirmando su posición como uno de los sectores más dinámicos de la economía nacional. El dinamismo experimentado en dicho año obedece también al efecto positivo de las continuas innovaciones tecnológicas, especialmente en el área de la telefonía móvil, que aumentó su

---

[322] *Ibídem.*

participación en el mercado en 23.1 puntos porcentuales al pasar de 32.8% a 55.9%.[323]

5 Año 2005.[324]

La economía dominicana, medida por el Producto Interno Bruto (PIB), creció 5.8% en enero-junio con respecto a igual período del pasado año. Cabe destacar que en el trimestre abril-junio el crecimiento fue de 7.2%. En este comportamiento incidió la importante expansión en la demanda interna, en términos reales (7.4%), liderada por un aumento de 9.4% en el consumo total. También repercutió de manera notable el aumento de 48.9% que registraron en este período las importaciones gravables, vale decir "las otras importaciones", las cuales tienen una alta correlación con el comportamiento del PIB. A nivel sectorial, las actividades que incidieron en el crecimiento del PIB en el periodo enero-junio fueron: Comunicaciones (24.3%); Comercio (14.9%); Hoteles, Bares y Restaurantes (10.1%); Transporte (6.1%); Finanzas (3.2%); Agropecuaria(2.3%); Otros Servicios (2.0%); Propiedad de Viviendas (1.9%) y Manufactura (0.7%). Estas actividades, en conjunto, aportaron un 80.3% al PIB. En contraste con el dinamismo mostrado por estos sectores, se observó que algunas actividades económicas continúan exhibiendo tasas de crecimiento negativas: Minería (-4.1%), Construcción (-3.6%),

---

[323] *Ibídem.*
[324] Vid: Informe del Banco Central del gobierno dominicano. Obtenible en http://www.bancentral.gov.do/publicaciones_economicas/infeco/infeco200 5-06.pdf

Electricidad y Agua (-3.7%) y Gobierno (-3.2%). Estas representaron el restante 19.7% del PIB. Cabe resaltar, que el favorable crecimiento del PIB sobrepasa todas las expectativas positivas sobre la recuperación esperada en la economía dominicana, por el tiempo record en que la mayoría de las actividades económicas han evolucionado positivamente. Esto, en respuesta al aumento de la confianza de los diferentes agentes económicos y a la estrecha coordinación en la ejecución de las políticas monetaria y fiscal. Desde finales del pasado año y durante el primersemestre de 2005, la política económica logró romper la inercia inflacionaria que se generó comoresultado de la crisis bancaria de 2003, lo que dio como resultado una marcada desaceleración de la inflación. La inflación acumulada en los primeros seis meses del año fue de 0.82%, tasa significativamente menor a la registrada en igual periodo del año anterior de 31.09 por ciento. Mas aún, en términos anualizados, la inflación fue negativa en 0.98%, cifra sin precedente en la historia económica reciente. La evolución de la inflación en términos anualizados muestra como laeconomía, luego de un período de crisis, entra a un proceso paulatino de adecuación y corrección delos precios de los bienes y servicios que componen la canasta familiar en consonancia con los niveles de estabilidad exhibidos por el tipo de cambio. Este ajuste de los precios internos no se ha reflejado en mayor magnitud porque ha sido contrarrestado, en parte, por las continuas alzas que ha experimentado el precio del petróleo en el mercado internacional, y por el efecto de la puesta en vigencia de la Reforma Fiscal, a partir de octubre del pasado año.

En el sector externo, la balanza de pagos presentó en el periodo considerado, un balance global positivo de US$551.7 millones, superior en US$460.3 millones al registrado en enero-junio de 2004. Contribuyeron en este resultado el incremento en el flujo de capitales consistente con la estabilidad observada en el tipo de cambio y el dinamismo mostrado por el sector turismo. En cuanto a la cuenta corriente, el balance registrado al cierre de junio arrojó un superávit de US$319.8 millones (2.2% del PIB). Es importante señalar que este resultado implica una reducción de 58.5% en el superávit obtenido en igual periodo del año anterior, debido esencialmente al aumento de las importaciones de bienes, principalmente de consumo, y al aumento de la factura petrolera. Por otro lado, las exportaciones de bienes aumentaron en 7.7%. Las nacionales lo hicieron en 9.1%, principalmente por los bienes adquiridos en puertos y las de zonas francas crecieron un 5.1 por ciento.

6.Estadísticas para 2010.

La economía dominicana registro un crecimiento de 7.8% en el año 2010, consolidadose el proceso de recuperación de la economía dominicana en el marco del acuerdo con el Fondo Monetario Internacional (FMI), que permitió al país implementar exitosamente las políticas anticíclicas necesarias para sortear el desfavorable entorno internacional. Durante el 2010 todas las actividades económicas exhibieron un dinamismo positivo, incluyendo las zonas francas que lograron revertir una tendencia contractiva que venían experimentado desde 2005. Las tasas de expansión se detallan a continuación: Comercio, 13.6%; Intermediación Financiera y Seguros, 12.5%; Construcción, 11.0%; Comunicaciones, 8.3%; Manufactura Local, 7.7%; Transporte y Almacenamiento, 6.3%; Enseñanza, 5.9%; Agropecuario, 5.5%; Energía y Agua, 5.4%; Hoteles, Bares y Restaurantes, 4.7%; Salud, 4.6%; Otras Actividades de Servicios, 4.3%; Zonas Francas, 3.4%; Alquiler de Viviendas, 3.1%; Minería, 2.6% y Administración Pública, 1.2%.

Por el lado del gasto, el crecimiento del Producto Interno Bruto (PIB) en términos reales, estuvo sustentado fundamentalmente en la demanda interna, la cual resultó superior en 9.2% a la del pasado año. En ese tenor, el consumo final privado, la formación bruta de capital (inversión) y el consumo público aumentaron un 7.7%, 17.15% y 3.3% respectivamente. A esto se agrega la incidencia del crecimiento de 11.6% en las exportaciones, en tanto que las importaciones excedieron en 14.4 a las de 2009.

7. Año 2011.[325]

El equipo económico del gobierno dominicano calificó como muy satisfactorio, el comprotamiento de la economía durante el año 2011, tras resaltar los logros del país caribeño durante el indicado periodo.

Tras una reunión con el presidente Leonel Fernández, donde pasaron balance al año 2011, el gobernador del Banco Central, Héctor Valdez Albizu en compañía del ministro de Hacienda, Daniel Toribio, y Temistocles Montás, de Economía, Planificación y Desarrollo, precisó que el crecimiento del Producto Interno Bruto fue de 4.5% en términos reales.

En cuanto al comportamiento del sector de las zonas francas, Valdez Albizu dijo que tuvo un crecimiento un 14.1 en términos de valor agregado. Mientras que en generación de divisas el incremento fue de aproximadamente 20 por ciento, unos 784.4 millones de dólares, más o menos.

De la misma manera, indicó que el sector turismo, en términos de valor agregado estaría cerrando en torno al 5% y en términos de aporte de ingresos con un crecimiento de 3.5, unos US$147.7 millones aproximadamente, mientras que la inversión extranjera, registró 2,371.5 millones de dólares este año, un

---

[325] Tomado de *La economía de República Dominicana creció 4.5% en 2011.* Obtenible en https://estrategiaydesarrollo.wordpress.com/2012/01/06/la-economia-de-republica-dominicana-crecio-4-5-en-2011/. Consultado el 7 de enero de 2015 a las 23:57hrs.

incremento con relación al 2010 de unos US$746 millones.

"De manera que las fortalezas han estado en el sector externo, totalmente contrario a los pronósticos que habían hecho algunas escuelas de pensamiento y economistas, de que el tema del 2011 era el del sector externo por la crisis y la turbulencia financiera que existe en el mundo", subrayó.

En ese sentido, señaló que las remesas registraron aproximadamente un 7% de crecimiento en términos de aporte a la balanza de pago a las cuentas corrientes, un incremento de 205.8 millones de dólares.

"El sector exportador cerró con un crecimiento de 29 %, en términos absolutos, un incremento de más de 2 mil millones. Y las exportaciones nacionales, es decir, sin zonas francas, estarían creciendo en 44.4% unos US$1,117 millones de incremento. Es decir, que tanto las exportaciones totales y sacando de estas las zonas francas, las exportaciones nacionales, ambas reflejaron un crecimiento que sobrepasan por mucho lo que fue el resultado del 2010", señaló.

De su lado, el ministro de Hacienda, Daniel Toribio, expresó que como resultado de la mejoría de la situación económica de la República Dominicana se generaron más de 130 mil nuevos empleos, lo que dijo, es un elemento importante para la sociedad dominicana.

Aseguraron que la economía de la República Dominicana aumentó por encima del promedio de crecimiento de la economía mundial y Latinoamérica.

8. Año 2012.[326]

Tarifas impositivas

En el año 2012, la economía dominicana enfrentó cambios en cuanto a los impuestos, con la aplicación de la reforma fiscal que contempla el aumento de los ingresos del Estado para amortiguar el déficit en el que el país se encontraba. Para aumentar los ingresos, se pretende seguir la Estrategia Nacional de Desarrollo, la cual plantea reducir la evasión fiscal, elevar la calidad del gasto público, la eficiencia y transparencia y destinar un 4% del PIB a la educación pre-universitaria.

El objetivo de la reforma fiscal es generar un incremento estable en la presión tributaria equivalente a un 2%-2.5% del PIB (la presión tributaria para el 2011 fue de un 13.2% del PIB) a través del aumento de la tarifa impositiva (el ITBIS) de un 16% a un 18%; la aplicación de un 10% al Impuesto sobre la Renta de dividendos, intereses para las personas físicas; eliminando la deducción de gastos educativos; Impuesto a la Propiedad Inmobiliaria de un 1% por persona a propiedades valoradas en más de RD$5 millones; aumento del impuesto a la transferencia

---

[326] Tomado del sitio web *Dominicana online* obtenible en http://www.dominicanaonline.org/portal/espanol/cpo_comercio.asp . Consultado el 7 de enero de 2015 a las 12:45hrs.

inmobiliaria de un 3% a un 4.5%; aumento a la primera matriculación del vehículo de un 17% del valor más un recargo por emisión de CO2 por kilómetro, y, finalmente, aumentando el impuesto selectivo al consumo de bebidas alcohólicas (de un 7.5% a un 15% en tres años) y al tabaco. Por otro lado, el gasto del Estado, aunque mayor en nivel absoluto -de RD$508,822.59 en 2012 a RD$530,846.35 en 2013-, en porcentaje del PIB el gasto del gobierno se ha reducido de un 22.1% a un 21.3% de 2012 a 2013.

Zonas francas

Para el periodo de enero-septiembre de 2012, las zonas francas de la República Dominicana continuaron exhibiendo una favorable recuperación, reportando exportaciones por un monto de US$3,791 millones, US$156 millones más que en el mismo periodo de 2011. Las importaciones totales crecieron un 1.9% durante este mismo ciclo. El valor agregado de las zonas francas presentó un aumento de un 1.5%, sustentado por el crecimiento en un 4.9% de las "otras zonas francas", ya que la fabricación de textiles presentó una contracción de -2.6%.

Remesas

Dado el rezago de la crisis financiera de Estados Unidos, la caída de las remesas de un 3.9% por la situación de desempleo que viven los países europeos en que residen los dominicanos. La balanza de transferencias corrientes concluyó en el período enero-septiembre de 2012 con una disminución de US$60.6 millones.

Turismo

Dentro de la balanza servicios, se destacan los ingresos por turismo del período enero-septiembre de 2012, con un flujo de US$3,521.3 millones, lo que representa un incremento de un 5.6% respecto al mismo período del año 2011. El crecimiento de 2.5% alcanzado por la actividad de hoteles, bares y restaurantes se reflejó en los ingresos por turismo. La llegada de visitantes no residentes y la tasa de ocupación superaron en 5.7%, 7.3% y 2.1 puntos porcentuales a los registrados en igual periodo del año 2011.

Telecomunicaciones

El valor agregado de la actividad de telecomunicaciones experimentó un crecimiento de un 2.9% en los primeros nueve meses del año 2012, hecho explicado por los aumentos registrados en las líneas móviles y en las llamadas internacionales. Al mes de septiembre, las líneas netas superaron en 325,524 líneas adicionales a las existentes a septiembre de 2011, para un aumento de un 3.5%, principalmente en las líneas móviles, las cuales representan un 90% de las líneas netas instaladas, con un crecimiento de un 3.7%. Por otro lado, las líneas fijas crecieron un 1.4% con respecto a septiembre de 2011. El tráfico de minutos internacionales creció en un 11.9%.

Resultados económicos

La misión del Fondo Monetario Internacional (FMI), encabezada por Przemek Gajdeczka, concluyó su visita el 16 de noviembre de 2012 en cuanto a la consulta del Artículo IV, declarando lo siguiente:

- Durante el año 2012, la actividad económica ha sido apoyada por políticas fiscales expansivas (aumento del gasto público), lo cual ha impactado la posición externa, mientras que la actividad del sector privado ha disminuido.

- El déficit fiscal aumentó significativamente en 2012, combinado con una recaudación baja.

- El sector financiero muestra solidez.

- La misión apoya el plan de las autoridades para mejorar el clima de negocios, promover la competitividad y crear mejores condiciones para un crecimiento económico.

Tasa de cambio

La tasa de cambio para el año 2012 se situó en RD$39.30, con una tasa de variación de un 3.1% y un aumento absoluto de RD$1.19. No obstante, al comparar la tasa promedio del mes de septiembre de 2012 con la de enero de este mismo año, se observa un aumento de tan sólo 0.9%. Las Reservas

Internacionales Netas cerraron en US$3,002.4 millones, para un aumento con respecto a septiembre de 2011 de US$90.1 millones, un 3.1% en términos porcentuales.

Producto Interno Bruto

Durante el período enero-septiembre de 2012, la economía dominicana, medida a través del Producto Interno Bruto real, experimentó un crecimiento de un 3.9%, explicado por el desempeño positivo de casi todas las actividades económicas que lo conforman. Entre las proyecciones del año económico 2012 completo, se espera que la economía dominicana haya crecido un 4% para un total de RD$401,090.8 millones (PIB real). Aunque el crecimiento del PIB real se espera que desacelere a una tasa de un 3%, la economía dominicana sigue presentando un dinamismo creciente.

Inflación

Las autoridades del Banco Central lograron que la inflación de 2012 terminara en 3.91%, muy por debajo de la meta fijada en un máximo de 5.5%, lo que demostró la efectividad de la política monetaria y de bajas tasas implementadas. Todos los quintiles fueron impactados por el alza de los bienes alimenticios, debido, fundamentalmente, a su alta ponderación en todos los segmentos poblaciones. El reporte establece que la inflación anualizada de un 3.91% obedece a las alzas en los grupos Alimentos y Bebidas No

Alcohólicas (6.34%), Transporte (3.24%), Educación (16.25%) y los Restaurantes y Hoteles (3.88%).

9. Año 2014.[327]

El crecimiento de la industria y de la construcción, del turismo y de la manufactura, de la enseñanza y de la minería, de la agropecuaria y de otros sectores de la economía, anuncian que el año 2015 será mucho mejor que el 2014.

El ministro administrativo de la Presidencia, José Ramón Peralta, se refirió en ese sentido al hacer el balance económico de 2014 y las perspectivas para el próximo año.

Explicó que el proceso de dinamización económica iniciado el pasado año continúa y se que se consolidará con un 2015 aún más positivo.

"El PIB dominicano cerrará el año con un crecimiento cercano al 7% 2014, lo que nos coloca como la economía más dinámica del continente americano", precisó el funcionario, durante un encuentro con los editores económicos de diferentes medios del país.

"Este crecimiento alcanza a todos los sectores económicos: minería 24.1%, construcción 10.7%;

---

[327] Tomado de *2015 será mejor año para la economía de República Dominicana, según Peralta.* Obtenible en http://eldia.com.do/2015-sera-mejor-ano-para-la-economia-de-republica-dominicana-segun-peralta/. Consultado el 27 de diciembre de 2015 a las 23:04hrs.

hoteles, bares y restaurantes 8.2%, salud 8.2%, intermediación financiera y seguros 7.8%, enseñanza 6.7%, manufactura 5.7%; transporte 5.6%, agropecuaria 5.4% y comercio 5.0%", indicó.

El ministro Peralta afirmó que detrás de ese crecimiento hay un círculo virtuoso de empleo, inversión social y reducción de la pobreza y desigualdad que llena de optimismo y confianza hacia el futuro.

Crecimiento impacta elempleo

José Ramón Peralta resaltó el efecto que este crecimiento tiene sobre el empleo, lo que se evidencia en la reducción del desempleo con la generación de 235,600 nuevos puestos de trabajo formales en los dos primeros años de gobierno.

"Todo apunta a que estaremos en condiciones de alcanzar y superar la meta de 400,000 nuevos empleos para 2016", afirmó.

Aseguró que gracias a las políticas que ha puesto en marcha el Presidente Danilo Medina, el crecimiento está llegando a todos los rincones del país y a todas las capas sociales como nunca antes y puso como ejemplo los sorteo de obras que se efectúan de forma transparente y democrática.

Del mismo modo, citó el aumento aumento exponencial del número de proveedores del Estado, el crédito a los sectores productivos, el crédito a los pequeños y microempresarios, así como el impulso a las zonas francas.

"Esto se ha logrado en un marco de estabilidad de precios. Como fue publicado en la prensa nacional, en el período enero-noviembre de 2014, la inflación fue de 2.30%, mientras que la anualizada, medida de octubre 2013 a octubre 2014, se ubicó en 2.88%, inferior en casi dos puntos al 4.74% registrado en igual lapso del año anterior".

También en el sector externo

Aseveró que gracias al crecimiento de 6.21% de las exportaciones totales, en el periodo enero-septiembre, acompañado del extraordinario incremento de los ingresos de turismo, en un 11.5%, y de las remesas, en 10.8%, el comportamiento de la economía dominicana el sector externo exhibe también un desempeño favorable.

En ese sentido, recordó que el déficit de la cuenta corriente de la balanza de pagos pasó de 2,754 millones de enero a septiembre de 2012 a 1,534 en el mismo periodo de 2014.

"Hay que resaltar el comportamiento favorable de la inversión extranjera directa, que ha registrado un crecimiento de un 19.8% el último año. La inversión extranjera de los años 2013 y 2014 supera los 5,000 millones de dólares", dijo.

Refirió que un nuevo informe del Banco Mundial "Haciendo Negocio en Centroamérica y la RD" y la publicación del informe Doing Business 2015 revelan que República Dominicana ha vuelto a avanzar en el clima de negocios, en particular con mejoras en comercio transfronterizo.

Como aspectos que resaltan esas publicaciones, el ministro administrativo de la Presidencia citó la inclusión del país entre las 50 economías del mundo donde el comercio transfronterizo es más fácil.

También que Santiago y Santo Domingo ocupan el tercer y quinto lugar en la facilidad de apertura de una empresa, de 22 ciudades analizadas en 6 países de Centroamérica y la República Dominicana.

Asimismo, citan como fortaleza de la economía local la reducción del número de documentos para las importaciones y exportaciones y la eliminación de la lista de empaque (*Packing List*) por parte de la Dirección General de Aduanas, lo que coloca a la República Dominicana en el lugar 24 entre 189 países evaluados, consolidándose en la segunda posición a nivel de la Región de Latinoamérica y del Caribe en el informe global de Doing Business 2015.

Mayor acceso al crédito

El acceso al crédito también está contribuyendo a dinamizar la economía y reducir la desigualdad como nunca antes, aseguró Peralta, al mencionar los 60 mil 60,000 pequeños y medianos productores beneficiados por el Banco Agrícola, los 142,860 productores beneficiarios por las visitas del presidente, o los 109,150 pequeños y medianos empresarios que han recibido créditos de Banca Solidaria.

Banco de Reservas, un verdadero banco público al servicio de los negocios y empresas privadas El ministro administrativo de la Presidencia dijo que por primera vez el 67% de la cartera de crédito del Banco de Reservas se destina a financiar al sector privado y el 33% al sector público. Antes era al revés.

Al respecto, indicó que la cartera de créditos de esa entidad experimentó un aumento en 13% 2014, equivalentes a 220,607 millones de pesos a Septiembre 2014, ocupando el primer lugar del mercado.

"Lo cierto es que crear 235,600 empleos, mantener la inflación por debajo del 3%, lograr un crecimiento del 7%, mantener el subsidio a la tarifa eléctrica, y al mismo tiempo reducir el déficit fiscal del 6.7% al 2.8% del PIB, es realmente hacer lo que nunca se ha hecho en materia de gestión y manejo de la economía y explica que la pobreza siga disminuyendo a un ritmo sin precedentes", enfatizó José Ramón Peralta.

En los últimos dos años 534,139 personas salieron de la pobreza. La tasa de pobreza se redujo seis puntos. Es decir, de una tasa de 42.2% a 36.2%, puntualizó el funcionario.

Explicó que la reducción es aún mayor en la zona rural, donde ha disminuido de 53% a 44%, en buena parte producto de las visitas sorpresa, que han creado más de 50,000 empleos en las 88 visitas realizadas.

Banca Solidaria: más de 110 mil préstamos a micro y pequeños emprendedores Indicó que paralelamente, iniciativas como Banca Solidaria han permitido que reciban créditos más 110,152 micro y pequeños empresarios, la mayoría mujeres y que ya se han entregado más de 6,000 millones en préstamos con una tasa de recuperación del 99%.

"Junto a Banca Solidaria, el Banco Central ha otorgado también 3,139 millones en préstamos a los pequeños y medianos emprendedores. Y la Fundación Reservas del País ha facilitado RD$632 millones a través de las 19 entidades de microcrédito a las que presta y ha canalizado 15,732 préstamos a microempresarios y microempresarias. Esos préstamos generan más de 32,000 empleos en 22 provincias del territorio nacional", precisó.

Mejora de los servicios públicos

El ministro administrativo de la Presidencia manifestó además que una de las formas en la que se está apoyando la economía de las familias es mediante la mejora de servicios públicos como la salud o la educación.

Afirmó que la inversión en la Tanda Extendida y lo que implica, sumado a la entrega de útiles a los estudiantes, por ejemplo, se traduce en ahorro para sus familias.

"De la misma forma, se han incorporado 461,000 personas al Régimen Subsidiado de Salud y eso reduce drásticamente uno de los gastos prioritarios de las familias", insistió.

Igualmente, se refirió a la eliminación de las cuotas en los hospitales, con lo que no solo se garantiza el acceso universal, sino que representa 659 millones de pesos que antes ponían las familias dominicanas cada año y que ahora aporta el Ministerio de Salud.

Otro ejemplo señalado es la ampliación de la red de metro en Santo Domingo, los proyectos habitacionales que se están impulsando, como La Barquita o Ciudad Juan Bosch.

10. Año 2015[328]

La economía dominicana registró un crecimiento preliminar de 6.5% durante enero-marzo 2015 con respecto a igual período del año anterior. Este comportamiento resultó ser superior al promedio de

---

[328] Tomado de *Nota de prensa del Banco Central Informa que la economía dominicana creció 7,0% en el año 2015.* Obtenible en http://www.bancentral.gov.do/notas_bc/2016/01/06/771/banco-central-informa-que-la-economa-dominicana-creci-70-en-el-ao-2015. Consultado el 7 de enero de 2016 a las 09:32hrs.

5.25% que se espera para el año 2015, conforme el Marco Macroeconómico consensuado entre el Ministerio de Economía, Planificación y Desarrollo, el Ministerio de Hacienda y el Banco Central.Con estos resultados del primer trimestre, la República Dominicana continua siendo la economía líder en términos de desempeño económico en la región latinoamericana, superando el crecimiento estimado mediante el Indicador de Actividad Económica de los primeros meses del año 2015 de Panamá (5.1%), Guatemala (4.4%), Honduras (3.4%), Nicaragua (2.8%), Chile (2.4%), México (2.3%), Costa Rica (2.1%), Perú (1.7%), Ecuador (1.0%), Argentina (0.7%), El Salvador (-0.1%), Brasil (-2.5%), entre otros.

Al analizar el crecimiento por actividades económicas en términos de valor agregado real, se destaca el comportamiento de las siguientes: Construcción (14.9%), Comercio (10.6%), Intermediación Financiera (7.4%), Transporte y Almacenamiento (6.2%), Enseñanza (9.4%), Agropecuario (5.8%), Manufactura Local (5.5%) y Hoteles, Bares y Restaurantes (4.9%). Estas actividades explican el 76.0% del crecimiento de 6.5% del período. El crecimiento observado en el primer trimestre va en consonancia con el comportamiento exhibido por la cartera de préstamos de todo el sistema financiero. En este sentido, el crédito canalizado al sector privado aumentó en 16.6%, en términos interanuales, destacándose los destinados a la producción (14.6%), de los cuales sobresalen el incremento en los recursos concedidos a Construcción

(68.2%), Electricidad, Gas y Agua (11.1%), Comercio (10.6%), Microempresas (28.5%) y Manufactura (5.4%).

En una rueda de prensa el Gobernador del Banco Central, Lic. Héctor Valdez Albizu, informó que la economía dominicana registró un robusto crecimiento de 7.0% durante 2015 en términos reales, ubicándose por segundo año consecutivo como líder del crecimiento económico en América Latina, muy por encima de Panamá (5.9%), Bolivia (4.5%), Nicaragua (4.0%), Guatemala (3.9%), Honduras (3.4%), Colombia (3.1%) y el resto por debajo de 3.0%, siendo el promedio de la región de -0.4% estimado por la CEPAL.

Valdez Albizu destacó que este notable ritmo de expansión de la economía se logró en el contexto de una inflación de 2.34%, por debajo del límite inferior de la meta de 4.0%±1.0% establecida para el pasado año y de un déficit de la cuenta corriente de 2.0%, el más bajo de la última década, con niveles históricos de Reservas Internacionales equivalentes a 3.6 meses de importaciones y una entrada combinada de ingresos de divisas por concepto de exportaciones de bienes, turismo, remesas, inversión extranjera directa que superaron los US$23,000 millones.

Detalló, que conforme a cifras muy preliminares al cierre del año, las actividades económicas exhibieron un desempeño positivo, destacándose Construcción (18.2%), Comercio (9.1%), Intermediación Financiera

(9.2%), Enseñanza (8.6%), Transporte y Almacenamiento (6.4%), Hoteles, Bares y Restaurantes (6.3%), Zonas Francas (5.8%), Salud (5.8%), Manufactura Local (5.5%) y Otros Servicios (4.1%). Estas actividades en conjunto explican el 80.1% del crecimiento en el año 2015.

La máxima autoridad del organismo rector de la Política Monetaria puntualizó que la actividad de mayor aporte al crecimiento del PIB en el año 2015 fue Construcción, la cual ha venido creciendo en dos dígitos de forma sostenida desde mediados de 2013, es decir por diez trimestres consecutivos.

Expresó además que el notable desempeño de la referida actividad obedece al desarrollo de proyectos de iniciativa tanto pública y privada, dentro de los que se destacan las obras de infraestructura vial, recintos escolares y hospitalarios, la construcción de viviendas de bajo costo, edificaciones hoteleras, la construcción de plazas y centros comerciales, entre otros.

Otro de los puntos resaltados por el Sr. Gobernador fue el desempeño del sector Comercio durante el año 2015, el cual registró una expansión anualizada de 9.1%, significativamente superior a las tasas de 0.5% y 4.9%, registradas en los años 2013 y 2014 respectivamente. Precisó que el dinamismo de dicho sector es consistente con el incremento en el volumen de importación de bienes comercializables así como un comportamiento positivo de la producción de bienes manufacturados en el ámbito local.

En cuanto al Turismo, reveló la primicia de que la llegada de turistas (incluyendo extranjeros y dominicanos no residentes) alcanzó la cifra récord de unos 5,600,000 pasajeros, para un aumento de 458,482 visitantes adicionales, equivalente a un crecimiento de 8.9% con respecto al año anterior, aseverando que el 2015 fue un año extraordinario para el turismo.

Un hecho destacado por el Lic. Valdez Albizu fue el dinamismo exhibido en la cartera de préstamos al sector privado del sistema financiero consolidado, con un aumento de RD$87,905 millones equivalente a un crecimiento de 12.5% en términos anualizados. Subrayó que el segmento de la cartera de crédito que mostró mayor crecimiento en términos relativos fue el de las Microempresas al crecer 33.3% con respecto a igual periodo del año anterior, indicando a su vez que otros sectores que presentaron altas tasas de crecimiento fueron Hoteles, Bares y Restaurantes (23.4%), Comercio (23.0%), Adquisición de viviendas (15.2%) e Industrias Manufactureras (13.6%).

En cuanto al mercado laboral, el Gobernador del Banco Central reafirmó que conforme a los resultados de la Encuesta Nacional de Fuerza de Trabajo tradicional que levanta el Banco Central semestralmente se generaron 390,789 nuevos ocupados durante los 36 meses transcurridos entre octubre de 2012 y octubre 2015, destacando que aproximadamente el 85% de los empleos creados en este período corresponden al Sector Formal.

Adicionalmente, Valdez Albizu señaló que los resultados preliminares de la nueva Encuesta Nacional Continua de la Fuerza Laboral muestran que en promedio se han estado generando más de 10,000 empleos cada mes, "lo que permite inferir que para el cierre del año 2015 se habría superado la meta del Excelentísimo Presidente de la República, Lic. Danilo Medina Sánchez, de contribuir a generar 400,000 empleos en su gestión", dijo.

Refiriéndose a la política monetaria, el Gobernador Valdez Albizu declaró que la postura neutral de la misma es consistente con el objetivo del Banco Central de estabilidad de precios, en el marco de una estrategia de metas de inflación, planteamiento que fue corroborado por la Misión del Fondo Monetario Internacional que visitó el país el pasado mes de noviembre. Asimismo enfatizó que el Banco Central seguirá contribuyendo a mantener un clima de certidumbre para las decisiones de consumo y la inversión de los agentes económicos.

Al cierre del año 2015, se alcanzaron los niveles de reservas internacionales más altos de la historia económica del país, de acuerdo a lo revelado por el Gobernador. Informó que las Reservas Internacionales Brutas cerraron el año en US$5,266.0 millones y las Netas en US$5,195.1 millones, aumentando US$404.3 y US$544.6 millones respectivamente, con respecto a

2014. Precisó que los niveles de reservas brutas equivalen a 3.6 meses de las importaciones excluyendo las zonas francas, lo cual excede lo contemplado en el Programa Monetario y las recomendaciones del FMI de mantener como mínimo requerido, reservas equivalentes a tres meses de importaciones.

En adición, Valdez Albizu resaltó que las Reservas Internacionales Líquidas del Banco Central, es decir, aquellas que están disponibles de forma inmediata para enfrentar cualquier dificultad coyuntural, alcanzaron un nivel sin precedente de US$3,210.6 millones.

El Gobernador resaltó que el déficit de 2.0% de la cuenta corriente de la Balanza de Pagos se encuentra por debajo de su promedio histórico, el cual es consistente con el aumento experimentado en los ingresos de divisas por concepto de turismo, remesas familiares, exportaciones de bienes e inversión extranjera directa, que generaron al país US$23,001.6 millones, para un incremento de 3.0% con respecto al año 2014 (US$665.2 millones adicionales). De igual forma, contribuyó a éste resultado la importante reducción de US$1,319.4 millones en la factura petrolera, como consecuencia de la significativa disminución del precio del petróleo y sus derivados (-41.4%).

Detalló que durante el año 2015 los ingresos del turismo ascendieron a US$6,153.1 millones para un crecimiento de 9.2%; mientras que las remesas alcanzaron US$4,882.7 millones, para un aumento de 6.8% con respecto a 2014. Asimismo, resaltó los resultados positivos generados por las empresas de zonas francas, cuyas exportaciones registraron US$5,632.9 millones para el cierre de 2015, lo cual significó un incremento anualizado de 6.8%. En cuanto a la inversión extranjera directa, señaló que la misma alcanzó US$2,293.4 millones al cierre de 2015, para un aumento interanual de 3.8%, reflejo de que el país se ha consolidado como un destino atractivo para los inversionistas extranjeros.

El Gobernador manifestó que las importaciones no petroleras, las cuales están estrechamente vinculadas con el crecimiento económico, exhibieron un aumento de 7.0% debido al mayor dinamismo registrado por las distintas actividades del PIB durante el año.

Otro aspecto importante destacado por Lic. Valdez Albizu fue la estabilidad relativa exhibida por el tipo de cambio. En ese tenor, precisó que la depreciación nominal acumulada del año 2015 fue de 2.6% respecto al nivel registrado en el 2014, cerrando el año con una tasa de cambio de venta al 31 de diciembre de 2015 de RD$ 45.55/US$, por debajo del nivel contemplado en el Presupuesto de RD$46.75/US$.

Reveló que conforme a las cifras compiladas de la Superintendencia de Bancos tenemos un sistema financiero líquido, solvente, rentable y patrimonialmente fuerte, reflejado en el comportamiento de los principales indicadores de gestión, entre los que detalló el incremento en 12.1% de los activos totales del sector, una morosidad en la cartera de crédito de apenas 1.62%, en tanto que la cobertura de dicha cartera es de 167.06%, indicando que se mantienen provisiones que cubren en más de un 100.0% los créditos vencidos.

De igual modo, mencionó que el nivel de solvencia consolidada de todos los intermediarios financieros al 30 de noviembre de 2015 fue de 16.23%, muy superior al 10% que establece la Ley Monetaria y Financiera y los estándares internacionales y la rentabilidad sobre el patrimonio promedio fue de 17.74% y sobre los activos de 1.97 por ciento.

Finalmente, resaltó que el subsector de los bancos múltiples, que representa el 88% del Sistema Financiero Nacional, presenta una solvencia promedio de 14.24%, mientras que la rentabilidad del patrimonio ascendió a 20.40%, siendo la morosidad de su cartera de créditos de 1.52%, con una cobertura de 178.49%.

11.Transporte marítimo y aereo.[329]

La República Dominicana goza de una posición geográfica estratégica, colocada en el mismo trayecto del Sol, justo en el corazón del Caribe, formando parte

---

[329] Tomado del sitio web de la cámara de comercio y producción de Santiago. República Dominicana. Obtenible en http://www.camarasantiago.com/txt/economia.htm. Consultado el 6 de enero de 2016 a las 18:50hrs.

de las Antillas Mayores. Su ubicación es apropiada para convertirse en el centro transbordo de los principales buques transatlánticos, ya que las principales rutas marítimas comerciales se encuentran a poca distancia del país.

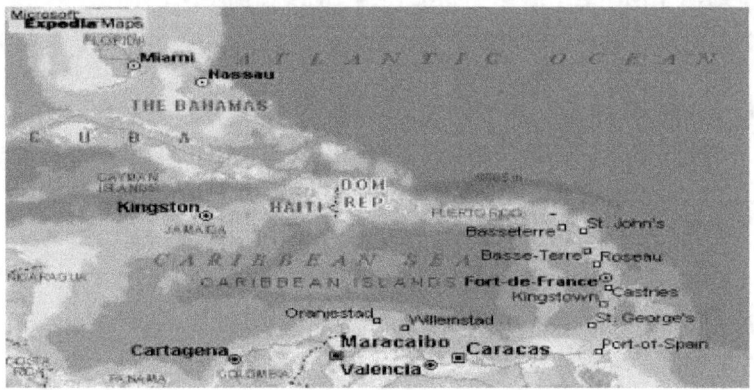

Aeropuertos

La República Dominicana cuenta con siete aeropuertos internacionales principales y otros más de carácter citadino y militar.

Entre los principales se pueden citar los siguientes:
·   Aeropuerto Internacional Las Americas José Francisco Peña Gómez, ubicado 20 minutos al este de Santo
     Domingo
·   Aeropuerto Internacional de Puerto Plata, Gregorio Luperón, 15 minutos De Playa Dorada,
     Puerto Plata y Sosúa
·   Aeropuerto Internacional de Punta Cana, ubicado en al provincia La Altagracia a unos 15 minutos de la

ciudad de Higuey.

· Aeropuerto Internacional del Cibao, ubicado a 10 minutos de la ciudad de Santiago

· Aeropuerto Internacional de María Montez, en Barahona, en la región sur del país.

· Aeropuerto Internacional La Romana, ubicado en la ciudad de La Romana.

· Aeropuerto Internacional, de Arroyo Barril, ubicado en la ciudad de Samaná.

Puertos

La República Dominicana, además cuenta con puertos de descarga casi en todos los puntos direccionales, ya que podemos encontrar puertos tanto en el Norte del país, como en el Sur y en el Este, así como en la ciudad de Santo Domingo.

Específicamente los puertos del norte de la Republica Dominicana son: Manzanillo ubicado en la provincia de Montecristi; Puerto Plata en la ciudad de Puerto Plata y Arroyo Barril en la provincia de Samaná.

En el sur del país tenemos los puertos de Barahona, en la provincia de Barahona; los puertos de Haina I y Haina II, ubicados en la provincia de San Cristóbal y que movilizan alrededor del 50% de la carga que entra y sale del pais; el puerto de Santo Domingo y de San Souci, ubicados en la provincia de Santo Domingo.

En el este del país se encuentran los puertos de San Pedro de Macorís en la ciudad de San Pedro de Macorís y La Romana en la ciudad de La Romana.

Recientemente fue puesto en operación el puerto Multimodal Caucedo, un gigantesco puerto de trasbordo, ubicado a pocos kilómetros de la ciudad de Santo Domingo y tan sólo a un kilómetro del principal aeropuerto del país.

Esta facilidad marítima servirá para que las empresas navieras las utilicen como un gran centro de distribución de su carga hacia otros mercados, reetiquetándola, redistribuyéndola, así como empacándola y despachándola. De acuerdo a como explican sus directivos una empresa que transporte carga en contenedores desde el lejano Oriente, por ejemplo, puede en el Multimodal Caucedo reembarcarla a los mercados de Suramérica o el resto del Caribe, si es el caso, manejándola y reempacando en las características que requieran esos mercados.

Como puede apreciarse, la Republica Dominicana cuenta con una importante infraestructura de puertos y aeropuertos, soportada en un moderno y vanguardista sistema de comunicación, así como con una impresionante infraestructura hotelera, lo que nos hace un lugar atractivo para los negocios y paradisíaco para unas merecidas vacaciones.

12. República Dominicana en el contexto internacional.[330]

En los últimos años el país ha llevado a cabo un proceso de fortalecimiento de sus relaciones con la gran mayoría de naciones y organismos internacionales existentes.

Al respecto, sería interesante preguntarse: ¿Qué representa en términos generales la República Dominicana en la economía mundial y el contexto internacional?

En el marco de las Naciones Unidas (ONU) y diversos organismos internacionales, la República Dominicana forma parte del conjunto de naciones ubicada en la categoría de Pequeños Estados Insulares en Desarrollo (PEID), los cuales comparten una serie de problemas estructurales comunes relacionados con la generación de sus ingresos, y en la mayoría de los casos dependen del sector agrícola.

Estos países costeros comparten desafíos de desarrollo sostenible, sus poblaciones por lo general son limitadas, son muy susceptibles a los desastres naturales, y con una gran dependencia del comercio internacional y del contexto económico internacional.

---

[330] Tomado de JOSÉ L. DOMINGUEZ B.: *República Dominicana en el contexto internacional.* Publicado en el diario "Hoy". Obtenible en http://hoy.com.do/republica-dominicana-en-el-contexto-internacional/. Consultado el 6 de enero de 2016 a las 00:43hrs.

Otra gran dificultad que confrontan los PEID son la incapacidad de crear economías de escala y los altos costos de transporte y comunicación. Dentro del listado de países ubicados en la categoría de PEID están: Singapur, Cuba, Barbados, Trinidad y Tobago, Chipre, Mauricio, Haití, Cabo Verde, Jamaica, Tonga, Vanuatu y Samoa, entre otros. Como se puede apreciar, esta categoría de países no es homogénea y sus posibilidades de desarrollo difieren bastante en muchos casos.

En función del Indice de Desarrollo Humano (IDH) del Programa de las Naciones Unidas para el Desarrollo (PNUD), la República Dominicana está clasificada en el listado de países con desarrollo humano medio. El Informe Mundial sobre Desarrollo Humano 2006 del PNUD establece que el IDH de la República Dominicana fue de 0.751, situando al país en la posición 94 de los 177 países que participaronn en el estudio.

Con relación al informe de 2005, la República Dominicana experimentó una mejora en la posición relativa respecto al resto de los países, pasando de la posición 95 a la 94. Según dicho informe, esta mejora en el IDH se debió principalmente al desempeño de la economía dominicana, puesto que el ingreso por habitante, expresado en dólares de Paridad de Poder Adquisitivo (PPA), aumentó más de un 9%. Varios de los países de América Latina y el Caribe que están dentro de la categoría con desarrollo humano medio son: Perú, Paraguay, El Salvador, Ecuador, Belice, Guyana, Jamaica y Surinam.

Existen otras tres categorias de países, a saber: (a) Países con desarrollo humano medio bajo y bajo en las que están Haití, Guatemala, Nicaragua, Honduras y Bolivia, (b) Países con desarrollo humano medio alto (Colombia, Brasil, Venezuela y Panamá), y (c) Países con desarrollo humano alto (México, Cuba, Barbados, Uruguay, Costa Rica, Chile y Argentina). A excepción de Haití, cerca de la mitad de los Estados de la CARICOM están dentro de la categoría de países con un IDH alto (Antigua y Barbuda, Bahamas, Barbados, San Cristobal y Nevis, y Trinidad y Tobago). La otra mitad está dentro de la categoría de IDH medio (Belice, Dominica, Granada, Jamaica, San Vicente y las Granadinas, Santa Lucía y Surinam).

Según el Banco Mundial, para el año 2004 la República Dominicana con un Producto Interno Bruto (PIB) de 18.73 billones de dólares ocupaba el puesto número 78 a nivel mundial en cuanto a su importancia económica. Para el 2005, con un crecimiento económico del orden del 9%, el país subió a ocupar el puesto número 69 con un PIB de 28.30 billones de dólares. Para el año 2006, con un crecimiento de cerca del 10%, uno de los mayores a nivel mundial, es muy probable que la República Dominicana continúe subiendo su nivel de posicionamiento en cuanto a su importancia en la economía mundial.

Con relación a los demás países del Caribe, para el 2005, la República Dominicana fue el que tuvo mayor PIB de la región, representando alrededor del 33% del total. Para ese año, el PIB de los Estados de la CARICOM (incluyendo Haití), fue de 43.75 billones de dólares.

El PIB de otros países latinoamericanos para el año 2005 fue el siguiente: Brasil (794.10 billones de dólares), México (768.44), Venezuela (138.85), Chile (115.25), Perú (78.43), Ecuador (36.24), Guatemala (31.68), Costa Rica (19.43), El Salvador (16.90), Panamá (15.23), Uruguay (16.79), Bolivia (9.33), Paraguay (8.15), Honduras (7.97), y Nicaragua (4.91).

Respecto al comercio exterior, según la Comisión Económica para América Latina y el Caribe (CEPAL), de las Naciones Unidas, en el año 2005 la República Dominicana exportó bienes y servicios por un valor de alrededor 10.06 billones de dólares. Los principales mercados de las exportaciones de bienes del país lo constituyeron Estados Unidos, representando cerca del 80% del total, y la Unión Europea con 10%. No obstante, respecto al comercio de servicios, y más especificamente respecto al turismo, el principal mercado lo constituyó la Unión Europea, representanto los turistas europeos cerca del 40% del total de los turistas recibidos, seguida de los Estados Unidos (25%) y Canadá (12.5%). Cabe resaltar, que según la Organización Mundial del Turismo (OMT), para el año 2004, la República Dominicana ocupó el puesto 42 a nivel mundial en cuanto a su importancia como destino turístico con 3.45 millones de turistas recibidos. Para ese año, después de Estados Unidos, México, Canadá, Brazil y Puerto Rico, el país ocupó la sexta posición en el Continente Americano, seguido de Argentina (3.35 millones de turistas), Cuba (2.01), Chile (1.78), Uruguay (1.75) y Bahamas (1.56). Con un extraordinario crecimiento del orden del 8% anual en el 2005 y 2006, y con un total de aproximadamente 4 millones de turistas recibidos el pasado año, la República Dominicana pasó a ocupar la primera posición como destino turístico del Caribe.

Concerniente las exportaciones de bienes, para el año 2006, cabe destacar, que según el Centro de Exportación e Inversión (CEI-RD), la República Dominicana exportó hacia Haití más de 147 millones de dólares, representando este país el cuarto destino de sus exportaciones de bienes tradicionales con cerca de 10% del total, luego de Estados Unidos (32%), la Unión Europea (17%) y Corea del Sur (12%).

Con relación a la población, la República Dominicana con sus aproximadamente 8.9 millones de habitantes, representa cerca del 25.18% del total de la región. La República Dominicana y Haití tienen una población total de unos 18 millones de habitantes, concentrando cerca del 50% de la población de la región.

Respecto a sus relaciones con los diferentes organismos y foros internacionales, cabe resaltar que la República Dominicana fue parte de los primeros 51

Estados miembros de la Organización de las Naciones Unidas (ONU), desde el 24 de octubre de 1945. Además de la ONU, el país es miembro y/o participa en los trabajos de unas 50 organizaciones e instituciones internacionales entre las que se destacan: la Organización de los Estados Americanos (OEA), Organización Mundial del Comercio (OMC), Grupo de Estados de Africa, Caribe y Pacífico (ACP), Fondo Monetario Internacional (FMI), Banco Mundial (BM), Banco Interamericano de Desarrollo (BID), Grupo de los 77 Países en Desarrollo (G-77), Grupo de Río (GRIO), Asociación de Estados del Caribe (AEC), Comunidad y Mercado Común del Caribe -CARICOM- (en calidad de Observador), Organización de las Naciones Unidas para la Educación, la Ciencia y la Cultura (UNESCO), Organización de las Naciones Unidas para la Agricultura y la Alimentación (FAO), Unión Internacional de Telecomunicaciones (UIT), Organización Internacional del Trabajo (OIT), Organización Mundial de la Salud (OMS), Organización Mundial del Turismo (OMT), y la Organización Internacional para las Migraciones (OIM), entre otras.

En los últimos años, la República Dominicana ha mantenido una activa participación en la gran mayoría de estas organizaciones. Este dinamismo en la política exterior dominicana ha sido exitósamente dirigido por el Presidente Leonel Fernández y el Canciller Carlos Morales Troncoso. Entre los principales logros de la política exterior del país se pueden destacar: 1) Reforma Institucional y Modernización de la Secretaría de Estado de Relaciones Exteriores y el Servicio Exterior, 2) Fortalecimiento de las relaciones con diferentes Estados de Africa, Medio Oriente y Asia, 3) Presidencia del Consejo Permanente de la OEA, ejercida en el 2005, 4) Candidatura del Consejo de Seguridad de la ONU para el período 2008-2009, 5) Celebración en el país de la Asamblea General de la OEA, en junio de 2006, 6) Presidencia de la República Dominicana del Grupo ACP (2006), 7) Apertura de una Embajada en la India (2006), y 8) Presidencia Pro-Tempore del Grupo de Río (2007), entre otras. Asimismo, después de grandes esfuerzos por parte de las autoridades dominicanas, se logró la puesta en ejecución, a partir del 1 de marzo de 2007, del Tratado de Libre Comercio firmado con Centroamérica y Estados Unidos (DR-CAFTA).

En el marco de los trabajos de la mayoría de estos organismos e instituciones, así como en sus relaciones bilaterales, la República Dominicana forma parte y se reune regularmente con los países del Grupo Latinoamericano y del Caribe (GRULAC). Asimismo, dependiendo el tema o la organización internacional, el país coordina sus posiciones de interés regional ya sea con los demás Estados del Caribe (CARICOM/CARIFORO), o el Grupo de Países Centroamericanos (GRUCA).

La República Dominicana dentro del conjunto de naciones es considerada como un país en vías de desarrollo de ingreso medio. El país ha experimentado un gran dinamismo en los últimos años, lo cual queda reflejado en sus principales indicadores económicos tales como el crecimiento de su PIB, disminución de la tasa de desempleo, estabilidad cambiaria, bajos niveles de inflación, así como el mejoramiento de sus indicadores de desarrollo humano. Paralelamente, el país ha implementado una activa agenda internacional que le ha permitido tener una mayor presencia y liderazgo en los diferentes foros internacionales y otras regiones lejanas. Todos estos factores han contribuido a que la República Dominicana mantenga fortaleciendo su nivel de posicionamiento en la economía mundial y el contexto internacional.

Capítulo IV: Sistema Económico de Puerto Rico.

Sumario:

1. Datos generales sobre Puerto Rico. *1.1. Historia de la Economía de Puerto Rico.* **2. Datos económicos generales sobre Puerto Rico.. 3. Economía actual de Puerto Rico (2016).**

1. Datos generales sobre Puerto Rico.[331]

Puerto Rico es la más oriental de las Antillas Mayores (18 15 N, 66 30 O) y es la cuarta isla más grande en el Caribe, después de Cuba, La Española (que comprende República Dominicana y Haití) y Jamaica. La Isla está ubicada en la encrucijada entre Norte y Sur América, justo a 3.5 horas de vuelo de Nueva York, 60 minutos de Caracas y a sólo 4 días de navegación de los puertos del Atlántico en Estados Unidos y los del Golfo de México. El territorio de Puerto Rico incluye otras tres islas pequeñas, Vieques, Culebra y Mona, además de numerosos islotes y cayos.

Según el Censo federal más reciente, la población de Puerto Rico es aproximadamente tres millones setecientos veintiséis mil (3,725,789) habitantes. El área total de la Isla es de 3,435 millas cuadradas (9,000 km2), mide ciento diez millas de largo por treinta y nueve de ancho; tiene un interior montañoso rodeado por una amplia planicie costera donde vive la mayor parte de la población. El promedio de precipitación es de 69 pulgadas (175 cm.) al año y las temperaturas durante el año promedian los 74°F (23°C) en el invierno y 81°F (27°C) en el verano.

Relación con los Estados Unidos

---

[331] *Vid*: sitio web oficial del Banco Gubernamental de Fomento para Puerto Rico. Obtenible en http://www.bgfpr.com/spa/economy/puerto-rico-facts.html. Consultado el 8 de enero de 2016 a las 0055hrs.

Cristóbal Colón descubrió a Puerto Rico en 1493 y en poco tiempo los españoles conquistaron y ocuparon la Isla, la cual permaneció como una posesión española durante cuatro siglos.

Puerto Rico pasó bajo la soberanía de los Estados Unidos a tenor con el Tratado de París firmado el 10 de diciembre de 1898, el cual terminó la Guerra Hispanoamericana. Los puertorriqueños han sido ciudadanos estadounidenses desde 1917. En 1950, luego de una larga evolución a una mayor autonomía con gobierno propio para Puerto Rico, el Congreso de los Estados Unidos promulgó la Ley Pública 600, la cual tiene carácter de "acuerdo bilateral" y que entró en efecto tras ser ratificado por el electorado de Puerto Rico. La misma estableció que las disposiciones de la ley existente que definían la relación política, económica y fiscal entre Puerto Rico y los Estados Unidos permanecieran vigentes. También autorizó al pueblo de Puerto Rico a redactar y aprobar su propia Constitución. La Constitución fue redactada por una asamblea constituyente electa por el voto popular, aprobada por la abrumadora mayoría del pueblo de Puerto Rico en un referéndum especial y aprobada por el Congreso de los Estados Unidos y el Presidente. Ésta entró en vigor tras su proclamación por el Gobernador de Puerto Rico el 25 de julio de 1952. La relación de Puerto Rico con los Estados Unidos se conoce como un estatus de Estado Libre Asociado.

Los Estados Unidos y el Estado Libre Asociado de Puerto Rico ("ELA") comparten una defensa, mercado y moneda en común. El ELA ejerce prácticamente el mismo control sobre sus asuntos internos que tiene cualquier estado de los Estados Unidos. Se diferencia de los estados, sin embargo, en su relación con el gobierno federal. Los puertorriqueños son ciudadanos de los Estados Unidos pero no votan en las elecciones nacionales. Son representados en el Congreso por un Comisionado Residente con voz, pero sin voto, en la Cámara de Representantes. La mayoría de los impuestos federales no aplican en Puerto Rico, salvo algunos como los del Seguro Social que se aplican por consentimiento mutuo. Tampoco se recauda ningún impuesto federal sobre el ingreso de los residentes de Puerto Rico y el ingreso devengado en Puerto Rico, excepto por los ingresos de ciertos empleados federales que están sujetos a tributar sobre sus salarios. Puerto Rico tiene dos lenguajes oficiales: el español y el inglés.

Estructura Gubernamental

La Constitución del ELA establece la separación de poderes entre las ramas del gobierno ejecutivo, legislativo y judicial. El Gobernador es electo cada cuatro años. La Asamblea Legislativa consiste de un Senado y una Cámara de Representantes, cuyos miembros son electos cada cuatro años. El tribunal de más alto rango dentro de la jurisdicción local es el Tribunal Supremo de Puerto Rico.

Puerto Rico constituye un Distrito del Sistema Judicial Federal y tiene su propio Tribunal de Distrito de los Estados Unidos. Las decisiones de este tribunal pueden ser apeladas en el Primer Circuito del Tribunal de Apelaciones de los Estados Unidos y más adelante en el Tribunal Supremo de los Estados Unidos.

Las responsabilidades gubernamentales que el gobierno central del ELA asume son de naturaleza similar a las de los gobiernos de los estados. Además, el gobierno central asume la responsabilidad por la policía local y servicio de bomberos, la educación, la salud pública y los programas de asistencia social y desarrollo económico.

1.1. Historia de la Economía de Puerto Rico.[332]

Tan pronto comenzó la colonización en 1508 el régimen español sometió al trabajo forzoso a los taínos. La consecuente escasez de mano de obra llevó a la corona española a optar por traer seres humanos en condición de esclavos desde varios puntos del Caribe y a introducir la trata negrera mediante la importación de africanos en igual condición. La economía era una agrícola de subsistencia que combinaba los cultivos taínos con la introducción de animales domésticos, plantas y semillas traídas de

---

[332] Tomado completamente de *Evolución histórica de la economía de Puerto Rico.* Obtenible en https://pl.scribd.com/doc/27948111/Evolucion-historica-de-la-economia-de-Puerto-Rico. Consultado el 7 de enero de 2016 a las 23:04 hrs.

Europa además de la ganadería y la siembra de jengibre. Esta actividad sería la base para el desarrollo posterior del comercio de contrabando. Al extinguirse las fuentes de oro en las minas(poco después de 1530) la Isla permaneció como una guarnición militar y requirió su fortificación y amurallamiento para la defensa de la capital. Debido a la pobreza en que vivía el país, desde 1582 España asignó una ayuda proveniente de la Nueva España (México): el Situado Mexicano. El Situado representó una proporción mayoritaria de los fondos con que contaba la administración insular hasta que dejó de recibirse en 1810, cuando México se independizó de España. En 1765 el visitador general Mariscal de Campo Alejandro O'Reilly visitó Puerto Rico y realizó un diagnóstico de la situación socioeconómica del país. A partir de su informe que describía a la Isla como la colonia más pobre de España en América, la Corona comenzó a crear las condiciones para la llegada deun mayor número de inmigrantes españoles, lo que dio lugar a la triplicación de la población durante el último tercio del siglo XVIII.Al cierre del siglo XVIII las actividades económicas principales se destinaban, o bien a la subsistencia o bien al comercio de contrabando. La baja densidad poblacional y la insistencia de España en aferrarse al mercantilismo fueron factores que provocaron que, desde el punto de vista tecnológico, sus colonias fueran retrasadas y poco competitivas.

En el período comprendido entre 1808 y 1830 España perdió todas sus colonias en América, excepto Cuba y

Puerto Rico. La Real Cédula de Gracias de 1815 promovió la llegada de europeos, es decir, no sólo de españoles sino también de emigrantes de otras regiones de Europa. Los inmigrantes leales a la Corona continuaron apoyando el régimen político imperante en Puerto Rico. Esto, unido al aumento en la tasa de natalidad que ya se manifestaba en la vasta zona rural del país, contribuyó a un aumento vertiginoso en la población. En un principio la mayor parte de estos nuevos inmigrantes recibieron el beneficio de establecerse en las zonas rurales despobladas con el fin de explotar extensamente la tierra. No obstante, muchos se dedicaron también al comercio, en particular los españoles peninsulares, quienes pronto dominaron esa actividad sobre todo la compra y venta al por mayor. Durante las primeras tres cuartas partes del siglo XIX la caña de azúcar, el café y el tabaco, en ese orden, se convirtieron en los productos principales de exportación. A mediados del siglo XIX la agricultura de subsistencia comenzó a perder terreno ante el avance de la agricultura destinada a abastecer los mercados en el exterior. A fines del siglo XIX solamente una bajísima proporción de los residentes de la zona rural podía reclamar ser dueña de la finca en que vivía y de la cual obtenía su sustento. Por eso la población rural, constituida mayormente por agregados, se vio poco a poco forzada a pactar con los nuevos propietarios de las fincas, lo que incrementó el trabajo a jornal y los acuerdos de arrendatarios y medianeros, que siempre favorecían al propietario dela tierra. Con el paso de los años, al aumentar las

339

exportaciones de azúcar y de café, esta tendencia se generalizó tanto en la altura como en la bajura. La importación de esclavos procedentes de distintas regiones de Africa proveyó, aunque en proporciones variables alo largo del siglo XIX, parte de la fuerza obrera empleada en la industria azucarera. En la zona cafetalera la mano de obra estuvo constituida esencialmente por los agregados y por los jornaleros. Los campesinos, a pesar de ser pequeños propietarios, se veían obligados a complementar sus ingresos trabajando a jornal, mediante el sistema de la libreta de jornaleros, para los dueños de fincas más grandes. La explotación de la tierra para la exportación de azúcar, café y tabaco provocó, no sólo la reducción de la agricultura de subsistencia, sino también el que Puerto Rico se convirtiera netamente en un país importador de alimentos, condición queprevalece hasta el presente. La mayor parte de la población puertorriqueña a lo largo del siglo XIX sufrió las consecuencias de una desnutrición que se acentuaba debido a que era prioritario utilizar las tierras para actividades agrícolas de exportación. Mientras el fenómeno de concentración de la tierra.

A fines del siglo XIX, el café se había convertido en el producto principal de exportación, mientras el cultivo de azúcar había sido desplazado al segundo lugar.Temprano en el siglo XIX ciudades como San Juan, Ponce y Mayagüez comenzaron a jugar un papel protagónico en el desarrollo de una economía nacional. Su prosperidad se debió, en buena medida, a sus puertos marítimos. Los grandes comerciantes de las zonas urbanas se convirtieron en el sector económico más poderoso del país. Muchos de los grandes hacendados y de los agricultores medianos se vieron forzados a tomar prestado de los comerciantes, particularmente debido a la estacionalidad de lascosechas que no generaban ingresos inmediatos. En gran medida, el subdesarrollo del sistema financiero durante el siglo XIX sedebió a la oposición de los comerciantes al establecimiento de bancos formales pues esto afectaría una de sus actividades máslucrativas.el establecimiento de pequeñas fábricas y talleres de producción amplió la oferta de bienes de consumo, especialmente para los residentes de la zona urbana. Los habitantes de la zona rural tenían acceso a esta producción artesanal y fabril, además de a los productos importados, a través de las tiendas de raya de las haciendas. Sin embargo, el disfrute de tales bienes estaba muy limitado debido a jornales extremadamente bajos que se devengaban y a la dinámica de la relación entre los hacendados y los trabajadores agrícolas, quienes contraían deudas casi a perpetuidad con los hacendados. En las postrimerías del siglo XIX la economía puertorriqueña se fue adentrando en el sistema económico capitalista. A pesar deque las relaciones sociales en las haciendas eran del tipo precapitalista, ciertamente en las zonas urbanas se levantaban los cimientos de un sistema capitalista. El comercio florecía en un gran número de ciudades y pueblos y el peso se había estabilizado como moneda oficial a partir del año 1895. La división del trabajo había adquirido un carácter formal, lo que ayudó al despegue del movimiento sindical cuya organización formal tendría que esperar a los primeros años del siglo XX. El desarrollo de la infraestructura fue otro de los procesos que se acrecentó a lo largo del siglo XIX. Se construyó la carretera en la cordillera central, se mejoró la comunicación por la vía terrestre entre los pueblos, y se establecieron los primeros kilómetros del ferrocarril. En síntesis, en la medida en que la actividad comercial orientada tanto al exterior como al mercado doméstico prosperaba en las zonas urbanas, el país entraba formalmente a una etapa de capitalismo

La invasión de Estados Unidos a Puerto Rico en julio de 1898 tuvo motivaciones tanto políticas como económicas. El control de las rutas marítimas a través de laCuenca del Caribe y del futuro Canal de Panamá, así como la ubicación estratégica, constituyeron elementos claves en elinterés por controlar a PuertoRico y Cuba. Luego de devaluar y de eventualmente eliminar el peso (la moneda nacional) para imponer el dólar, se sentaron las bases para el nuevo régimen político y económico. De inmediato se inició un proceso de transferencia de riqueza de manos de hacendados y propietarios puertorriqueños y españoles amanos de empresas e inversionistas estadounidenses. Se precipitó la decadencia de la industria cafetalera, que había comenzado con la destrucción provocada por el paso de los huracanes de 1899, 1928 y 1932, y con la pérdida de mercado sexternos. Igualmente, se inició una profunda transformación estructural que crearía las condiciones para el desarrollo de unaeconomía de monocultivo cañero.a pesar de la aprobación de la Ley de 500 acres, durante los primeros cuarenta años del siglo XX, las corporaciones azucareras decapital ausentista controlaron una enorme proporción de los terrenos agrícolas más valiosos del país. Además, se registró un aumento en la siembra y producción de tabaco y en la confección de cigarros, industria cuya producción y exportación también sería controlada por corporaciones de capital estadounidense. Mientras la industria tabacalera desplazaba a la cafetalera, la caída en la producción de esta última provocó un movimiento migratorio interno que movilizó a grandes masas de trabajadores agrícolasdesde la zona central-montañosa hacia los municipios de la costa.durante las primeras décadas del siglo XX se registró un aumento en la población de los municipios en los que predominaba la actividad azucarera. El auge en la industria azucarera incentivó a un gran número de agricultores a dedicarse a la siembra de caña, es decir, a convertirse en colonos. Esto contribuyó al aumento en el número de hacendados azucareros, quienes controlaban una cantidad de tierras comparable con la gran proporción controlada o poseída por las corporaciones absentistas, todas y cada una de las cuales excedían varias veces el límite de 500 acres contemplado por ley. En la medida en que el capital externo era más dinámico que ellocal por el hecho de que se concentró en actividades estratégicas, sus posibilidades de crecimiento eran mayores, lo que condujoa la consolidación de su hegemonía sobre Puerto Rico. La imposición de las tarifas arancelarias de Estados Unidos encareció el costo de todos los productos importados. La inclusión de Puerto Rico en las leyes de cabotaje significó que desde 1920 hasta el presente la entrada y salida de mercancías se realizaría enbarcos de matrícula estadounidense. Tanto la moneda como las aduanas, el comercio exterior, la banca y las demás áreas vitales continuarían bajo el control externo.

La década de 1930 fue una época de la historia durante la cual los países capitalistas industrializados enfrentaron períodos que variaron en extensión (entre tres y siete años) caracterizados por aumentos sustanciales en el desempleo, reducción absoluta en la producción nacional y aumento en los niveles de pobreza. El punto de partida fue la caída en la Bolsa de Valores de Nueva York el 29 de octubre de 1929. Sobre la economía de Puerto Ricofueron profundos. Con la llegada de Franklin D. Roosevelt a la presidencia de Estados Unidos en 1933 se inició la era deintervención gubernamental directa en los asuntos económicos, conocida como el Nuevo Trato. Por este se entiende la política fiscal iniciada en Estados Unidos en el 1933 bajo la presidencia de Franklin Delano Roosevelt. El enfoque administrativo de Roosevelt se basó en el paradigma keynesiano y se propuso combatir la pobreza y el desempleo provocados por la Gran Depresión mediante lacreación de programas que requirieron la canalización de fondos del gobierno central estadounidense hacia esos fines.. La inversión pública en proyectos de infraestructura y la creación de programas y agencias destinados a socorrer a las masas de desocupados y desnutridos constituyeron la base del paradigma del Estado benefactor inaugurado por el gobierno estadounidense. No obstante, estos programas no tuvieron un efecto significativo sobre la población puertorriqueña cuando fueron trasladados al país. La caída en el nivel de salarios produjo una reducción dramática en el poder adquisitivo

El que para la década de 1930 la economía puertorriqueña se hubiese tornado absolutamente dependiente de la estadounidense, acentuó la escasez de productos básicos y agravó la condición de pobreza extrema para la mayoría de las familias obreras. El precio de los productos importados aumentó sustancialmente durante el período, en contraste con el nivel de salarios, que para todos los efectos prácticos era entre cinco y diezveces menor que en Estados Unidos.En 1933 el ingreso per cápita era 30% menor que en 1930. Los jornales de los trabajadores de la azúcar se redujeron casi a losniveles de fines de siglo XIX, el precio de los productos básicos aumentó, en contrate, las ganancias de la industria azucarera fueron extraordinarias. La reducción absoluta en salarios provocó un sinnúmero de huelgas en esta industrias, también en la de laaguja, la de transportación especialmente los choferes de carros públicos, la del tabaco, los tahoneros y los trabajadores de los muelles, entre otros. La ayuda del Partido Nacionalista durante esta crisis le trajo como resultado neto, la encarcelación de sus líderes durante diez años en la prisión federal de Atlanta.

El primero de los programas inaugurados fue el Puerto Rico Emergency Relief Administration, mejor conocido como la PRERA(1933), que funcionaría como un apéndice de la Federal Emergency Relief Administration. Entre sus aportaciones más duraderaspueden mencionarse: el financiamiento de proyectos de obras públicas, como carreteras y puentes, la asignación de fondos parasalud pública especialmente para erradicar la malaria, el establecimiento de algunos centros de producción de ropa, la distribuciónde alimentos, el adiestramiento de jóvenes en técnicas de agrimensura y la administración de censos. No obstante, los programas y proyectos de la PRERA no lograron mejorar visiblemente las condiciones de vida de la mayoría de la población, por lo quealgunos representantes del sector liberal asociados con la política del Nuevo Trato reclamarían la elaboración de un plan de desarrollo económico

A principios de 1934 se dio la coyuntura para que Rexford Guy Tugwell, Luis Muñoz Marín y Carlos Chardón se convirtieran en coautores intelectuales de un plan de desarrollo que se conocería como *Plan Chardón*. Este plan contenía propuestas para diversificar la producción agrícola con el propósito de satisfacer el mercado interno y de explotar la posibilidad deexportar ciertos productos; crear agricultores independientes con ayuda del gobierno; desintegrar las corporaciones azucareras para quitarles el poder económico y político; promover nuevas industrias que se adaptaran a la realidad de Puerto Rico: pesca, selvicultura, industria de la aguja etc; reestructurar los salarios a todos los niveles de manera que aumentara el poder adquisitivo dela clase trabajadora y fomentar la emigración de familias de la zona rural a países tropicales vecinos para formar granjas de producción agrícola.. En el contexto de la época este plan representaba un reto para la hegemonía del capital ausentista. El plan no negaba la importancia de la industria azucarera, más bien la adaptaría a las necesidades de la fuerza obrera en ese sector. Pero ello requería un enfoque de producción distinto amparado en la redistribución de las tierras y en una estructura salarial más justa y equitativa. Esta visón entraba en conflicto con los intereses de los accionistas corporativos, sobre todo porque se pondría en vigor la Ley de 500 acres, el gobierno adquiriría tierras de las grandes centrales para ser repartidas entre colonos y trabajadores e, incluso, adquiriría una central para entrar directamente en la actividad cañera.Se propuso además un plan de industrialización que generaría unos 50 mil empleos, se le daría impulso a la industria cafetalera yse renfocaría en la industria tabacalera. Los propietarios de las grandes empresas sintieron que el gobierno se estaba "entremetiendo" demasiado en sus intereses y emprendieron una campaña de desprestigio y difamación hacia el plan. A pesar deque el presidente Roosevelt había acordado adoptar el plan respondió creando una nueva comisión el Comité Interdepartamental para la Rehabilitación Económica que desembocó en la Puerto Rico Reconstruction Administration (PRRA), la PRERA pasaría aser subsidiaría de la nueva agencia. En teoría, la PRRA, creada en 1935, pondría en marcha las propuestas principales del Plan Chardón, pero los administradores dela época sabían que, en la práctica, tal cosa sería difícil de ejecutar, debido a la oposición firme de los portavoces de las corporaciones azucareras y de los hacendados azucareros. Los proyectos más sobresalientes de la agencia se dieron en el área de infraestructura. Por primera vez Puerto Rico tuvo una fábrica para producir cemento que sería la base para las obras públicas permanentes, incluyendo la construcción de viviendas de cemento en algunas comunidades rurales. Se llevó electricidad asectores urbanos y rurales, aunque sin lograr abarcar todo el territorio nacional. Se inició un programa de reforestación que tendría un impacto positivo desde el punto de vista ambiental. En otras áreas, se mejoraron los servicios de salud para la población rural,se crearon asociaciones de agricultores y se abrieron nuevas perspectivas para el café y otros frutos. Comenzó un proceso dedistribución de tierras, pero con un impacto mínimo.el gobierno intentó, aunque sin éxito, administrar una central azucarera

A finales de la década de 1930 los fondos de la PRRA no fueron reasignados, dejando sin empleo a la mayoría de los que habían tenido una plaza de trabajo. Luego de una década de programas cuyo fin era aliviar la pobreza, los datos socioeconómicos de la época indican que el ingreso per-cápita sólo había aumentado $38, de $176 en 1930 a $214 en 1940. Puerto Rico se había tornado aún más dependiente de Estados Unidos: el porcentaje de exportaciones que se dirigía a Estados Unidos aumentó de 95.5 en1930 a 98.0% en 1939. En el caso de las importaciones el aumento fue de 87.1 a 91.5%. En 1939 la tierra dedicada a la siembra de caña de azúcar alcanzó las 303,055 cuerdas y el número de fincas sobrepasaba las 11,300, lo que explica por qué entre 1931 y 1940 el porcentaje del valor de exportación del azúcar aumentó de 56.6 a 62.9%.De la misma forma, la distribución del empleo era cónsona con las tendencias descritas en el párrafo anterior: en 1940 cerca del 45% del empleo se concentraba en la agricultura, con aproximadamente 124,000 trabajadores en la caña. Si a éstos les sumamoslos casi 20,000 empleados en la refinación de azúcar, entonces podemos concluir que sobre el 28% de la fuerza obrera estabavinculada de forma directa con la industria azucarera. Por otro lado, en relación a la manufactura en 1940 las industrias del café y del tabaco tenían sólo el 5% y 3.5% respectivamente del empleo total. Y por último, las actividades de comercio y servicios ocuparían al 10.5% y 12.9% respectivamente del total de empleados.

Al comenzar la década de 1940 Puerto Rico presentaba un escenario socioeconómico no muy distinto a la década de la Gran Depresión. En el período comprendido entre fines del año 1941 y mediados del año 1946 el gobernador Rexford G. Tugwell intentó sentar las bases para un programa de desarrollo "orientado hacia dentro", es decir, basado en la utilización de los recursos internos del país con el fin desatisfacer las necesidades básicas de la población. Esta estrategia, que eventualmente hubiese creado los cimientos para un plan dedesarrollo autosostenido, se basó inicialmente en la promoción de empresas manufactureras poseídas y administradas por el Estado: una fábrica que produciría cajas de cartón corrugado, otra que produciría productos de arcilla para la industria de la construcción, otra dezapatos, y una que elaboraría productos de cristal y botellas. Estas cuatro fábricas se añadieron a la empresa productora de cemento fundada en la década anterior. Además, se impulsó la idea de que Puerto Rico podría convertirse en un destino turístico importante en elCaribe, y se inició la construcción de un nuevo aereopuerto internacional, un hotel, el Caribe Hilton, cuya orientación sería hacia elmercado estadounidense. El plan de desarrollo autosostenido propuesto por Tugwell no pudo ponerse en marcha debido al cambio de estrategia de desarrollo iniciado desde Estados Unidos luego de culminada la Segunda Guerra MundialDurante la administración de Tugwell se crearon agencias estatales y corporaciones públicas que le prestarían servicios a la ciudadanía. Otros servicios, que hasta el momento habían sido privados, fueron estatizados. Entre todas las agencias la que tuvo el mayor protagonismo fue la Compañía de Fomento Industrial de Puerto Rico (en esos años se le conocería más por sus siglas en inglés,PRIDCO). La agencia sentó las bases para la estrategia de desarrollo que emplearía los recursos naturales y parte de los recursosfiscales del país en la producción para el mercado doméstico. PRIDCO administraría y poseería las fábricas estatales. Además, crearía el escenario propicio para impulsar la investigación científica en la búsqueda de nuevas materias primas, fundaría un laboratorio que identificaría nuevas semillas para la producción agrícola, daría apoyo al capital local y crearía una división de distribución y mercadeo para promover los productos puertorriqueños dentro y fuera del país. Las metasoriginales de PRIDCO la definían como una agencia de vanguardia para su época.la década de 1940 también marcó el inicio de un plan de distribución de tierras entre la población de la zona rural que permanecía desposeída, luego de más decuatro décadas de economía de monocultivo cañero. En 1940, un año antes de aprobarse la Ley de Tierras, las familias de arrimados constituían un tercio de la población total, o cerca de 110,000 familias.

La Reforma Agraria propuso la creación de fincas debeneficio proporcional, fincas individuales que serían arrendadas a familias deagricultores interesados en implantar nuevas técnicas de producción agrícola, la repartición de parcelas entre las familias de agregados, la ayuda técnica a los agricultores y la diversificación de la producción agrícola. Sin embargo, la reforma agraria encontró una serie de escollos que la hicieron fracasar a largo plazo. Entre estos se destaca la falta de fondos de la Autoridad de Tierras, el retraso de ventas de tierras por parte de las corporaciones azucareras; el aumento en la producción azucarera a pesar de la intensión de diversificar la agricultura con una producción récord de caña molida y de azúcar obtenida en 1952. Muchas de las familias que recibieron y parcelas las abandonaron para convertirse en la fuerza obrera que sería empleada por lasfábricas de capital privado que promovía el gobierno en las zonas urbanas a raíz del nuevo plan de industrialización inagurado afines de 1940. Estas familias también constituirían el grueso de la gran masa de emigrantes que partirían hacia las ciudades de lacosta este de Estados Unidos una vez se inició el plan de industrialización aludido. La idea de continuar con la reforma agrariadespués de culminada la Segunda Guerra Mundial resultaba ser incompatible con el giro que tomaría la economía estadounidenseen el periodo inmediato y con los planes que a tales efectos se había trazado para Puerto Rico. Entre 1940 y 1950 la población total del país aumentó en 340,000 personas; el Producto Bruto per cápita a precios corrientesaumentó en 122% (de $154.00 a $342.00); y el gasto de consumo personal. Este último (el gasto de consumo personal) entendido como la suma del total degastos incurridos por los consumidores en bienes y servicios durante un año fiscal, a nivel agregado aumentó de $236 millones a$663 millones. Tanto la compensación a los empleados, como el ingreso personal.

En este sentido, el flujo total de ingresos que reciben los individuos antes del pago de contribuciones sobre ingresos. y el ingreso familiar promedio reflejaron la misma tendencia de aumento que el producto bruto per cápita y el consumo per cápita. En este caso los aumentos fueron de 206%, 198% y 145%respectivamente.No obstante, el aumento en el número de empleados fue leve (de 536,000 en 1940 a 596,000 en 1950) y se explica por el movimiento emigratorio a Estados Unidos que comenzó en la década de 1940. Debe destacarse que el aumento de 60,000 empleados no guarda proporción con el crecimiento poblacional aludido en el primer punto y, por esa razón, no es de extrañar que la tasa de desempleo aumentara de 11.0 a 13.0% durante el período, a pesar de la emigración de fuerza obrera.

La situación económica internacional en el período inmediato al fin de la Segunda Guerra Mundial es el punto de partida para comprender cuál fue el papel que jugó Puerto Rico en el contexto de los planes expansionistas del capital manufacturero estadounidense, cuál fue el papel que jugó en el mapa geopolítico definido por las condiciones de la Guerra Fría y cómo se restructuraría la economía puertorriqueñaa partir de las nuevas realidades impuestas desde el exterior. El choque frontal de carácter ideológico entre Estados Unidos y la Unión

Soviética originó la suspicacia en los círculos de poder en Washington, lo que se tradujo en un feroz ataque al plan de desarrollo económico delineado por los "novotratistas" en Puerto Rico. Por esa razón, se creó un clima deincompatibilidad entre la participación del gobierno como poseedor y administrador de fábricas y el "ideal norteamericano" de abrir todos los canales para el pleno desarrollo de la libre empresa. En 1950 se completó la venta de las empresas estatales al sector privado. En 1947 se firma el Acta de Incentivos Industriales.

El Acta, según enmendada, detalla los incentivos contributivos, salariales y de otra naturaleza que desde entonces ofrece el país a los inversionistas del exterior. En 1948 se inicia formalmente la estrategia de industrialización por invitación que, bajo la dirección de la nueva Administración de Fomento Económico, se encargó de promocionar a Puerto Rico como paraíso para las inversiones manufactureras estadounidenses. Esta agencia fue creada en el año 1950 y tendría como administrador a Teodoro Moscoso. De ese modo comenzó el programa de desarrollo industrial que por muchos años se conoció como Operación Manos a la Obra.[333] El objetivo explícito era la atracción del capital manufacturero de Estados Unidos cuya

---

[333] Nombre dado por los administradores públicosde Puerto Rico al programa de industrialización iniciado a partir de 1948. Se asocia con la creación de la Administración de FomentoEconómico y con las iniciativas del gobierno del PPD, dirigido por el gobernador Luis Muñoz Marín.

producción se orientaría al mercado de exportación. Debe destacarse que en 1950 PRIDCO pasó a ser subsidiaria de la Administración de Fomento Económico, y que desde fines de la década de 1990 ambas entidadesse consolidaron en una sola, bajo el nombre de PRIDCO.Amparándose en la disponibilidad del capital estadounidense, el gobierno de Puerto Rico diseñó una estrategia de crecimiento económico; uno de los incentivos industriales utilizados por el gobierno de Puerto Rico para promover la llegada de capital manufacturero del exterior. Se basa en la exoneración o eliminación del pago decontribuciones o impuestos de todo tipo a las empresas manufactureras que se establezcan en el país. Además las empresas estadounidenses gozarían de otros beneficios amparados por el gobierno federal de EE.UU. La combinación de beneficios financieros, contributivos y operacionales abrió las puertas para que entre 1948 y principios de la década de 1970 se transfiriera a Puerto Rico una suma cuantiosa de capital manufacturero estadounidense, con operaciones en numerosos reglones de producción. La industrialización manufacturera del país tuvo como consecuencia el abandono de la agricultura como sector productivo de importancia. Además, las fábricas promovidas por Fomento, por estar organizadas como corporaciones, no estimularon el desarrollo del cooperativismo y la sindicación de la fuerza obrera.

Con el nuevo programa de industrialización se inició la fase más reciente en la evolución de la economía de

Puerto Rico. Pueden identificarse al menos tres etapas en este período:

1.etapa de industria liviana: período de 1948 a 1965. El énfasis fue en industrias de ropa, textiles, productos enlatados y otras similares. Esta etapa se caracterizó por ser intensiva en la utilización de mano de obra;

2.etapa de industria pesada y semi-pesada: período de 1965 a 1982. Basada en la industria de refinación de petróleo y en el establecimiento de industrias satélites del renglón de las petroquímicas. Contrario a la etapa anterior, en ésta el factor de producción principal fue el capital, a través de complejas instalaciones de maquinaria y equipo especializado, y con una proporción mucho menor de mano de obra;

3.etapa de alta tecnología: comenzó en 1976 y se extiende hasta el presente. El énfasis ha sido en industrias electrónicas, farmacéuticas, químicas, y de instrumentos científicos, entre otras. Al igual que en la etapa anterior se emplea poca mano de obra y se utiliza intensivamente maquinaria, equipo y personal especializado. Esta etapa se inicia con la aprobación de la Sección 936 del Código de Rentas Internas de Estados Unidos, la cual llegó a su fin en diciembre de 2005. Las décadas de 1950 y 1960 representaron el período de mayor expansión de la capacidad productiva en todo el siglo XX. No obstante, luego de casi 25 años de crecimiento ininterrumpido Puerto Rico al igual que Estados Unidos, enfrentó dos recesiones profundas y una tercera sobre la cual no existe consenso en términos de su ocurrencia, ni tampoco sobre sus consecuencias. La desaceleración de la economía estadounidense desde marzo de 2001, el impacto de los ataques del 11 de septiembre de 2001 en la ciudad de Nueva York y otros factores económicos internacionales provocaron esta recesión. La primera recesión del período moderno fue causada en parte por el aumento dramático en los precios del barril de petróleo anivel internacional, consecuencia del embargo decretado por la Organización de Países Exportadores de Petróleo (OPEP). Entre los factores internos se destaca el elevado nivel de endeudamiento público, como consecuencia directa del financiamiento de la infraestructura construida a partir del proyecto *Operación Manos a la Obra*.[334] Apesar de que entre 1948 y 1973 hubo un crecimiento extraordinario, tanto el gobierno central como las corporaciones públicas y los municipios se endeudaron más allá de los límites saludables, según la opinión de varios economistas. Para atenuar la crisis, se extendió a Puerto Rico en 1975 el Programa de Cupones para Alimentos, que aumentó el monto de transferencias del gobierno federal de Estados Unidos y se aprobó la Sección 936. La primera ha representado hasta el presente un subsidio fundamental para el consumo de la población pobre y desempleada; la segunda,

---

[334] nombre dado por los administradores públicos de Puerto Rico al programa de industrialización iniciado a partir de 1948. Se asocia con la creación de la Administración de Fomento Económico y con las iniciativas del gobierno del PPD, dirigido por el gobernador Luis Muñoz Marín..

representó un subsidio directo a la producción manufacturera hasta que fue eliminada en el año 1996 con un período de transición hasta el 2005. La segunda recesión comenzó en 1981 y se extendió hasta 1983. Las causas fueron básicamente las mismas que provocaron la primera. Los altos precios del petróleo provocaron aumentos sustanciales en el nivel general de precios, incluyendo incrementos sin precedentes en las tasas de interés. En 1983 la tasa de desempleo fue muy elocuente.

Desde que se inició la recesión de mediados de la década de 1970 hasta casi mediados de la década de 1980, la inversión tanto en nuevas construcciones como en maquinaria y equipo disminuyó de forma inquietante. Por consiguiente, la capacidad de producción de la economía puertorriqueña se redujo durante los 10 años comprendidos entre 1973 y 1983. A partir de 1984 comienza un período de recuperación que se vio interrumpido sólo parcialmente entre los años 1990 y 1991. Dos factores, uno externo y otro interno, fueron los agentes que actuaron en esta tercera recesión. Por un lado, la Guerra del Golfo-Pérsico en el último tercio del año 1991 creó condiciones de inestabilidad en la economía internacional, especialmente porque el petróleo volvió a jugar un papel crítico. Por otro lado, el paso devastador del huracán Hugo en septiembre de 1989 paralizó la economía. Finalmente, durante el año fiscal 2002 la economía puertorriqueña volvió a experimentar un período recesivo como consecuencia directa de dos factores: primero, la recesión que comenzó en marzo de ese año en Estados Unidos; segundo, los ataques del 11de septiembre en la ciudad de Nueva York. La recuperación económica comenzó a mediados del año fiscal 2002 y se extiende hasta el presente a un ritmo lento. Durante los años fiscales 2004 al 2007 el tema del déficit presupuestario del gobierno central ha sido el predominante, conjuntamente con la situación de aumento en el nivel general de precios o inflación.

El proceso de urbanización ha ocurrido a un paso acelerado en Puerto Rico. La transformación de una sociedad rural, basada en la actividad agrícola y con unaalta concentración de la población fuera de las zonas urbanas, a una sociedadurbanizada, ocurrió en un periodo extraordinariamente corto. Debido a lo aceleradodel proceso el mismo no ocurrió de forma ordenada ni adaptado a las condicionesde Puerto Rico. El estilo de planificación empleado ha copiado el modelocontinental, apropiado para las ciudades estadounidenses pero inapropiado para laIsla. El desparramamiento horizontal que comenzó durante la década de 1950 seha identificado como la causa principal de los problemas relacionados con elespacio físico, que inciden negativamente sobre la movilidad humana en lasactividades cotidianas. Con la transformación a una sociedad urbanizada se inició también un proceso de modernización. La clave, según la visióndesarrollista de los administradores públicos, sería sustituir todo lo antiguo por lo "moderno" en aras del progreso. Una de lassustituciones más lamentables fue la eliminación del sistema de transportación colectiva, el ferrocarril, y la eliminación de sus víasde acceso. Algunos autores llegaron a concluir que la modernización en el caso puertorriqueño serviría de modelo al resto de lospaíses caribeños y latinoamericanos.

2. Datos económicos Generales sobre Puerto Rico.[335]

Puerto Rico ha evolucionado de una economía agrícola, basada principalmente en el azúcar, el tabaco y productos de café, a una economía industrializada y orientada hacia los servicios. En 1940, la agricultura representaba el 33.7 por ciento del ingreso total neto, mientras que la manufactura era un 12.8 por ciento del total. Sin embargo, en el 2002, la agricultura producía sólo el 1.0 por ciento del ingreso total neto mientras que la manufactura generaba el 45.7 por ciento del total. El sector financiero es el segundo sector más grande produciendo un 15.0 por ciento del ingreso total neto. La transformación hacia la manufactura y los servicios ha ocurrido durante las últimas cuatro décadas. En ese periodo, también han ocurrido cambios estructurales, como es el caso de la manufactura. Este sector cambió gradualmente de ser uno con industrias altamente dependientes en la mano

---

[335] *Vid*: sitio web oficial del Banco Gubernamental de Fomento para Puerto Rico. Obtenible en http://www.bgfpr.com/spa/economy/puerto-rico-facts.html. Consultado el 8 de enero de 2016 a las 0055hrs.

de obra en sus primeras etapas de desarrollo a uno de industrias basadas en la inversión de capital. En los últimos diez años, este cambio estructural se ha intensificado con la reducción significativa de las industrias dependientes de la mano de obra y el desarrollo no sólo de industrias con alta intensidad de capital sino también de industrias con intensidad de conocimiento, como lo es la biotecnología.

Este siglo presenta retos nuevos que deben ser atendidos con estrategias innovadoras que permitan a la economía puertorriqueña evolucionar y competir en la economía globalizada de hoy. El país disfruta de autonomía fiscal con respecto a los Estados Unidos desde la creación del Estado Libre Asociado, y por tanto, los residentes de Puerto Rico no pagan impuestos federales sobre sus ingresos y las autoridades locales tienen la potestad y discreción de crear incentivos tributarios para atraer la inversión extranjera directa. Esta herramienta les ha permitido a diversas administraciones desarrollar los sectores económicos de manufactura y servicios en un período relativamente corto de tiempo y adaptarlos a los diversos retos globales que han confrontado en las últimas cinco décadas. Además, las autoridades han comenzado a implantar un sistema más eficiente para lidiar con el proceso de permisología para propiciar el desarrollo de nuevos negocios y el ambiente empresarial en el país.

Puerto Rico no sólo cuenta con estas ventajas fiscales, sino también con una infraestructura física y capital humano muy desarrollado. La Isla tiene unos sistemas de carreteras, puertos y aeropuertos altamente desarrollados que permiten el movimiento rápido de la mercancía a través de la Isla y al exterior. También dispone de una moderna red de telecomunicaciones. Más aún, su localización en el Caribe la convierte en un lugar perfecto para desarrollar una infraestructura todavía mayor para un puerto de trasbordo con sus respectivas zonas de valor añadido. En términos de capital humano, la Isla tiene una fuerza laboral sofisticada y bilingüe, lista para enfrentar la continua transformación del ambiente económico. Por todas estas razones, el sector privado con la ayuda del sector público han desarrollado en la Isla cinco núcleos de producción: farmacéutica, biotecnología, aparatos médicos, comunicaciones e informática y servicios de salud. Estos núcleos están ayudando a Puerto Rico a lidiar con mayor eficiencia con los nuevos retos que se aproximan.

3. Economía actual de puerto Rico (2016)[336]

La economía de Puerto Rico reflejó una disminución de 0.5% en el Índice de Actividad Económica con respecto a hace un año, un patrón que los economistas consultados proyectan que perdurará en 2016, cuando

---

[336] *Vid: En Picada la Actividad económica.* Publicado en *El Vocero de Puerto Rico.* Obtenible en http://elvocero.com/en-picada-la-actividad-economica/. Consultado el 8 de enero de 2016 a las 23:09hrs.

la población cumpla una década de estar sufriendo los embates de la recesión.

"El 2016 promete unas circunstancias más graves de las que experimentamos en 2015", advirtió el economista Argeo Quiñones, al aludir a la intensificación de medidas de austeridad, que suponen más contribuciones, más cargos y menos gasto público.

Con esta proyección, coincidió el presidente de Estudios Técnicos, Joaquín Villamil, quien aseguró que hay consenso de que no habrá crecimiento económico hasta el año fiscal 2018. A corto plazo, dijo que no es mucho lo que se puede hacer para revertirlo.

Aseguró, sin embargo, que para el año fiscal 2017 (que inicia en julio de 2016), es posible un crecimiento modesto si se toman medidas para simplificar el sistema contributivo y estimular mayor actividad municipal y local, así como mayor inversión mediante las Leyes 20 y 22, que otorgan exenciones contributivas para estimular la exportación y la inversión. El gobierno comisionó a Estudios Técnicos analizar el impacto de estas leyes que, según Villamil, son "instrumentos" válidos, aunque no constituyen un modelo económico coherente.

Quiñones opinó, en cambio, que el modelo económico de Puerto Rico tiene tantas "válvulas de escape" que pese a toda la inversión económica que ha habido desde 2006, cuando comenzó la recesión, ha sido insuficiente para alcanzar el crecimiento. El economista calcula que entre 2006 a 2014 se han inyectado más de $40 mil millones a la economía puertorriqueña, que nadie sabe a dónde fueron a parar. El desglose incluye $15 mil millones por los bonos de COFINA garantizados por el IVU, un estímulo federal de $1,200 millones que otorgó la administración Bush en 2008, un estímulo de Obama bajo Fondos ARRA de $7 mil millones, un estímulo federal que recibió el Banco Popular y Firstbank para comprar activos tóxicos de $1,000 millones, el plan Fortuño con un estímulo de $500 millones, y el Obamacare bajo el cual se asignaron $7 mil millones para mejorar los servicios de salud.

Por todo lo anterior, el economista se mostró escéptico con las ayudas que pueden provenir del gobierno federal. "La idea de que arreglos por parte del gobierno federal resolverían parcial o totalmente la crisis en Puerto Rico es incorrecta en la medida que no se efectúen cambios estructurales", precisó.

La cantidad inmensa de subsidios que otorga el gobierno ha sido precisamente una de las críticas constantes de un sector, entre los críticos Quiñones. "Los recursos que tenemos, que son limitados, cuando los utilizamos para subsidiar las actividades del sector privado, y no somos lo suficientemente organizados para exigir unos objetivos económicos favorables", indicó.

El economista llamó la atención sobre las repercusiones sociales que esto acarrea, las cuales no se pueden desligar de ninguna discusión económica. En síntesis, la calidad de vida y las condiciones de igualdad disminuyen, lo cual provoca a su vez malestares de violencia como los que han ocurrido en días recientes. "Es un gran manto de pesimismo que se cierne sobre la sociedad", lamentó.

Por otro lado, rechazó la discusión simplista de achacar los problemas económicos al status político, ya que "esta crisis es autoinfligida". "Es el resultado de decisiones de política económica adoptadas por los dos partidos de gobierno hace más de medio siglo", dijo en referencia al Partido Popular Democrático y Partido Nuevo Progresista que nos han gobernado desde hace setenta años.

La administración García Padilla había presentado, en mayo de 2014, como parte de su agenda de recuperación económica una proyección de un crecimiento de 2% para 2018 a través de una inversión público privada de $12,000 millones, que no especificó de dónde provendrá. Los principales proyectos de infraestructura que ha intentado promover el gobierno en esa dirección, son la Ciudad de las Ciencias ($39 millones), la extensión de la ruta PR 22 ($1,000 millones), la institución correccional de mujeres ($133.7 millones), Roosevelt Roads ($1,000 millones) y el Terminal Marítimo para Gas Natural en Aguirre ($267 millones).

Capítulo V: Sistema económico Haitiano.

Sumario:

1.Historia Política y económica de Haití. 2. Comportamiento del sistema económico de Haití.

1. Historia Política y económica de Haití.

Haití fue junto con Bengala, una de las posesiones coloniales más rentables para la colonización europea. De hecho Haití fue en buena medida la fuente de la riqueza de Francia en el siglo XVIII. Sin embargo, durante el último siglo ha estado bajo control político efectivo estadounidense desde que los marines invadieran Haití en 1915. La primera ocupación militar de Haití por parte de Estados Unidos, ordenada por el presidente Woodrow Wilson, duró de 1915 a 1934. Durante todo este período los Estados Unidos han apoyado a dictadores como François Duvalier y su hijo Jean-Claude Duvalier y toleraron el golpe militar contra el primer presidente elegido democráticamente tras la dictadura de los Duvalier, Jean-Bertrand Aristide, que amenazaba con hacer reformas seriamente democráticas no convenientes a los intereses de los inversores norteamericanos.

En 1981 el Banco Mundial y la agencia de desarrollo norteamericana *US Aid* iniciaron una estrategia de desarrollo conjunta para Haití, basada en las cadenas de montaje y la exportación agrícola. La *US Aid* pronosticó para Haití, «un cambio histórico hacia una mayor interdependencia de sus mercados con los de Estados Unidos» y que la isla iba a convertirse en «el Taiwán del Caribe».[3] El Banco Mundial impuso en los planes las habituales normas de «expansión de las corporaciones privadas» y «minimización de los objetivos sociales», lo cual llevó al aumento de la desigualdad, el analfabetismo y empeoró el nivel sanitario.

La liberalización económica emprendida en 1981 se afianzó a partir de la caída de Jean-Claude Duvalier en 1986, cuando fueron enviados más economistas a Haití a reformar y modernizar su economía.

Consecuencias de la liberalización:

- La orientación de la agricultura hacia la exportación hizo que se dedicara mucha menos tierra a la producción de alimentos para la población local, lo cual agravó las condiciones de malnutrición endémicas en el país.

- La insistencia del Banco Mundial, en establecer como secundarios los objetivos sociales, agudizaron la desigualdad y la miseria. También se redujeron los niveles de alfabetización y atención sanitaria.

- Los beneficios para los productores estadounidenses y los haitianos ricos se incrementaron, mientras que el salarios reales disminuyeron un 56% a lo largo de los años 1980.

Tras la instauración de un gobierno democrático en 1994 encabezado por el sacerdote católico Jean-Bertrand Aristide y el posterior golpe militar para impedir sus reformas. El gobierno haitiano mostró su compromiso con la reforma económica a través de la implementación de políticas fiscales y económicas restrictivas y la puesta en práctica de legislaciones ordenando la modernización de empresas estatales.

Un consejo fue establecido para dirigir el programa de modernización (CMEP) además de un cronograma hecho para modernizar nueve empresas paraestatales clave. Aunque los molinos y las plantas de cemento fueron privatizadas, la privatización de las otras siete empresas se paralizó.

Bajo el primer mandato del presidente René Préval (1993-2005), la agenda económica del país incluyó la liberalización del comercio y los aranceles, medidas para controlar los gastos del gobierno e incrementar las recaudaciones fiscales, reforma del sector financiero, y la privatización de las empresas estatales. Acuerdos para ajustes estructurales con el Fondo Monetario Internacional, Banco Mundial, Banco Interamericano de Desarrollo y otras instituciones financieras internacionales tienen como objetivo la creación de condiciones necesarias para el crecimiento del sector privado. Estas medidas han sido poco exitosas.

La popularidad y cierta mejora económica cuando era primer ministro, llevaron a Préval ser elegido presidente para un término de cinco años, después de ganar de forma arrolladora en los comicios presidenciales del 17 de diciembre de 1996 con el 88% del voto popular sustituyendo a su correligionario Aristide, siendo el segundo presidente democrático de Haití desde hace 200 años. Como presidente Préval instituyó numerosas reformas, entre otras incluyen las privatizaciones de varias empresas gubernamentales, algunos analistas han sugerido que este motivo se debió a las presiones de organismos internacionales como el FMI, debido a la grave situación económica haitiana, que necesita préstamos de dichos organismos. El índice de desempleo bajó en su gobierno de manera sensible aunque aún se podía considerar alto.

La ayuda externa es esencial para el futuro desarrollo económico de Haití, el país menos desarrollado de América y uno de los más pobres del mundo. Indicadores sociales y económicos muestran que Haití ha caído por debajo de otros países de bajo ingreso, particularmente en el hemisferio, desde que se inició la liberalización de la economía en la década de los 1980s. El estancamiento económico de Haití es el resultado de inapropiadas políticas económicas, inestabilidad política, escasez de tierras cultivables, deterioro medioambiental, uso continuo de tecnologías inadecuadas, falta de inversión pública en recursos humanos, migración de grandes grupos de la población calificada laboralmente y una tasa de ahorros débil.

Haití todavía está sufriendo las consecuencias del golpe de estado de 1991 y las políticas económicas y financieras irresponsables de los gobiernos de facto, las cuales aceleraron fuertemente el descenso económico de Haití.

Luego del golpe de estado, los Estados Unidos adoptaron sanciones y la OEA instituyó sanciones voluntarias, las cuales tenían como objetivo restituir el gobierno constitucional. Sanciones internacionales culminaron en el embargo por parte de las Naciones Unidas de todos los bienes que entraran en Haití, excepto alimentos y medicinas. El sector de ensamblado, fuertemente dependiente de los mercados estadounidenses para colocar sus productos, empleaba cerca de 80.000 trabajadores a mediados de los 1980s. Durante el embargo, el empleo cayó de 33.000 trabajadores en 1991 a 400 en octubre de 1994. Inversiones privadas locales y extranjeras han retornado muy lentamente a Haití. Desde el retorno del régimen constitucional, el sector de ensamblaje se ha recuperado gradualmente y ahora cuenta con más de 20.000 empleos, pero el crecimiento continuado se ha estancado por preocupaciones de los inversionistas concernientes a la seguridad y la confiabilidad de los suministros.

Aunque ha existió cierto debate concerniente a las bondades implementadas en Haití durante toda la década de 1990, un hecho objetivo es que el PIB per cápita real continuó decreciendo durante toda la década.4

El PIB decreció en el año fiscal del 2001 luego de seis años de crecimiento. La caída fue de 1.1% y 0.9% en los años fiscales de 2001 y 2002. La estabilidad macroeconómica fue fuertemente afectada por la incertidumbre política, el colapso de cooperativas bancarias informales, grandes déficits presupuestarios, bajas inversiones y reducido flujo de capitales internacionales, incluyendo la suspensión de préstamos por atrasos con BID y el Banco Mundial.

La economía haitiana se estabilizó en 2003. Aunque el año fiscal 2003 inició con la depreciación del gourde debido a rumores de que los depósitos en dólares se iban a nacionalizar y la eliminación del subsidio a los combustibles, el gobierno pudo estabilizar al gourde al tomar la decisión de dejar flotar los precios de los combustibles de acuerdo a los precios mundiales y elevar las tasas de interés. El gobierno hizo acuerdos con el Fondo Monetario Internacional en un programa monitoreado, seguido del pago de atrasos por $32 millones al BID en julio. Estos pagos allanaron el camino para nuevos préstamos con esta institución financiera. El BID desembolsó $35 millones de un préstamo de $50 millones en julio y comenzó a desembolsar préstamos previamente acordados totalizando $146 millones. El BID, el FMI y el Banco Mundial también analizaron la posibilidad de nuevos préstamos con el gobierno. Mucho de esto dependería de la adhesión del gobierno a las metas fiscales y económicas, como el pago de los atrasos con el Banco Mundial ($30 millones, al 30 de septiembre de 2003).

El PIB per cápita en 2002 era de $425 y se preveía que continuara decreciendo debido al crecimiento de 1.3% de la población. El principal elemento son las remesas, las cuales reportaron $931 millones en 2002. La ayuda financiera internacional ha decrecido desde 1995, el año en que el gobierno electo fue restaurado en el poder; cuando más de $600 millones en ayudas fue proveído por la comunidad internacional. Los trabajadores en Haití tienen derecho a asociación. El pago mínimo legal de 36 gourdes por día (aproximadamente US$ 1,80) aplica a la mayoría de los trabajadores del sector formal.

Recientemente el presidente René Préval, reelegido para un segundo mandato en 2006 se ha adherido a la iniciativa Alternativa Bolivariana para América Latina y el Caribe y ha establecido lazos estratégicos con países de la región que apuntan a un cambio en la orientación general de las políticas económicas de las últimas dos décadas.

La economía del país sufrió un duro revés en enero de 2010, cuando un terremoto de magnitud 7,0 destruyó grande parte de su capital, Puerto Príncipe y áreas vecinas. El terremoto causó más de 7,8 mil millones de dólares en daños y produjo una contracción del PIB de 5,4% en aquel año.[1] La pobreza, la corrupción, la vulnerabilidad a desastres naturales y el bajo nivel de educación de su población son los más serios obstáculos al crecimiento económico.[1]

2. Comportamiento del sistema económico de Haití.[337]

El desempeño económico de Haití se ve limitado por el bajo alcance que tienen los sectores de la actividad con respecto al tamaño y la composición de la población activa . El PIB per cápita de Haití es el más bajo de Latinoamérica, medido por paridad de poder adquisitivo a precios internacionales fue de US $1 , 703 para el 2013m. El nivel de integración laboral en Haití es muy bajo ; la población económicamente activa (PEA) que constituye cerca de la mitad de la población – unos 4 millones, alcanza una tasa de desempleo de 40m. En 2012 , con una actividad informal que cubre 80 % mde la ocupación . La economía alcanzó un crecimiento de 2. 06% entre el 2009 y 2013 con medidas de estímulo monetario, a partir de la implementación de los proyectos de reconstrucción. La actividad de mayor aporte ha sido el comercio, los hoteles y restaurantes- con un crecimiento de 1.8 % - así como el sector agropecuario 0. 8 %. Desde el 2010, el Banco Central de Haití mantuvo una política crediticia expansiva que logra su objetivo de reactivar el crecimiento de los préstamos en un 35% a finales del 2012, disparando el

---

[337] Tomado del informe país de la Unidad de Estudios de políticas económicas y sociales del Caribe del Instituto de Economía, Planificación y desarrollo de la República de Haití. Obtenible en http://economia.gob.do/mepyd/wp-content/uploads/archivos/uepesc/informe-pais/2015/Hait%C3%AD.pdf. Consultado el 6 de enero de 2016 alas 23:34hrs.

volumen del circulante. Con el fin de restringir el exceso de liquidez, a inicios del 2013, se aumentó la tasa de encaje legal en 5 puntos porcentuales, tanto en moneda nacional como en divisa, conmedidas discriminadas al objetivo de expansión del crédito. De 2009 a 2013, la inflación alcanza 5.25% en promedio; y en consideración al bajo poder adquisitivo todavía gravado por los efectos de la crisis posterior al terremoto de 2010, el gobierno toma medidas para estabilizar los precios mediante un programa de importación directa. La deuda pública se reduce de 28% del PIB en el 2008, al 5.3% en el 2010, por efecto de la condonación que hicieran los principales acreedores como parte de los compromisos financieros asumidos por la comunidad internacional en el proceso de la reconstrucción de Haití posterremoto. Para 2012, la deuda externa del gobierno Central se eleva 14. 6% del PIB, mientras que la deuda interna se mantiene a nivel relativamente estable en cerca de 13 % del PIB en los últimos 10 años . El alto crecimiento económico que experimenta la República Dominicana tiene como correlato un aumento sostenido de la Inversión Extranjera Directa que facilita la estabilidad económica y social y las reformas estructurales y administrativas implementas en las últimas décadas

Los servicios y la actividad agropecuaria son los principales sectores de la economía de Haití; los servicios representa el 60% del PIB y el sector agropecuario tiene un significativo aporte de 22. 4%

del PIB. En la actividad de los servicios se destaca la rama de comercio, hoteles y restaurantes que representa un 28% del PIB y cuyo crecimiento promedio entre 2011 y 2012 fue de 4. 2%, logrando retomar el crecimiento previo al terremoto de 2010. La economía haitiana destaca en el Caribe por la contribución al PIB que tiene el sector agropecuario,

Aunque con un bajo nivel de productividad. Se produce principalmente para la exportación, café, cacao y mango, mientras que la producción para el consumo interno predomina el arroz, el maíz, frijol, banano y azúcar de caña . El sector observa un bajo desempeño, luego de un crecimiento de 5% en 2009, el crecimiento se reduce a raíz del terremoto de 2010, la actividad se recupera levemente y crece un 1% en 2011, sin embargo registra una tasa del -2%. Para 2012. El sector industrial representa un 17.7% del PIB, enfrentando las limitaciones del bajo desarrollo de la economía, con problemas de capital humano, deficiencias en el sector eléctrico y factores del entorno de negocios, que frenan la inversión productiva. La industria minera y la manufacturera son los renglones que reflejan la mayor inversión en 2013, a partir de concesiones de exploración de yacimientos mineros, manufactura textil de zona franca y la ampliación de capital en rubro de producción de cerveza. A partir de 201 el crecimiento sectorial es liderado por el rubro de electricidad, gas y agua (27% en 2011 y 16% 2012); le sigue la industria manufacturera (con 18 % en el 2011 y 7.1% en el

2012). El sector de la construcción y obras públicas, se activó a partir del terremoto creciendo 9% en 2011 y 5% en 2012, aunque presentando crecimiento menor a lo proyectado. La base del crecimiento económico en la República Dominicana la lidera el sector servicios, que a 2013 representa casi dos terceras partes del PIB y el 70 % del empleo. El sector industria tiene una contribución de 25.8% PIB y 16 % del empleo. El aporte del sector agropecuario es de 7.6% del PIB y 14% de empleo.

Las importaciones haitianas desde la República Dominicana pasaron de US $ 647. 4 MM en 2009 a US $1, 042. 3 MM en 2013, lo que representa una tasa de crecimiento de un 61% y un crecimiento promedio anual de 14%. Por su parte, las exportaciones haitianas hacia la República Dominicana en el período evaluado fluctúan colocándose en US$ 15.4MM en 2009, posteriormente alcanzan un pico de US$ 244.8 millones en 2012 para caer en 2013 a US$ 4.1MM. Estimaciones del BID indican que aproximadamente el 24% de la carga de exportación de la República Dominicana se moviliza en dirección a Haití(2do. Destino de exportaciones dominicanas) versus el 1 % de las importaciones nacionales al vecino país. El 78% del total de los productos exportados hacia Haití proviene del sector industrial y manufacturero, y de estos, el 41% corresponde a textiles-; y un 22 % proviene del sector agrícola. Los aranceles que Haití aplica a los productos importados de la República Dominicana fluctúan en el rango de 0.3% a 15%, de conformidadm a lo que establece la Organización Mundial del Comercio (OMC) para las Naciones más favorecidas (NMF), tratamiento que recibenn ambos países, en su calidad de signatarios del Acuerdo de Asociación Económica (EPA) con los países de la Unión Europea – a la fecha Haití no ha ratificado este Acuerdo-. En cuanto a los productos agrícolas, Haití impone un arancel en promedio más elevados que los productos provenientes de la manufactura con la finalidad de proteger su producción nacional agrícola. En el caso de los productos de la manufactura, se constata el interés de Haití en facilitar la entrada a productos vinculados al ensamblaje que genera la actividad en las zonas francas, y que se re-exportan.

El promedio de la tarifa por concepto de derechos aduanales aplicada por Haití a sus importaciones totales, es de un 3.85% - promedio simple para todos los productos-, uno de los niveles más bajos en Centroamérica y el Caribe (FMI, 2013)

El Índice de Competitividad Global(ICG) de 2014-2015 ubica a Haití en el puesto 137 de 144 países, mostrando mejoría en el subíndice de eficiencia del mercado laboral (77), único en el cual se encuentra por debajo de la posición 100, seguido de educación superior y entrenamiento en el puesto 109. El mayor rezago se encuentra en eficiencia en mercado de bienes, en factores de sofisticación e innovación en innovación, ubicándose los tres en el puesto 140. En el informe Doing Business (DB) 2014 del Banco

Mundial, Haití se posiciona en el puesto 180, y mejora posiciones en los subíndices de permisos de construcción, en comercio transfronterizo, y en obtención de electricidad y registro de propiedad. Presenta rezago en resolución de insolvencia (puesto189), apertura de un negocio (188), protección de inversionistas minoritarios (187) y en registro de propiedad (175), ya que el tiempo de días para dicho registro es de 312 días en comparación con el promedio de Latinoamérica de 63 y de los países de la OCDE de 24

El ICG identifica, en base a encuestas actores claves, los factores de mayor problema a la hora de hacer negocios en Haití: una inadecuada oferta de infraestructura, seguido de limitado acceso a financiamiento, corrupción, regulación laboral restrictiva e inestabilidad política. En cuanto al riesgo país, la OCDE, valoró en 7 el riesgo de Haití para el 2014, indicando el mayor riesgo país en el entorno de negocios.

Haití cuenta con 6 aeropuertos de los cuales 2 son de flujo internacional:

i) El aeropuerto Toussaint L'Ouverture de Puerto Príncipe, situado a unos diez kilómetros al noreste de la capital, en la ciudad de Tabarre y sirve de enlace con diferentes países del Caribe, Europa y Norte y Sur de América; y,

ii) El aeropuerto Hugo Chávez de Cabo Haitiano, el segundo en tamaño, situado en el departamento del Norte del país, que tiene conexiones con el Aeropuerto Internacional de Miami, Aeropuerto Internacional de Providence, Aeropuerto Internacional del Cibao y otros en el Caribe. El gobierno de Haití firmó un acuerdo con la República Bolivariana de Venezuela para renovar dicho aeropuerto.

Haití tiene 8 puertos de los cuales el puerto de Puerto Príncipe es el más importante, ubicado dentro de la bahía de Port-au-Prince. En el ranking de puertos con mayor movimiento en Latinoamérica, la CEPAL lo ubica en el puesto 50, medido por TEU (unidad equivalente a contenedores de 20 pies), y con 171,911 TEU movilizados en el 2013, para un incremento de un 4.4% con respecto al año anterior. Haití se encuentra con una valoración de 5.12 en el Índice de Conectividad de Carga Marítima, elaborado por las Naciones Unidas (donde a mayor el índice, mayor conectividad, yendo de 0 a 100). A su vez, se ubica en el puesto 144 de 160 economías analizadas en el Índice de Desempeño Logístico 2014, elaborado por el Banco Mundial, y en su subíndices, en el puesto 127 en Aduanas, en el 151 en Infraestructura, 142 en Envíos Internacionales, 135 en Seguimiento y en el puesto 138 en Tiempo.

La infraestructura vial es uno de los mayores retos de Haití, cuestión que se vio agravada luego del terremoto del 2010. Según estimaciones del Ministerio de Trabajos Públicos, Transporte y Comunicación

(MTPTC), en 2004, el 5% de las vías en Haití se encontraban en buen estado y el 80% estaban en mal o muy mal estado. La extensión de redes viales-autopista, carreteras y caminos-es de 8,320 kilómetros (kms), de los cuales aproximadamente el 51% se encuentra pavimentada.

La Inversión Extranjera Directa (IED) en Haití ha tenido una demlas mayores tasas de crecimiento de la región, al pasar de US$ 30 millones en el 2008 a US$ 186 millones en el 2013. Pese al incremento, la IED per cápita es US $ 18. El repunte de la IED viene dado gracias a las iniciativas de reconstrucción después del terremoto de 2010, año en que el monto por IED cuadruplicó los US $ 38 millones del 2009, al alcanzar los US $ 150 millones, monto que ha seguido aumentando hasta la fecha. El principal destino de las inversiones ha sido el sector manufacturero, el sector textil absorbe un monto de US $ 23 millones por parte de una empresa coreana, mientras que el sector avícola recibió IED con una inversión de US$ 45 millones por parte de una empresa de Brasil; una empresa cervecera local fue comprada por una empresa holandesa junto con inversiones por un monto de US $80 millones para ampliar su producción. Se suma el atractivo minero que pudiera traducirse en importantes flujos de inversión, ya que recientemente ha despertado el interés manifiesto de una empresa asiática y otra canadiense que se encuentran haciendo sus prospecciones. La política gubernamental ha centrado sus principales objetivos en la creación de un escenario propicio para la inversión extranjera directa (IED)- "Haití is open for business" – trabajando en un marco legal y con acciones complementarias para la garantía del capital.

La República Dominicana y la República de Haití han establecido históricamente relaciones diplomáticas y lazos de cooperación binacional desde sus inicios como Repúblicas independientes. El carácter de la relación reciente data del 1996, cuando el presidente dominicano Joaquín Balaguer y el presidente haitiano René Preval, constituyen la Comisión Mixta Bilateral CMB) Dominico - Haitiana, que agrupa las instituciones públicas y privadas de las áreas de relación binacional. En el año 2007 se crea el Secretariado Ejecutivo de la CMB para la coordinación de los temas de diálogo e implementación de las acciones y proyectos conjuntos, organismo que empieza a operar tres años después, cuando en julio del 2010 se reactiva la Comisión. Previo a esta fecha, el Secretariado Ejecutivo de las dos naciones habían firmado un total de 46 tratados, convenciones, acuerdos, protocolos, declaraciones y memorandos de entendimiento. El relanzamiento activa los mecanismos de cooperación binacional con una agenda de diálogo y declaraciones conjuntas, formalizadas mediante memorandos de entendimiento para la gestión y a implementación de programas y/o proyectos en áreas específicas. Las principales acciones de cooperación binacional vinculan temas relacionados a problemas medioambientales y de prevención de riesgos naturales que afectan el territorio de la isla, servicios de salud colectiva vinculados a las enfermedades tropicales y/o epidemiológica, y los temas atinentes a seguridad fronteriza, desarrollo local y comercio binacional. En esa dirección, el 26 de marzo del 2012, los presidentes de ambas naciones, firman 7 acuerdos de cooperación orientados a las áreas de :

1) Comercio, inversión y turismo,
2) Transporte fronterizo,
3) Seguridad y frontera,
4) Programas sociales de transferencia condicionadas,
5) Educación Superior, Ciencia y Tecnología,
6) Planificación y Desarrollo; y
7) Una "Declaración Conjunta", reiterando el objetivo de mantener la paz, la democracia y el fortalecimiento de las relaciones de buena vecindad. Se incluye un protocolo apoyado por Venezuela para financiar proyectos de reconstrucción en Haití.

Asimismo, en 2014 ambos estados suscriben un Acuerdo Binacional para mejorar el nivel de salud de la población de la isla, a través del fortalecimiento de un Sistema de Prestación de Servicios de Salud Pública. El mismo incluye estrategias binacionales para: a) prevención de enfermedades crónicas transmisibles; b) enfermedades transmitidas por vectores; c) fortalecimiento de la vigilancia epidemiológica; d) control del Cólera; e) salud materna e infantil; f) control de medicamentos exportados a la República de Haití, entre otros. Como parte de la agenda de salud entre estas dos naciones se encuentra en proceso de definición un Plan Binacional 2015 – 2017 de lucha contra la tuberculosis, y el plan para la prevención del Ébola. Durante el referido año 2014, se realizaron encuentros periódicos entre las autoridades de los dos países en lo que se denominó "Diálogo Binacional de Alto Nivel RD- Haití" priorizándose como de máximo interés los temas de migración, comercio, seguridad y medio ambiente. Las Comisiones ponderaron acciones y/o proyectos conjuntos en las áreas acordadas. En materia migratoria la República Dominicana ha puesto en marcha el Plan Nacional de Regularización y la Ley Especial de Naturalización que establece un régimen especial para personas nacidas en el territorio nacional inscritas irregularmente en el registro civil dominicano. Las autoridades han manifestado la necesidad de un mayor control de las actividades comerciales que se dan entre los puestos fronterizos, de ahí se pondera la posibilidad de homogenizar los cuatro principales pasos aduanales y de una gestión coordinada de los mercados fronterizos. En términos medio ambientales, se encuentran en procesos una serie de proyectos para la protección de los recursos hídrico y cuencas comunes: Proyecto Binacional del Artibonito, para el manejo integral de esta cuenca hidrográfica, y Programa Binacional de Estudio y Monitoreo de los lagos Enriquillo y Azuei. El Proyecto Corredor Biológico del Caribe (República Dominicana, Haití y Cuba), el cual abarca aspectos relativos a la: a) Conservación de la biodiversidad; b) Rehabilitación del medio ambiente; y c) Identificación y desarrollo de medios de subsistencia alternativos para las comunidades de la zona demarcada por el Corredor Biológico. Asimismo, se encuentra en marcha el proyecto de Fortalecimiento Frontera Verde, para reforestación en la franja fronteriza. La seguridad de la zona fronteriza es coordinada por los organismos de seguridad, con medidas que buscan mevitar el contrabando y el trasiego de personas a través de la frontera.

Bibliografía

- *América   Latina   .*
https://es.wikipedia.org/wiki/Am%C3%A9rica_Latina
- *Economía   de   América   Latina.*
:https://es.wikipedia.org/wiki/Econom%C3%ADa_de
_Am%C3%A9rica_Latina. Consultados el 10 de
noviembre de 2015 a las 21:04hrs.
- WALDONI, FERNANDO: *Siete países fundan el Banco
del Sur.* Publicado en el diario El País el 10 de
octubre de 2007.
- *El Banco del Sur se descongela.* Obtenible en
http://www.pagina12.com.ar/diario/economia/subnot
as/2-69023-2014-07-26.html.
- MORALES, ROBERTO: *Integración comercial con
Colombia, Perú y Chile Avanzan acuerdos con el
sur.* Publicado en el portal El economista. Obtenible
en   el   siguiente   linc:
http://eleconomista.com.mx/industrias/2011/04/14/av
anzan-acuerdos-sur
- *La Inversión Extranjera Directa en América Latina y
el Caribe 2012.* Publicado por la CEPAL en el 2012.
Obtenible   en
http://www.cepal.org/es/publicaciones/1151-la-
inversion-extranjera-directa-en-america-latina-y-el-
caribe-2012.
- Comisión Económica para América Latina y el
Caribe (CEPAL): *La Inversión Extranjera Directa en
América Latina y el Caribe, 2015* (LC/G.2641-P),
Santiago de Chile, 2015

- ZUCHI, ALBERTA: *"Cómo ellos la cuentan"; Memorias del Simposio Desarrollos Recientes en la Historia de los Llanos del Orinoco, Colombia y Venezuela*; 47 Congreso Internacional de Americanistas; compilador María Eugenia Romero Moreno. 1991.
- FERNÁNDEZ DE NAVARRETE, MARTÍN: *Colección de los viajes y descubrimientos que hicieron por mar los españoles* II. Segunda edición, Madrid, España. 1859. P.311.
- ROCHA, DIEGO ANDRÉS: (1681) *Tratado único y singular del Origen de los Indios Occidentales del Pirú, México, Santa Fe y Chile.* Reimpreso por Juan Ceyetano García, 1891. Traducción al español contemporáneo de José Alcina Franch, 1988. Ediciones Espuela de Plata. Argentina.
- BELTRÃO, MARIA DA CONCEIÇÃO DE M. C.; JACQUES ABULAFIA DANON E FRANCISCO ANTÔNIO DE MORAES A. DORIA: *Datação absoluta a mais antiga para a presença humana na América.* Editora UFRJ. Rio de Janeiro. Brasil. 1987.
- LORENZO, JOSÉ LUIS: *La Etapa Lítica en México.*: ed. Instituto Nacional de Antropología e Historia. Ciudad de México. México. 1967
- BETHELL, LESLIE: *Historia de América Latina.I. La América precolombina y la conquista.* Cambridge University Press, UK. (1990).
- CARMACK M. ROBERT: *The legacy of Mesoamérica: history and culture of a Native American civilization.* Prentice Hall. Nueva Jersey. EUA. 1996.

- López Austin, Alfredo, y Leonardo Luján López: *El pasado indígena*. Fondo de Cultura Económica -- El Colegio de México. México.2001.
- Lorenzo, José Luis; Mirambell, Lorena: (1986). *Preliminary record on archaeological and enviromental studies in the area of El Cedral, San Luis Potosi, Mexico*. En Bryan, A. L.: *New evidence for the Pleistoscene peopling of the Americas*. Orono: University of Maine. p. 107-113.
- Casas, Alejandro y Javier Caballero: *"Domesticación de plantas y el origen de la agricultura en Mesoamérica"*, en *Ciencias*, 1995. 040: 36-45.
- Childs Rattray, Evelyn: *Entierros y ofrendas en Teotihuacan: excavaciones, inventario, patrones mortuorios*, UNAM, Instituto de Investigaciones Antropológicas, México.1997.
- Thomas, Hugh: *"La conquista de México: el encuentro de dos mundos, el choque de dos imperios"* (2000) traducción Victor Alba y C. Boune, ed.Planeta. México. 1993. P. 115-128.
- Díaz del Castillo, Bernal: *Historia verdadera de la conquista de la Nueva España*, introducción y notas Joaquín Ramírez Cabañas, colección "Sepan cuantos" de ed. Porrúa. México 2007. P. 15-27, también vide: Thomas, Hugh: *ob. Cit*. P. 115-128.
- Sahagún, Bernardino de: *Historia general de las cosas de la Nueva España*, col. Sepan cuantos..., Porrúa, México. 1999. P. 702.
- Bernabéu Albert, Salvador: *"«La religión ofendida». Resistencia y rebeliones indígenas en la*

388

baja California colonial", en *Revista Complutense de Historia*, 20:

- CLAVIJERO, FRANCISCO XAVIER: *Historia antigua de México, Historia antigua de México y de su conquista: sacada de las mejores historiadores españoles*, Imprenta de Lara, México. 1844. Versión electrónica en el sitio de la Universidad Autónoma de Nuevo León, http://cdigital.dgb.uanl.mx/la/1080023605.
- DIEHL, RICHARD A.: *The Olmecs: America's First Civilization*, Thames & Hudson, London. UK. 2004.
- VÁZQUEZ, JOSEFINA ZORAIDA: *"Los primeros tropiezos"* en Daniel Cosío Villegas *et al.*, *Historia general de México*, Ed. El Colegio de México, México,2009.
- MURO RUIZ, E. (n.d.).: *La minería mexicana, su evolución, retos y perspectivas.* (Master's thesis)Retrieved from http://www.juridicas.unam.mx/sisjur/dercompa/pdf/2-103s.pdf.
- *Historia de la minería en Mexico.* Publicado en el websiee de First Majestic Silver Corp. Obtenible en http://www.firstmajestic.com/esp/social-responsibility/mining-history-of-mexico.
- LÓPEZ FILLAFAÑE, VICTOR: *Límites y Potencialidades de la Economía de México al final del siglo XX.* publicado en sitio web del Departamento de Relaciones Internacionales y Ciencias Políticas del Tecnológico de Monterrey. Obtenible en http://www.mty.itesm.mx/dhcs/deptos/ri/articulos/eco mex.html.

- Base de datos del Fondo Monetario Internacional publicado en abril de 2007. Obtenible en http://www.imf.org/external/pubs/ft/weo/2007/01/data /weorept.aspx?pr.x=50&pr.y=8&sy=2005&ey=2006& scsm=1&ssd=1&sort=country&ds=.&br=1&c=273&s= PPPWGT&grp=0&a=. Consultado el 18 de noviembre a las 15:56hrs.
- Base de datos del Fondo Monetario Internacional publicado en abril de 2007. Obtenible en www.imf.org/external/pubs/ft/weo/2007/01/data/weor ept.aspx?pr.x=41&pr.y=13&sy=2005&ey=2006&scs m=1&ssd=1&sort=country&ds=.&br=1&c=273&s=NG DPD&grp=0&a.
- *Gross national income per capita 2010, Atlas method and PPP*. Publicado en *Atlas Method and PPP*. obtenible en http://siteresources.worldbank.org/DATASTATISTIC S/Resources/GNIPC.pdf.
- HUFBAUER GC & SCHOTT JJ: *NAFTA Revisited: Achievements and Challenges* Institute for International Economics, Chapter 1. 2004. Obtenible en http://www.iie.com/publications/chapters_preview/33 2/01iie3349.pdf.
- sitio web del Banco Central de México. Obtenible en http://web.archive.org/web/20121521301500/http://w ww.banxico.org.mx/inicio.html
- AGUIRRE BOTELLO, MANUEL: *Devaluación- Inflación México-USA 1970-2015.* Obtenible en http://www.mexicomaxico.org/Voto/SobreVal02.htm.

Consultado el 25 de noviembre de 2015 a las 23:04 hrs.

- Sito web oficial del Banco Central de México. Obtenible en http://web.archive.org/web/20121521301500/http://www.banxico.org.mx/inicio.html.
- ROBERTO NÁJAR: "*México vive la peor crisis en 70 años*", en *BBC Mundo*, 2 de julio de 2009,
- VÍCTOR CARDOSO: "*El manejo de la crisis en México, de los peores del mund: Stiglitz*", en *La Jornada*, 20 de noviembre de 2009,
- GONZÁLEZ, SUSANA Y JUAN ANTONIO ZÚÑIGA: "*Infructuosa intervención del BdeM; dólar hasta en $15.66*", en *La Jornada*, 21 de febrero de 2009; "*Inyecta Banxico más de 3 mil mdd al sistema*", en *El Siglo de Torreón*, 22 de abril de 2009, "*OCDE: desempleo de 6.5% en México en 2010*", en *La Jornada*, 20 de noviembre de 2009. "Inyecta Banxico 50 mdd; dólar cierra a 13.40", en *La Crónica de Hoy*, 21 de julio de 2009,
- ZÚÑIGA, JUAN ANTONIO: "*Dólar a 14 pesos; la moneda acumula una devaluación de 26.70%*", en *La Jornada*, 31 de diciembre de 2008.
- GONZÁLEZ AMADOR, ROBERTO: "*La devaluación del peso ya costó 20 mil 62 mdd en reserva*", en *La Jornada*, 4 de febrero de 2009,
- Anuncia SHCP recorte de 35 mil mdp al presupuesto público, en *La Jornada*, 28 de mayo de 2009
- ARTEAGA, JOSÉ MANUEL: [http://estadis.eluniversal.com.mx/notas/614474.html

"Recorte al gasto por 50 mil millones de pesos", en *El Universal*, 24 de julio de 2009.

- "Recorta SEP $800 millones al gasto de universidades públicas", en *La Jornada*, 22 de agosto de 2009,
- MARTÍNEZ, ROCÍO: *Se contrae 1.6% PIB de México*, en *El Financiero*, 20 de febrero de 2009. Consultado el 25 de noviembre de 2015 a las 11:38hrs.
- INEGI (2009). Obtenible en http://dgcnesyp.inegi.gob.mx/cgi-win/bdieintsi.exe/Consultar. Consultado el 28 de noviembre de 2015 a las 12:02hrs.
- ZÚÑIGA, JUAN ANTONIO: "*Más de 316 mil personas entraron al desempleo entre julio y septiembre*", artículo publicado en el portal informativo web *La Jornada* el 14 de noviembre de 2009. Obtenible en http://www.jornada.unam.mx/2008/11/14/index.php?section=economia&article=028n2eco.
- GONZÁLEZ AMADOR, ROBERTO: "Prevé la Cepal que 380 mil mexicanos perderán su empleo en 2009", artículo publicado el portal web mexicano *La Jornada*, 19 de diciembre de 2008.Obtenible en http://www.jornada.unam.mx/2008/12/19/index.php?section=economia&article=029n2eco.
- JOSÉ MANUEL MARTÍNEZ: "México aumenta su desigualdad por crisis", en *CNNExpansión*, 16 de julio de 2009. Obtenible enhttp://www.cnnexpansion.com/actualidad/2009/07/16/mexico-aumenta-su-desigualdad-por-crisis. Consultado el 25 de octubre de 2015 a las 00:48hrs.

- ROBERTO GONZÁLEZ AMADOR: *"Existen en México 54,8 millones de pobres, 51% de la población"*, artículo publicado en el sitio web informativo mexicano *La Jornada*, publicado el 20 de noviembre de 2009, http://www.jornada.unam.mx/2009/08/20/index.php?section=economia&article=024n1eco.
- *"Desaparece Calderón tres secretarías de Estado"* en sitio web *El Informador*, publicado el 9 de septiembre de 2009, obtenible en http://www.informador.com.mx/mexico/2009/135931/6/calderon-anuncia-la-desaparicion-de-tres-secretarias-de-estado.htm. Consultado el 15 de noviembre de 2015 a las 13:45hrs.
- HERRERA BELTRÁN, CLAUDIA: *"Plantea Calderón desaparecer tres secretaría por ajuste drástico"* en *La Jornada*, 9 de septiembre de 2009, obtenible en http://www.jornada.unam.mx/2009/09/09/index.php?section=politica&article=009n1pol.
- Fuente: Banco de México - Comunicado de prensa, enero de 2010. Obtenible en http://www.banxico.org.mx/informacion-para-la-prensa/comunicados/inflacion/mensual/%7B3669
- SAAVEDRA, ALMA: *Economía creció 5,5% en el 2010*. Publicado en *El Economista*. Obtenible en http://eleconomista.com.mx/mercados-estadisticas/2011/02/21/economia-crecio-55-2010. Consultado el 11 de diciembre de 2015 a las 15:03hrs.
- *Informe de Actividades y Resultados 2010 del Instituto Nacional de estadística y Geografía de*

México. Ed. INEGI. México. 2010. Obtenible en http://www.inegi.org.mx/default.aspx.
- VALLE, ANA: *Economía Mexicana se desaceleró en el 2011*. Publicado en jornal *El Economista*. Obtenible en http://eleconomista.com.mx/mercados-estadisticas/2012/02/17/economia-mexicana-se-desacelero-2011.
- FLORES, LEONOR: *Economía mexicana crece un 4% en el 2012*. Publicado en El Economista el 30 de enero de 2013. Obtenible en http://eleconomista.com.mx/finanzas-publicas/2013/01/30/economia-mexicana-crece-4-2012.
- ROSALES, RODRIGO. A.: *Termina economía mexicana con debilidad en el 2013*. Publicado en El Economista el 23 de febrero de 2014. Obtenible en http://eleconomista.com.mx/finanzas-publicas/2014/02/23/termina-economia-mexicana-debilidad-2013.
- ROSALES, RODRIGO. A: *Declaración marginal de la economía mexicana*. Publicado en el sitio web informativo *El Economista*. Obtenible en http://eleconomista.com.mx/industrias/2015/01/27/actividad-economica-mexico-crecio-2-noviembre.
- *Economía mexicana arrancará lento en 2015*. Publicado en *Forbes México* el 2 de enero de 2015. Obtenible en http://www.forbes.com.mx/economia-mexicana-arrancara-lento-en-2015/ . Consultado el 17 de diciembre de 2015 a las 16:18hrs.
- Morales, Yolanda: *La Economía de México crecerá un 3,3% en el 2015*. Publicado en el sitio informativo

El Economista. Obtenible en http://eleconomista.com.mx/finanzas-publicas/2015/01/13/economia-mexico-crecera-33-2015.

- CONGRESO MEXICANO: (4 de enero de 2004). «Mexican Congress Bill, *General Law of Social Development*». Obtenible en http://www.diputados.gob.mx/LeyesBiblio/pdf/264.pdf . Consultado el 17 de diciembre de 2015 a las 18:27hrs.

- GONZÁLEZ, SUSANA: *En México, Pobreza e indigencia mayores que el promedio en América Latina.* Publicado en Periódico *La Jornada*, Lunes 21 de enero de 2013, p. 29. También Obtenible en http://www.jornada.unam.mx/2013/01/21/economia/0 29n1eco. Consultado el 14 de diciembre a las 21:04hrs.

- REYNA QUIRÓZ, JULIO: *México, entre países con menor disminución de pobreza en AL.* Publicado en La Jornada el 26 de enero de 2015 a las 9:41hrs. Obtenible en http://www.jornada.unam.mx/ultimas/2015/01/26/red uccion-de-la-pobreza-e-indigencia-se-estancan-en-america-latina-cepal-2685.html. Consultado el 25 de noviembre a las 23:45hrs.

- «*1.4 millones de mexicanos dejan la pobreza extrema entre 2010 y 2012*».Publicado en *Animal político*. 29 de julio de 2013. Obtenible en http://www.animalpolitico.com/2013/07/hay-53-3-millones-de-pobres-en-mexico/#axzz2afm3acCw.

- «*Clases medias en México*». INEGI. 12 de junio de 2013. Archivado desde el original el 29 de noviembre de 2015. Obtenible en los espacios dedicados a los boletines de prensa de INEGI en http://web.archive.org/web/20130920170621/http://www.inegi.org.mx/inegi/contenidos/espanol/prensa/Boletines/Boletin/Comunicados/Especiales/2013/Junio/comunica6.pdf.
- SALVADOR BENITEZ, LORETO:(01-2008). «*Desarrollo,educación y pobreza en México*». Publicado en Red de Revistas Científicas de América Latina y el Caribe, España y Portuga. Obtenible en http://www.redalyc.org/articulo.oa?id=11205510. Consultado el 17 de diciembre de 2015 a las 22:34hrs.
- *Migration Can Deliver Welfare Gains, Reduce Poverty, Says Global Economic Prospects 2006.* Obtenible enhttp://web.worldbank.org/WBSITE/EXTERNAL/NEWS/0,,contentMDK:20724214~pagePK:64257043~piPK:437376~theSitePK:4607,00.html.
- HERNÁNDEZ-COSS, RAÚL: *The U.S.–Mexico Remittance Corridor Lessons on Shifting from Informal to Formal Transfer Systems* en *World Bank Working Paper No. 47.* Obtenible en http://siteresources.worldbank.org/EXTAML/Resources/396511-1146581427871/US-Mexico_Remittance_Corridor_WP.pdf.
- FERNÁNDEZ, EMILIO; MONTAÑO, TERESA: *Migrantes aportan dinero para obras,* Publicado en El

Universal.mx. Obtenible en http://archivo.eluniversal.com.mx/ciudad/79853.html. Consultado el 17 de diciembre de 2015 a las 20:41hrs.

- *Llegan a México 3 de cada 4 envíos de remesas.* Publicado en sitio web *El Economista.* Obtenible en http://eleconomista.com.mx/economia-global/2012/05/07/llegan-mexico-3-cada-4-envios-remesas. Consultado el 17 de diciembre a las 23:43hrs.

- *Reporte de Remesas, Cifras al cierre de 2014.* Instituto de los mexicanos en el exterior. Obtenible en http://www.ime.gob.mx/es/remesas. Consultado el 14 de diciembre a las 12:34hrs.

- MORALES, YOLANDA: *Remesas con ocho meses de Alza.* Publicado en el sitio web informativo El Economista. Obtenible en http://eleconomista.com.mx/finanzas-publicas/2015/11/03/remesas-ocho-meses-alza..

- Informe sobre desarrollo Humano de México 2004. Obtenible en http://web.archive.org/web/20090327124212/http://h dr.undp.org/docs/reports/national/MEX_Mexico/Mexi co_2004_sp.pdf. Consultado el 18 de diciembre de 2015 a las 22:23hrs.

- Informe de Producto interno bruto de México. Publicado en portal web de INEGI. Obtenible en http://www.inegi.org.mx/est/contenidos/proyectos/cn/

.

- Indices de Desarrollo Humano de México y programa de población de México. Publicado en el sitio web oficial del Consejo Nacional de Población, en el distrito federal de Mexico. Obtenible en http://web.archive.org/web/20090325005610/http://w ww.conapo.gob.mx/publicaciones/desarrollo/001.pdf.

- GALINDO PALIZA, LUIS MIGUEL; LORÍA EDUARDO; MORTIMORE, MICHAEL: *Expresión de la Inversión Extranjera Directa en México: Desempeño y Potencial. Una perspectiva maso, meso, micro y territorial.* Ed. Facultad de Economía de la UNAM. Y Siglo XXI Editores. México. 2007.
- *La Inversión extranjera directa en México sube a 41%.* Publicado por *Notimex* en *CNN En expansión* el Martes, 24 de noviembre de 2015 a las 10:03. Obtenible en http://www.cnnexpansion.com/economia/2015/11/24/ inversion-extranjera-directa-sube-41-en-nueve-meses.
- *Indices de Desarrollo Humano.* Obtenible en http://www.citymayors.com/statistics/richest-cities-2005.html.
- *América Economía* (Business Magazine), pag 32, publicación de mayo de 2005.
- *Ciudades América, Ranking 2006.* El mismo es Obtenible en el pdf siguiendo el linc: http://web.archive.org/web/20070927161741/http://q ueretaro.gob.mx/sedesu/deseco/esteco/perfeco/estu dios/ciudades_americaec.pdf.
- *Plan de desarrollo del ayuntamiento de la ciudad de Tijuana.* Obtenible en http://www.tijuana.gob.mx/PlanMpal2011-2013/economia.asp.

- *Tijuana, la Frontera más visitada del mundo.* Publicado en *Turisteando en la Frontera*. Obtenible en http://web.archive.org/web/20150616212720/http://turistaenlafrontera.com/?p=8876.
- *Ciudades América, Ranking 2006.* El mismo es Obtenible en el pdf siguiendo el linc: http://web.archive.org/web/20070927161741/http://queretaro.gob.mx/sedesu/deseco/esteco/perfeco/estudios/ciudades_americaec.pdf.
- Estadísticas publicadas por la Agencia Central de Inteligencia (CIA), Estados Unidos. Publicado en sitio web oficial obtenible en https://www.cia.gov/library/publications/the-world-factbook/fields/2095.html?countryName=&countryCode=&regionCode=k.
- WARMAN, ARTURO: *La reforma agraria mexicana: una visión de largo plazo.* Publicado por El Departamento para el desarrollo económico y social de la FAO. Obtenible en http://www.fao.org/docrep/006/j0415t/j0415t09.htm.
- DÍAS GARCÍA, CARMEN MARÍA: *La reforma agraria en la Revolución mexicana.*Publicado en *Revista cubana de Pensamiento e Historia*. Obtenible en http://www.revistacaliban.cu/articulo.php?letra=&article_id=129
- Á VARGAS, MIGUEL; OCHOA, FERNANDO Y D DANEMANN, GUSTAVO: *Tenencia de la tierra y conservación de tierras privadas. Publicado en Aspectos soieconómicos*, Cap 23. Obtenible en

http://www2.inecc.gob.mx/publicaciones/libros/546/c
ap23.pdf.
- STEVEN ZAHNISER AND WILLIAM T. COYLE: *U.S.-Mexico
Corn Trade During the NAFTA Era: New Twists to an
Old Story* publicado en el web site United States
Department of Agriculture Economic Research
Service.   Obtenible   en
http://www.ers.usda.gov/publications/fds-feed-
outlook/fds-04d-01.aspx.
- Estadísticas publicadas por la Agencia Central de
Inteligencia (CIA), Estados Unidos. Publicado en
sitio   web   oficialobtenible   en
https://www.cia.gov/library/publications/the-world-
factbook/fields/2012.html?countryName=&countryCo
de=&regionCode=@. Consultado el 2° de diciembre
de 2015 a las 12:45hrs.
- INSTITUTO NACIONAL DE GEOGRAFÍA, ESTADÍSTICA E
INFORMÁTICA. *«Banco de Información Económica»*.
Obtenible en http://www.inegi.org.mx/sistemas/bie/.
- HUFBAUER GC & SCHOTT JJ: (2004) *NAFTA
Revisited: Achievements and Challenges* Institute for
International Economics, Chapter 5, Agricultrue.
Obtenible   en
http://www.iie.com/publications/chapters_preview/33
2/05iie3349.pdf.
- Estadísticas publicadas por la Agencia Central de
Inteligencia (CIA), Estados Unidos. Publicado en
sitio   web   oficial   obtenible   en
https://www.cia.gov/library/publications/the-world-
factbook/fields/2095.html?countryName=&countryCo

de=&regionCode=k. Consultado el 23 de noviembre de 2015 a las 23:45hrs.
- NADAL, A.: *"Zea Mays: Effects of Trade Liberalization of Mexico's Corn Sector"*, in *Greening the Americas*, Carolyn L. Deere (editor). MIT Press, Cambridge, Massachusetts, USA. 2002.
- U.S.-Mexico Corn Trade During the NAFTA Era: New Twists to an Old Story, by Zanhiser & Coyle, USDA.
- GEREFFI G & MARTÍNEZ M: *"Mexico's Economic Transformation under NAFTA"* in *Mexico's Democracy at Work: Political and Economic Dynamics*, Ed. Crandall, Paz and Roett (editors) Lynne Reiner Publishers, United States. (2004).
- HUFBAUER GC & SCHOTT JJ: *NAFTA Revisited: Achievements and Challenges. Ed.* Institute for International Economics, Chapter 1, (2004).
- *Producción industrial de México en octubre cae respecto a mes previo* publicado en el portal informativo El Informador.Mx. obtenible en http://www.informador.com.mx/economia/2015/6319 54/6/produccion-industrial-de-mexico-en-octubre-cae-respecto-a-mes-previo.htm.
- GEREFFI G & MARTÍNEZ M: *"Mexico's Economic Transformation under NAFTA"* in *Mexico's Democracy at Work: Political and Economic Dynamics*, Crandall, Paz and Roett (editors) Lynne Reiner Publishers, United States. 2004
- Estadísticas publicadas por la Agencia Central de Inteligencia (CIA), Estados Unidos. Publicado en sitio web oficial obtenible en
401

https://www.cia.gov/library/publications/theworldfactb
ook/fields/2012.html?countryName=&countryCode=
&regionCode=@

- GONZALES AMADOR, ROBERTO: *Baja penetración del crédito, la asignatura pendiente de la banca: HSBC.* Publicado en *La Jornada* el 4 de diciembre de 2013. Obtenible en http://www.jornada.unam.mx/ultimas/2013/12/04/baj a-penetracion-del-credito-la-asignatura-pendiente-de-la-banca-hsbc-3452.html.
- ZUÑIGA, JUAN ANTONIO: *El crédito a la agricultura cayó 45.5% en 6 años.* Publicado en La Jornada. Obtenible en http://www.jornada.unam.mx/2007/02/20/index.php? section=economia&article=028n1eco. Consultado el 20 de diciembre de 2015 a las 20:09hrs.
- CHAGÍN, ANTONIO: *Economía mexicana para todos.* México: Lectorum. (2009).
- QUINTANA ROMERO, LUIS; Cue Mancera, Agustín. *Introducción a la macroeconomía: un enfoque integral para México* (1. ed. edición). México: Grupo Editorial Patria. México. 2008.
- HEATH, JONATHAN: *Para entender: El Banco de México* (1a ed. edición). México: Nostra. México. (2007):
- SÁNCHEZ, MANUEL. *Economía Mexicana para Desencantados.* Fondo de Cultura Económica. Primera
- *Fundamentos de la política cambiaria en México.* Publicado en Gestiopolis. Obtenible en

http://www.gestiopolis.com/fundamentos-de-la-politica-cambiaria-en-mexico/.
- *Reservas internacionales, en récord.* Publicado en el sitio *CNNExpansión* el martes 19 de octubre de 2010. Obtenible en http://www.cnnexpansion.com/economia/2010/10/19/reserva-internacional-dolar-banxico-eu.[1]
- ROSALES, RODRIGO A: *Política monetaria, sin cambios: Banxico.* Publicado en sitio web informativo *El Economista* el 18 de junio de 2015. Obtenible en http://eleconomista.com.mx/finanzas-publicas/2015/06/18/politica-monetaria-sin-cambios-banxico.
- MUÑIZ, LUIS ADRIÁN: *Hacia dónde se podría sesgar la política monetaria en México.* Publicado en El Financiero. Obtenible en http://www.elfinanciero.com.mx/opinion/hacia-donde-se-podria-sesgar-la-politica-monetaria-en-mexico.html.
- datos estadísticos del *World trade in 2005 – Overview.* El pdf es obtenible en https://www.wto.org/english/res_e/statis_e/its2006_e/its06_overview_e.pdf. Consultado el 23 de diciembre de 2015 a las 20:45hrs.
- Datos reportados por el INEGI en http://www.inegi.gob.mx. Consultado el 12 de diciembre de 2015 a las 23:34hrs.
- MORALES, ROBERTO: Caída de exportaciones afecta a PIB. Publicado en El Economista. Obtenible en http://eleconomista.com.mx/industrias/2013/05/02/ca

ida-exportaciones-afecta-pib. Consultado el 12 de noviembre de 2015 a las 23:48hrs.

- HUFBAUER GC & SCHOTT JJ: *NAFTA REVISITED: Achievements and Challenges.* Institute for International Economics, Chapter 1. (2004).
- GEREFFI G & MARTÍNEZ M: "*Mexico's Economic Transformation under NAFTA*" in *Mexico's Democracy at Work: Political and Economic Dynamics*, Crandall, Paz and Roett (editors) Lynne Reiner Publishers, United States. (2004)
- *La Clave del Comercio exterior.* Sección de relaciones internacionales del sitio web ProMéxico. Obtenible en http://www.promexico.gob.mx/negocios-internacionales/la-clave-del-comercio-exterior.html.
- *Australia proyecta TLC con Colombia y México.* Publicado en E&N el 21 de mayo de 2012. Obtenible en http://www.estrategiaynegocios.net/ultimahora/45156 9-330/australia-proyecta-tlc-con-colombia-y-mexico.
- MARÍA ESTHER MORALES FAJARDO Y NOELLY KARLA SARRACINO JIMÉNEZ: *Los incentivos económicos de México en la Alianza del Pacífico.* Publicado en *Revista Trimestral de Análisis de coyuntura Económica.* Obtenible en http://www.uaemex.mx/feconomia/Publicaciones/e60 2/Ano_6_Num_2_Abril_Junio_2013_4.pdf.
- GARCÍA MOLINA, JESÚS MRA.: *La economía cubana desde el siglo XVI al XX: del colonialismo al socialismo con mercado* en *Estudios y Perspectivas*

serie publicada por la Unidad de Desarrollo económico de la CEPAL. México. febrero de 2005.
- FRIEDLAENDER, H. E.: *Historia Económica de Cuba,* La Habana. 1944.
- BROWN CASTILLO, GERARDO: *Cuba colonial,* La Habana. 1952. P.12.
- ELY, ROLANDO T.: *La economía cubana entre las dos Isabeles,* La Habana. 1960.
- LAVERY, BRIAN: *The Ship of the Line: The development of the battlefleet 1650-1850.* Tomo I. Londres: Conway Maritime Press.UK. 2003;
- SYRETT, DAVID: *The Siege and Capture of Havana, 1762.* Londres: Navy Records Society. UK. 1970.
- WINFIELD, RIF: *British Warships of the Age of Sail 1714–1792: Design, Construction, Careers and Fates.* Londres: Seaforth. UK. 2007;
- GREENTREE, DAVID: *Far-Flung Gamble. Havana 1762.* Oxford: Osprey Publishing.2010.
- Placer Cervera: Gustavo: *El Tratado de París de 1898: La oficialización de una ignominia.* Publicado en Periódico Granma el 10 de diciembre de 2008. Cuba.
- Historia de Cuba. Enciclopedia Ecured y Wikipedia.
- OXLAD. «Base de datos de la OXLAD» (en inglés). Archivado desde el original el 29 de junio de 2012. Obtenible en https://archive.is/20120629003523/http://oxlad.qeh.o x.ac.uk/.
- Aguilar Avilés, Dager: *Cuba hoy y Estados Unidos: La dialéctica de sus relaciones bilaterales.* Ed.

(proyecto)Editorial Honoris-Europa. Estados Unidos. 2015.
- XALMA, CRISTINA: *Cuba, Reforma económica y modelo Social* en pendienteemigración. Obtenible en http://pendientedemigracion.ucm.es/info/ec/jec10/po nencias/717Xalma.pdf
- AGUILAR AVILÉS, DAGER: *Control Social y Prevención delictiva. Una introducción al tema desde el análisis de los medios de comunicación social,* en Contribuciones a las Ciencias Sociales, mayo 2010, www.eumed.net/rev/cccss/08/daa2.htm .
- AGUILAR AVILÉS, DAGER: *Fundamentos generales sobre criminología y control social,* en Contribuciones a las Ciencias Sociales, mayo 2010,www.eumed.net/rev/cccss/08/daa10.htm
- RICHARD PEET: *Geografía de energía: las políticas económicas mundiales .* Zed Books. (2007). pp. P.173.
- TORRES PÉREZ, RICARDO: *La actualización del modelo económico cubano: continuidad y ruptura* en Revista *Temas,* La Habana. Cuba. 08 de junio de 2011. También obtenible en el siguiente linc: http://www.temas.cult.cu/catalejo/economia/Ricardo_Torres.pdf
- GALVEZ CHIÚ, KARINA: *La Nueva Ley de Inversión Extranjera, Retos e impacto* en Revista Socio-cultural *Convivencia.* Sección economía. Obtenible siguiendo el siguiente linc: http://www.convivenciacuba.es/index.php/economa-mainmenu-56/1093-la-nueva-ley-de-inversion-

extranjera-retos-e-impactoConsultada el 3 de febrero de 2015 a las 01:44am

- COLECTIVO DE AUTORES: *"Efectos y Futuro del Turismo en la Economía Cubana".* Enero de 2005. Páginas 30-40.
- COLECTIVO DE AUTORES. *"Efectos y Futuro del Turismo en la Economía Cubana".* Enero de 2005. Página 77. Leer más: http://www.monografias.com/trabajos64/etapas-desarrollo-turismo-cuba/etapas-desarrollo-turismo-cuba3.shtml#ixzz3vj4Sfg3S
- AYALA CASTRO, HÉCTOR: *Memoria descriptiva general del origen, evolución y perspectiva del turismo en Cuba,* Universidad de la Habana, Cuba.1994
- GUTIÉRREZ CASTILLO, ORLANDO; GANCEDO GASPAR, NÉLIDA: *Cuba: Una Década de Desarrollo Turístico* en Harvad Review of Latinoamérica. Obtenible en http://revista.drclas.harvard.edu/book/cuba-una-decada-de-desarrollo-turistico. Consultado el 29 de diciembre de 2015 a las 16:56hrs.
- GRANT, WILL: *¿Está Cuba preparada para una "invasión" del turismo de Estados Unidos?.* Publicado en BBC Mundo el 4 de mayo de 2015. Obtenible en http://www.bbc.com/mundo/noticias/2015/05/150429_economia_cuba_auge_turismo_ms. Consultado el 30 de diciembre de 2015 a las 01:35 hrs.
- *Turismo crece a buen ritmo.* Publicado en periódico Granma el 8 de septiembre de 2015 23:09:28.
- *Cuba ha recibido unos 20.000 turistas en cruceros durante 2015.* Publicado el Martes, 29 de Dic de

2015 por la agencia EFE en el jornal *El Expertador*. Obtenible en http://www.elespectador.com/noticias/elmundo/cuba-ha-recibido-unos-20000-turistas-cruceros-durante-2-articulo-595225. Consultado el 30 de diciembre de 2015.

- RADIO SANTA CRUZ: *Se inaugura en Cuba el primer ferrocarril de Iberoamérica*». Archivado desde el original el 8 de septiembre de 2012. Obtenible en el sitio web de la emisora depositado en el linc https://archive.is/20120908105036/http://www.radios antacruz.icrt.cu/efemerides/se-inaugura-cuba-primer-ferrocarril-iberoamerica.htm.
- EUROSUR.ORG: «*Anuario del comercio justo*». *Archivado desde el original.* Obtenible enhttps://archive.is/20120629003528/http://www.eur osur.org/EFTA/c8.htm. consultado el 12 de noviembre de 2015 a las 23:34hrs.
- FERNANDO RAVSBERG: *El deshielo entre La Habana y Washington potencia el viejo motor económico de la isla.* Publicado en el jornal *El Público.* Obtenible en http://www.publico.es/internacional/deshielo-habana-y-washington-potencia.html. Consultado el 30 de diciembre de 2015.
- NODO50. Nodo50 «Economía de Cuba». http://www.nodo50.org/cubasigloXXI/economia/caste llon4_310503.pdf+Nodo50
- TERRA. «Cuba, único país del mundo con desarrollo sostenible, según WWF.». Archivado desde el original el 29 de junio de 2012.

- NODO50. Nodo50 «Economía de Cuba». http://www.nodo50.org/cubasigloXXI/economia/caste llon4_310503.pdf+Nodo50
- TERRA: «Cuba, único país del mundo con desarrollo sostenible, según WWF.». Archivado desde el original el 29 de junio de 2012.
- *Las diez reformas más destacadas de Raúl Castro.* Publicado en Diario Libre el 23 de febrero de 2013 a las 12:00am. Obtenible en http://www.diariolibre.com/noticias/las-diez-reformas-ms-destacadas-de-ral-castro-EMDL372701.
- *«El Gobierno de Raúl Castro autoriza el pluriempleo en Cuba.* Publicado en www.Gerencia.com».
- VÁZQUEZ MONTES DE OCA, MICHAEL: *Sustitución de importaciones y fomento de exportaciones.* Publicado en http://www.monografias.com/trabajos91/sustitucion-importaciones-y-fomento-exportaciones/sustitucion importaciones-y-fomento-exportaciones2.shtml#ixzz3w1woukX6.
- MAZORRA LUIS, MANUEL: *Importancia de sustituir importaciones en la economía cubana actual.* Publicado en el sitio informativo digital Cuba Headlines en Español. Obtenible en http://www.cubaheadlines.com/es/2012/04/01/34925/importancia_de_sustituir_importaciones_en_la_econ omia_cubana_actual.html.
- Diario Juevntud Rebelde Digital: «*Ligero aumento de la producción de alimentos*». Consultado el 3 de enero de 2015.

http://www.radionuevitas.icrt.cu/index.php/cuba/860-ligero-aumento-de-la-produccion-de-alimentos-.htm.
- TAMAYO, RENÉ: *Los precios se desaceleraron en el primer semestre (II y final)*. Publicado en *Juventud Rebelde* el 18 de Octubre del 2014 19:56:03 CDT. Obtenible en http://www.juventudrebelde.cu/cuba/2014-10-18/los-precios-se-desaceleraron-en-el-primer-semestre-ii-y-final/.
- DIARIO GRANMA: *«Infrome a la Asamble Nacional, de la Comsión Económica»*. Consultado 1 de enero de 2016. Obtenible en http://www.granma.cu/documento/espanol00/052-e.html+Granma.
- MAR CUBA: «Productos congelados.». Consultado el 22 de octubre de 2009. Obtenible en http://www.marcuba.com/caribex/text_productos_con gelados.htm.
- *Níquel: No van lejos los de "alante"*. Artículo publicado y obtenible en https://archive.is/20120629003545/http://cubaalaman o.net/sitio/promocion/enfniq.htm#selection-35.0-35.39.
- El País. *«La SPRI renovará equipos de las minas de níquel en Cuba.»*. Archivado desde el original el 29 de junio de 2012.
- RADIO HABANA CUBA: *«El níquel cubano busca la eficiencia energética»*. http://www.radiohc.cu/espanol/comentarios/febrero0 7/comentario21feb1.htm.

- AREA MINERA: «*China invertirá en la producción de ferro-níquel de Cuba*». Obtenible en http://web.archive.org/web/20090814071951/http://www ww.areaminera.com/Contenidos/Noticias/2004/4125. act. Consultado el 23 de diciembre de 2015 a las 23>56hrs.
- Ministerio de la Industria Básica de Cuba. «MINBAS». Archivado desde el original el 29 de junio de 2012.
- GRANMA INTERNACIONMAL.: «*Suscribe Cuba acuerdo de expansión con empresa canadiense Sherrit.*». Archivado desde el original Granma internacional el 20 de septiembre de 2012. Obtenible en el siguiente linc: https://archive.is/20120920193412/http://www.granm ai.cubasi.cu/espanol/2005/marzo/vier4/11sherrit.html . Consultado el 23 de diciembre de 2015 a las 11:48hrs.
- SOLVISIÓN. «*Recuperada producción salinera del país*». Archivado desde el original el 17 de septiembre de 2012. Obtenible en el siguiente linc: en https://archive.is/20120917114400/http://www.solvisi on.co.cu/index.php?option=com_content&view=articl e&id=1509:-recuperada-produccion-salinera-del-pais-&catid=1:guantanamo&Itemid=2.
- DEGERENCIA.COM: «*Cuba obtuvo "resultados alentadores" en búsqueda de petróleo en golfo de México.*». Archivado desde el original el 20 de septiembre de 2012. Obtenible en el siguiente linc: https://archive.is/20120920193410/http://www.deger

encia.com/actualidad.php?actid=15794 . Consultado el 23 de diciembre de 2015 a las 23:09hrs.
- Diario Granma. «Ascendente interés por zeolita cubana en Europa y América». Archivado desde el original el 30 de noviembre de 2015
- UNAICC.: «Objetivos.». Archivado desde el original el 29 de junio de 2012.
- Revista Bohemia. «*Sumarios en Cuba.*». Archivado desde el original el 30 de noviembre de 2015. Obtenible en el linc: http://www.bohemia.cu/2006/abr/01/SUMARIOS/EN CUBA/construccion1.html. Consultado el 21 de diciembre de 2015 a las 12:44hrs.
- Cuba Industria: «*Oportunidades de Inversión / Industria Pesquera.*». Archivado desde el original el 20 de septiembre de 2012.
- Cubanet: «*Cuba y Venezuela construirán astillero*».
- Cuba Industria. «*Oportunidades de Inversión / Industria Pesquera.*». Archivado desde el original el 20 de septiembre de 2012.
- Ladaamercia.com.: «Lada Latinoamérica». Archivado desde el original el 30 de noviembre de 2015. Obtenible en http://www.ladaamerica.ru/informacion/sep2003.htm.
- Autocity.com.: «Llegan los autos chinos.». Archivado desde el original el 20 de septiembre de 2012
- Hi Cuba: «Destinos». Obtenible en http://www.hicuba.com.

- RADIO LA PRIMERISIMA: «Cuba: de los «camellos» a los autobuses articulados chinos». Archivado desde el original el 29 de junio de 2012.
- http://web.archive.org/web/http://www.swissinfo.ch/s pa/suiza_y_el_mundo/internacional/Brasil_apuesta_ a_despegue_de_economia_de_Cuba_con_nuevo_p uerto_de_contenedores.html?cid=37813952
- DIARIO 5 DE SEPTIEMBRE: «*Modernizarán Termoeléctrica de Cienfuegos.*». Archivado desde el original el 30 de noviembre de 2015.
- CUBA SOLAR.: «*Evaluación de las emisiones gaseosas e impacto ambiental de una termoeléctrica cubana.*». Archivado desde el original el 20 de septiembre de 2012.
- TELECINCO: «Ollas a presión subvencionadas en Cuba en el Día de la Mujer.». Archivado desde el original el 20 de septiembre de 2012.
- CUBA INFORMACIÓN: «*Cuba, Australia y la bombilla de la imaginación.*». Archivado desde el original el 29 de junio de 2012.
- DIARIO JUVENTUD REBELDE: «*Inauguran Parque Eólico Experimental Los Canarreos en Isla de la Juventud.*». Archivado desde el original el 20 de septiembre de 2012.
- REVISTA BOHEMIA.: «*Construyen nuevo parque eólico en zona central de Cuba.*». Consultado el 1 octubre de 2015. http://www.bohemia.cu/2008/01/03/2-aeolico1.html.
- HABANA UPEC: «El parque eólico de Gibara sometido a ajustes técnicos.». obtenible en.

http://www.habanaupec.cubasi.cu/feb+8/04parque.htm

- AGENCIA PRENSA LATINA S.A.: «Construye Cuba segundo parque eólico en oriente del país.». Archivado desde el original el 20 de septiembre de 2012.
- sitio web de la página web oficial de la Cámara de Comercio de la República de Cuba. Obtenible en http://www.camaracuba.cu/index.php/es/negocios/in version-extranjera-en-cuba.
- Cincodias.com. «Obama elimina restricciones de remesas y viajes a Cuba.». Archivado desde el original el 20 de septiembre de 2012. Obtenible siguiendo el siguiente lic en https://es.wikipedia.org/wiki/Econom%C3%ADa_de_Cuba#Las_remesas.
- ALFONSO, PABLO: *"Remesas familiares a Cuba suman $2,000 millones"*. Publicado en Martínoticias.com. Consultado el 3 de enero de 2016 a las 03:41hrs.
- NNC.: «*Ciencia en Cuba*.». Archivado desde el original el 20 de septiembre de 2012.
- LA ASOCIACIÓN MÉDICA DEL CARIBE (AMECA-CMA). *«La Asociación Médica del Caribe (AMECA-CMA)»*. Archivado desde el original.
- ECUALUG: «Una nueva distro Nova Linux (Cubana)». Archivado desde el original el 28 de junio de 2012. https://archive.is/20120628204357/http://www.ecualu g.org/2009/02/13/blog/jonas/una_nueva_distro_nova _linux_cubana.

- *Ministerio de Ciencia Tecnología y Medio Ambiente* publicado en enciclopedia Ecured. Obtenible en www.ecured.com. Consultado el 5 de enero de 2016 a las 13:48hrs.
- EL UNIVERSO.: *"Las reformas de Raúl Castro dan Esperanza a la población"*. Archivado desde el original. Obtenible siguiendo el siguiente linc: https://archive.is/20120629003544/http://www.eluniv erso.com/2008/03/30/0001/14/E3D25BE395AC4EC FB6305EDBD0E91A9D.aspx.
- PEDROSO, AURELIO: *Cuba sepulta apagones y aparecen fantasmas lumínicos* en *America Económica*. «Reportaje». Archivado desde el original el 29 de junio de 2012. Linc: https://archive.is/20120629003539/http://www.americ aeconomica.com/numeros4/354/reportajes/pedroso3 54.htm.
- CePEC. *«Centro para la Promoción del Comercio Exterior de Cuba - CEPEC»*. Archivado desde el original el 20 de septiembre de 2012..
- Agencia de Noticias Xinhua. *«ESPECIAL: Pluriempleo, respuesta cubana a crisis económica.»* obtenible en el siguiente linc: https://archive.is/20120920193459/http://www.spanis h.xinhuanet.com/spanish/2009-07/01/content_900700.htm#selection-605.0-605.58.
- NR ZACATECAS: *«México debajo de cuba en desarrollo humano.»*. Obtenible en el siguiente linc: https://archive.is/20120629003544/http://ntrzacateca s.com/noticias/mexico/2009/10/06/mexico-abajo-de-

cuba-en-desarrollo-humano/.Consultado el 4 de enero de 2016 a las 10:45hrs.
- AGENCIA PULSAR: *«UNICEF confirma que en Cuba no hay desnutrición»* obtenible en el linc correspondiente: https://archive.is/20120629003544/http://www.agenci apulsar.org/nota.php?id=16475
- EL INFORMADOR.COM.MX: *«Economía cubana crece 1.4% en el 2009».* Obtenible siguiendo el siguiente linc: https://archive.is/20120920193516/http://www.inform ador.com.mx/economia/2009/164411/6/economia-cubana-crece-14-en-el-2009.htm. Consultado el 5 de enero de 2016 a las 23:51hrs.
- AGENCIA PULSAR: *«UNICEF confirma que en Cuba no hay desnutrición».* Obtenible en https://archive.is/20120629003544/http://www.agenci apulsar.org/nota.php?id=16475.
- EL ECONOMISTA DE CUBA: *«El reto para el 2010 no es menor. Las condiciones previsibles demandarán mayor esfuerzo y dedicación».* Obtenible siguiendo el siguiente linc en https://archive.is/20120629003548/http://www.elecon omista.cubaweb.cu/2009/nro371/discurso-marino.html.
- TINET: *«Bloqueo estadounidense contra Cuba».* Obtenible en https://archive.is/20120629003542/http://www.tinet.c at/~mgm/amigos1493.htm. Consultado el 3 de enero de 2015 a las 12:03hrs.

- SEMANARIO TRABAJADORES DIGITAL: «*En lastre por el bloqueo*». Consultado el 4 de enero de 2016. Obtenible en http://www.trabajadores.cu/materiales_especiales/co berturas/el-mundo-contra-el-bloqueo/en-lastre-por-el-bloqueo.
- EL NUEVO DIARIO: «*Contundente condena mundial en la ONU al embargo contra Cuba*».obtenible en https://archive.is/20120629003552/http://www.elnuev odiario.com.ni/internacionales/60417.
- BASE DE DATOS OXLAD DE R. THROP: Obtenible en http://moxlad-staging.herokuapp.com/home/es. Consultado el 6 de enero de 2016 a las 13:57hrs.
- QUIRÓS RODRÍGUEZ, ROBERTO Y ROJAS, SUSANA: *La Crisis Económica de la Republica Dominicana del año 2003.* Obtenible en http://www.auladeeconomia.com/articulosot-13.htm. Consultado el 6 de enero de 2016 a las 17:24hrs.
- ALBURQUERQUE, RAFAEL: *Logros y desafíos de la política social del gobierno del presidente del gobierno del presidente Leonel Fernández* . Publicado el 25 de noviembre de 2010 en el gabinete de coordinación de políticas sociales de la presidencia de República dominicana. Obtenible en http://www.sisalril.gov.do/pdf/publicaciones/logros_y _desafios.pdf. Consultado el 24 de diciembre de 2015 a las 08:45hrs.
- *El sector minero en República Dominicana.* Publicado en *El Economista dominicano.* Obtenible en

https://economistadominicano.wordpress.com/2011/
12/05/el-sector-minero-en-republica-dominicana/.
- sitio web de la cámara de comercio y producción de
Santiago. República Dominicana. Obtenible en
http://www.camarasantiago.com/txt/economia.htm.
- Informe del Banco Central del gobierno dominicano.
Obtenible en
http://www.bancentral.gov.do/publicaciones_econom
icas/infeco/infeco2005-06.pdf
- *La economía de República Dominicana creció 4.5%
en 2011.* Obtenible en
https://estrategiaydesarrollo.wordpress.com/2012/01/
06/la-economia-de-republica-dominicana-crecio-4-5-
en-2011/.
- sitio web *Dominicana online* obtenible en
http://www.dominicanaonline.org/portal/espanol/cpo_
comercio.asp.
- *2015 será mejor año para la economía de
República Dominicana, según Peralta.* Obtenible en
http://eldia.com.do/2015-sera-mejor-ano-para-la-
economia-de-republica-dominicana-segun-peralta/.
- *Nota de prensa del Banco Central Informa que la
economía dominicana creció 7,0% en el año
2015.*Obtenible en
http://www.bancentral.gov.do/notas_bc/2016/01/06/7
71/banco-central-informa-que-la-economa-
dominicana-creci-70-en-el-ao-2015.
- Sitio web de la cámara de comercio y producción de
Santiago. República Dominicana. Obtenible en
http://www.camarasantiago.com/txt/economia.htm.
Consultado el 6 de enero de 2016 a las 18:50hrs.

- José L. Dominguez B.: *República Dominicana en el contexto internacional.* Publicado en el diario "Hoy". Obtenible en http://hoy.com.do/republica-dominicana-en-el-contexto-internacional/.
- sitio web oficial del Banco Gubernamental de Fomento para Puerto Rico. Obtenible en http://www.bgfpr.com/spa/economy/puerto-rico-facts.html. Consultado el 8 de enero de 2016 a las 0055hrs.
- *Evolución histórica de la economía de Puerto Rico.* Obtenible en https://pl.scribd.com/doc/27948111/Evolucion-historica-de-la-economia-de-Puerto-Rico.
- sitio web oficial del Banco Gubernamental de Fomento para Puerto Rico. Obtenible en http://www.bgfpr.com/spa/economy/puerto-rico-facts.html. Consultado el 8 de enero de 2016 a las 0055hrs.
- *En Picada la Actividad económica.* Publicado en *El Vocero de Puerto Rico.* Obtenible en http://elvocero.com/en-picada-la-actividad-economica/.
- Informe país de la Unidad de Estudios de políticas económicas y sociales del Caribe del Instituto de Economía, Planificación y desarrollo de la República de Haití. Obtenible en http://economia.gob.do/mepyd/wp-content/uploads/archivos/uepesc/informe-pais/2015/Hait%C3%AD.pdf.